나는
걷는다
끝.

베르나르
올리비에

베네딕트
플라테

나는
걷는다
끝.

리옹에서 이스탄불까지
마지막 여정

효형출판

나는 다시 길을 떠났고, 조금 가다가 멈춰 서 휴식을 취했다.
눈을 들어 보니, 거북이 한 마리가 비탈길 위쪽에서
둥그런 눈으로 나를 빤히 쳐다보고 있었다.
안녕, 친구여. 미리 말해두지만, 난 너와 경주하지는 않을 거야.

— 『나는 걷는다』 1권 중

내게 여행은

기대하지 않았던 순간에 믿기 힘든 존재를 만나고

예상하지 못한 시골 구석의 소박한 조화로움에 충격을 받거나

그때까지 할 수 있을 것이라고 절대 생각하지 못했거나

그런 생각 자체를 하지 않았던 것을,

내 자신이 하거나 생각한다는 사실에 깜짝 놀라는 것을 말한다.

— 『나는 걷는다』 2권 중

나는 여행하고, 나는 걷는다.

왜냐하면 한쪽 손이,

아니 그보다 알 수 없을 만큼 신비한 한 번이 흐흡이

등 뒤에서 나를 떼밀고 있기 때문이다.

— 『나는 걷는다』 3권 중

떠날 것인가

노년의 문턱에 서 있다.

언제 멈추어야 하는가. 언제 움직이는 것도 멈추고, 걷는 것도 멈추고, 사람들 만나는 것도 멈추고, 상상하는 것도 멈추어야 하는가. 지나가는 시간을 언제까지 우습게 여길 수 있을까. 자기 몸을 믿고 의지할 수 있는 것은 몇 살 때까지일까. 이성을 발휘하는 시기, 다른 말로는 포기를 배우는 시기는 언제 찾아오는가. 2012년 봄의 어느 날 이후, 나는 스스로에게 이런 질문을 자주 던져보곤 했다.

베네딕트와 나는 우리 집 베란다에서 야생 벚나무를 바라보며 점심을 먹는 중이었다. 내가 심은 그 벚나무는 한창 꽃이 만발해 있었다. 대화의 주제가 도보 여행으로 옮겨 갔다. 베네딕트가 불쑥 물었다.

"당신은 왜 산티아고 순례길에 갈 때는 프랑스에서 출발했으면서, 실크로드를 걷기로 결심했을 때는 프랑스에서 출발하지 않은 거예요?"

"그게 무슨 말이야? 당신 지금 12,000킬로미터 걷는 걸로는 충분하지 않다는 거야? 만약에 프랑스에서부터 걸었으면 이스탄불까지 3,000킬로미터를 더 걸어야 하고, 게다가 코소보에서는 총알 사이를 뚫고 지나다녀야 했을 걸. 그리고 나는 실크로드가 무엇보다도 아시아의 길이라고 생각해."

하지만 나는 잠시 생각해본 뒤 이렇게 덧붙였다.

"하긴 리옹에서 출발할 수도 있었을 테지. 이 도시는 19세기 후반에 전 세계 견직 공업의 중심지였으니까. 사실 실크로드는 프랑스에서 시작되거나 끝났다고 볼 수도 있지."

베네딕트는 하늘을 올려다보며 깊은 생각에 잠겼다.

"리옹에서 이스탄불까지 걸으면 실크로드 여행을 완벽하게 마무리 시을 수 있을 텐데, 왜 안 하는 거예요?"

나는 웃으며 대답했다.

"베네딕트, 내 나이가 일흔다섯이야. 이제 늙었다고! 내가 2002년 시안에 도착했을 때는 올림픽 경기라도 참가할 수 있을 정도로 몸 상태가 좋았었지. 하지만 그건 10년 전 얘기야."

"그렇게만 할 수 있다면 정말 멋진 여행이 될 텐데……. 게다가 더 신나는 게 뭔지 아세요? 내가 당신이랑 함께 떠난다는 거예요."

우리는 커피를 마시며 다른 얘기를 나누었다. 그러나 그녀가 방금 한 얘기는 내 가슴에 들어와 박혔다. 낮잠을 자러 가는 대신 커다란 유럽 지도 앞에 서서 혹시 내가 가게 될지도 모르는 길을 쭉 한번 훑어보았다. 알프스산맥과 이탈리아, 발칸반도, 그리고 터키 서부. 수많은 이미지들이 기억 속에 떠올랐다. 풍경과 얼굴들, 사막, 이따금 느꼈던 두려움, 수없이 맛보았던 즐거움, 잊을 수 없는 만남들……. 낮잠을 자고 싶었지만, 잠을 이룰 수가 없었다.

비단처럼 부드러운 꿈이 마음속으로 서서히 스며들었다. 동방과 중앙아시아, 발칸반도에서 보낸 누에가 든 봇짐들이 리옹에 하역되는 모습이 눈앞에 떠올랐고, 베를 짜는 사람들이 탄 배가 서로 부딪치는 소리가 귓가에 들려왔다. 역사와 만남, 나른한 피로. 여행을 약속하는 모든 것에 사로잡히고 매혹되었다.

그러나 나이가 들면서 나를 괴롭히는 크고 작은 병은 어떻게 할 것인가? 심혈관계 질병과 신장결석, 전립선 질환의 초기 증상, 나날이 감퇴하는 기억력, 그리고 평발. 타고난 체력 덕에 내가 그 먼 거리를 걸을 수 있었을 거라고 생각했던 사람들은 이런 얘기를 들으면 몹시 의아할 것이다. 게다가 몇 주 전에는 경동맥에 협착증이 발생했다는 진단을 받았다. 혈관 벽에 쌓여 달라붙은 지방이 만일의 경우에 떨어져 나가면 뇌혈관 질환을 일으켜 사망이나 반신불수에 이르게 될지도 모른다. 말하자면 생명 수류탄의 안전핀이 뽑히는 거나 마찬가지다.

너무 늦었다. 10년 전이라면 왜 못 했겠는가? 하지만 지금은 매일 아침 짧은 거리를 걷거나 조깅을 한 다음 팔다리를 쭉 뻗으며 체조를 해도 아무 소용이 없다. 시간이 내 몸을 아주 조금씩, 그러나 가차 없이 좀먹어가며 부식시킨다는 사실이 하루가 지나고 이틀이 지나면서, 1년이 지나고 2년이 지나면서 더욱 분명하게 드러나고 있다. 이제는 등산화를 넣어두고 슬리퍼를 꺼내야 할 시간이다. 이제는 소파에 푹 파묻혀야 한다. 이제는 여유 있는 은퇴자들의 응접실을 장식하고 있는 넓은 화면의 평면 텔레비전을 사야 한다. '나는 내가 해야 할 일을 다했으니, 이제는 다른 사람들 차례다'라고 생각하는 나이가 된 것이다.

그렇지만 베네딕트가 뿌린 작은 씨앗들은 계속해서 흙을 뚫고 나와 싹을 틔웠다. 언젠가 죽는다는 사실을 도대체 언제 받아들여야 하는 것일까? 나는 아직 그럴 준비가 되어 있지 않다. 15년 전 은퇴한 뒤에도 나는 왕성하게 활동해왔다. 어려움에 처한 청소년들을 돕기 위한 쇠이유(Seuil) 협회를 설립했고, 13년 동안 열두 권의 책을 썼다. 은퇴자치고는 일을 꽤 많이 했다고 필 수 있을 것이다.

왜 떠나는가? 좋은 질문이다. 그리고 또 다른 질문. 왜 안떠나는가? 영원한 휴식을 취하게 될 날이 점점 더 가까워지는데 왜 피곤하다는 핑계를 댄단 말인가.

유럽 지도를 펼쳤다. 발칸반도는 가깝기도 하고 멀기도 하다. 어떤 나라들은 프랑스의 한 지방보다도 인구가 적다. 발칸반도의 나라들은 복잡하게 뒤얽혀 있어서 지도 위에서 하나의 퍼즐을 이룬다. 역사와 종교, 전쟁이 이주의 물결을 마치 거대한 밀푀유['천 겹의 잎사귀'라는 뜻으로, 여러 층의 반죽으로 만든 빵]처럼 겹겹이 쌓아놓은 이 지역에서 과연 국경이란 단어는 무엇을 의미하는가. 펼쳐놓은 지도를 보면 유럽이 세 개로 나뉜다는 것이 분명히 보인다. 우선 주기적인 위기에도 번영하는 나라들로 이루어진 서유럽이 있다. 두 번째는 경제 계획의 차원에서 부상되는 에스토니아에서 루마니아까지의 구소련권 유럽이 있다. 그리고 세 번째는 구(舊) 유고슬라비아로 요약되는 패치워크[조각보] 국가가 있다. 세 번째 유럽은 아직도 수혈을 받으며 상처를 치료하고 있다. 티토(Josip Broz Tito)는 적대적인 문화와 종교를 가진 이 나라들을 통일했다. 나치즘에 이어 그를 잡아먹으려던 소련이라는 식인귀에 저항함으로써 명성을 얻은 그는 표면적인 통일을 유지했다. 그가 1980년에 죽고 나서 10년 뒤에 이 지역은 말 그대로 내부에서 폭발했다.

전쟁, '인종 청소'에 대한 공포, 사라예보 포위 공격, 고라주데(Goražde) 포위 공격, 스레브레니차(Srebrenica)의 학살이 신문 1면을 장식했다. 그리고 마치 묘지와도 같은 침묵이 내려앉았다. 상처는 다시 봉합된 듯 보였다. 하지만 열기도 가라앉았을까? 더더구나 지금도 유럽연합 주변에서 전운이 감돌고 있기 때문에 확실한 건 아무것도 없다. 우크라이나, 시리아, 이라크, 아프가니스탄, 리비아. 이곳엔 여전히 폭력이 가해지고 있으며, 죽음의 신은 떠나지 않고 계속 주위를 배회한다.

사실 대상(隊商)이 다녔던 실크로드에서는 평화가 유지된 적이 결코 없었다. 정복 전쟁, 게릴라전, 러시아 혁명, 중국 혁명, 이란 혁명. 내가 이스탄불에서부터 길을 걷기 시작했을 때 아프가니스탄에서는 전쟁이 났다. 터키 사람들과 쿠르드 사람들, 위구르 사람들과 중국 사람들 사이에서도 국지전이 벌어졌다. 나는 혹시 위험한 일을 당할까 봐 타지키스탄(Tadzhikistan)을 피해 가야만 했다. 코소보 사람들은 일단 무기를 내려놓았지만, 그게 얼마나 오래갈지는 아무도 모른다.

내 마음속에서 살고 있는 악마가 속삭였다. "리옹에서 이스탄불까지 3,000킬로미터를 걷다 보면 너는 이제 더 이상 사람들의 입에 오르내리지 않는 동유럽의 상황을 직접 두 눈으로 확인할 수 있을 거야. 이웃끼리, 사촌끼리 서로 증오하고 죽였던 이슬람교도들과 동방정교회 교도들, 가톨릭교도들이 어떻게 지금은 공존할 수 있는 것일까? 수난을 당한 도시들은 어떻게 재건되고 있을까? 마피아들과 지뢰가 매설된 땅, 온갖 종류의 암거래는 어떻게 되었을까? 아직도 그곳에는 두려움이 남아 있을까? 그들이 믿는 신의 이름과 그들이 추구하는 이익의 명분으로 언제든지 사람을 죽일 준비가 되어 있는 군인들 사이에서 이리 치이고 저리 치였던 남자와 여자 들은 과연 인간에 대한 신뢰를 회복했을까?" 의문은 끝없이 계속되었다.

걷기의 욕망이 억누를 수 없을 정도로 다시 나를 사로잡았으니 일단 떠난다고 치자. 베네딕트가 암시했던 것처럼 그녀와 함께 길을 가야 할 것인가? 지금껏 나는 항상 혼자 걸었다. 함께 걷자는 제안은 여러 차례 있었지만 나는 (내가 너무나 소중하게 생각하는) 혼자 고독하게 걸을 수 있는 권리를 적극적으로 옹호해 왔다. 새들의 노래와 놀라서 달아나는 짐승들의 소리, 그리고 심지어는 트럭의 굉음 속에서 내 신발이 흙이나 아스팔트를 밟는 소리에 박자를 맞추어 걷다 보면 마음이 한없이 즐거워진다. 걷는 것, 그것은 곧 생각하는 것이다. 그 어떤 말도 성찰의 흐름을 끊어서는 안 된다. 걸으면서 나는 세상을 향해 나아간다. 그리고 세상은 나를 향해 다가온다. 과묵한 사람도 혼자 걷다 보면 길 가다 만난 사람과 이런저런 얘기를 나누게 된다. 문화와 역사, 언어의 차이 따위가 뭐 중요하겠는가. 손과 눈, 마음으로 말하면 되는데.

나는 500킬로미터 정도를 베네딕트와 함께 걸었다. 프랑스의 노르망디 지방과 피레네 지방, 포르투갈, 터키, 화약고가 폭발하기 전의 시리아……. 그녀는 아주 잘 걷는다. 게다가 걸으면서 침묵을 지킬 줄도 안다. 그렇지만 나는 걷다가 하마터면 죽을 뻔했던 순간을 이미 몇 차례 겪었기 때문에 이 모험이 얼마나 위험한지 알고 있다. 어떤 사람들은 유럽인들이 금덩어리를 몸에 몇 개씩 지니고 다닌다고 생각하며, 일부 마피아들은 유럽인의 짐을 덜어주는 것이 자신의 의무라고 생각한다. 게다가 이 지역에 사는 모든 사람이 여성을 존중하는 것을 미덕으로 여기지는 않는다. 이번 여행은 내게는 물론 그녀에게도 위험할 텐데, 나는 감당할 준비가 되었는가.

하지만 내가 어떻게 베네딕트의 꿈을 막는단 말인가. 그녀는 혹독한 기후 조건 앞에서도 결코 물러서지 않을 정도로 건강하다. 게다가 처음 만났을 때 우리는 또 하나의 공통점을 발견하고 몹시 기뻐했다. 우리는 키도 똑같고, 걷는 속도도 똑같았던 것이다. 어느 날 그녀가 이렇게 털어놓았다. "처음으로 센 강변을 걸었을 때 우리가 정확히 같은 보폭으로 걷고 있다는 사실을 확인하고 당신 손을 살그머니 잡았답니다. 바로 그 순간, 당신이야말로 내가 기다리던 남자라는 걸 알았죠."

좋아. 우리 길을 떠납시다, 베네딕트.

리옹에서 이스탄불까지 3,000킬로미터를 걸으려면 최소한 4개월이 걸린다. 하지만 나도 베네딕트도 일정이 꽉 차 있다.

일정을 조정하느라 머리를 쥐어짠 끝에 결국 우리는 두 번에 나누어 여행하기로 결정했다. 2013년 8월과 9월에 걸쳐서 한 달, 이듬해에 석 달. 그런데 유감스럽게도 이번에는 나의 큰 원칙을 두 번째로 무너뜨려야만 했다. 베네딕트는 직업적인 이유 때문에 계속 인터넷에 접속해야 했고, 나는 이메일을 자주 확인해야만 했다. 그래서 하는 수 없이 휴대전화를 들고 가기로 했다.

2013년에는 리옹에서 베니스까지, 2014년에는 베니스에서 이스탄불까지 걸을 것이다. 첫 번째 구간의 거리는 약 900킬로미터, 두 번째 구간의 거리는 2,000킬로미터가 조금 넘는다. 총 열두 나라의 국경을 통과해야 한다. 이제 짐을 꾸려 떠나기만 하면 된다. 어떻게 보면 신혼여행이나 마찬가지다. 우리는 몇 년 동안 동거를 하다가 2013년에 '시민연대계약[PACS, 프랑스에서 시행 중인 이성이나 동성 성인 간의 시민 결합 제도로서 결혼과 같은 법적 권리와 의무가 주어진다]'을 맺기로 결정했다. 이걸 핑계로 출발하기 전에 친구들을 불러 모아 진하게 우정을 나누었다.

어쨌든 나는 이스탄불에서 시작하여 시안에서 끝냈던 긴 여정을 완전히 마무리하는 것에 대해 불만 같은 건 없었다. 베네딕트가 내게 질문을 던진 건 잘한 일이다. 그 실크로드 여행에는 한 구간이 부족했던 것이다. 그리고 이번 여행은 완결편이 될 것이다.

베르나르 올리비에

리옹 ─ 베로나 (900km)
2013.8.~2013.9.

Start

Lyon
리옹

Modane

Col du
Mont-Cenis

발레다오스타
Valle d'Aosta

Novara

Solferino
솔페리노

베로나 ─ 이스탄불 (2,000km)
2014.7.~2014.10.

Restart

베로나
Verona

베니스
Venezia

Padova
파도바

Trieste
트리에스테

Rijeka

Venezia

Slovenia

Plitvice

Bihać

Croatia

France

Swiss

Germany

Czech

Austria

Italy

Longue
marche
suite et fin

Poland
Ukraine
Slovakia
Hungary
Moldova
Roumania
Bosnia-Herzegovina
Serbia
Vrtoče
Jajce
사라예보
Sarajevo
고라주데
Goražde
Prijepolje
Pljevlja
Montenegro
프리슈티나
Priština
Kosovo
Bulgaria
Kjustendil
Plovdiv
Harmanli
Skopje
스코페
Kriva Palanka
Rila Monastery
Edirne
에디르네
Finish
Istanbul
이스탄불
Macedonia
Albania
Greece
Turkey

I.

리옹—

Lyon

—베로나

Verona

1. 모험의 시작

2013년 8월 20일. 베네딕트는 진짜 모험가처럼 보이는 남자와 함께 동쪽 나라들을 향해 걷게 되었다고 생각하며 환하게 웃었다. 반면 내 입장에서 떠난다는 것은 어떻게 보면 죽음을 향해 조금 더 다가간다는 것을 의미한다. 나는 떠나가기 전에 스트레스를 많이 받는다. 걷기 시작할 때마다 매번 똑같은 일이 되풀이되었다. 꼭 사나흘 걷고 난 뒤에서야 겨우 긴장이 풀어지곤 했던 것이다. 리옹 페라슈(Lyon Perrache) 기차역에서 우리는 등에 배낭을 메고, 손에는 우즈베키스탄의 사마르칸트에서 중국까지 나와 동행했던 율리시스라는 이름의 작은 짐수레를 정성 들여 접어 넣은 무거운 세일러 백을 들고 있었다.

먼저 리옹 견직물 박물관을 구경했다. 이제 전문가가 된 나는 좀 실망했지만, 관람객들은 꽤 흥미로웠을 것이다. 박물관에는 없는 게 없었다. 그리고 무엇보다도 거기에는 공주가 갖고 놀던 고치를 무척 뜨거운 차가 담긴 찻잔 속으로 떨어지도록 내버려두었다가 1킬로미터나 되는 실을 뽑아냈다는 전설이 어려 있었다. 놀라운 발견이었다.

값비싼 비단으로 옷을 해 입을 수 있는 특권을 가진 사람은 오직 중국 황제와 그의 가족뿐이었다. 이 중화제국의 비밀을 누설한 자는 죽음으로 죗값을 치러야만 했다. 비밀은 2000년 동안 밖으로 새어 나가지 않고 잘 지켜졌지만, 역사책에 따르면 스님 세 명이 속을 파낸 지팡이에 고치를 넣어 나라 밖으로 몰래 가지고 나감으로써 서역에 알려졌다.

또 다른 전설에 따르면, 양을 치는 카자흐스탄 사람과 원치 않는 결혼을 하게 된 중국 공주가 꺼칠꺼칠한 양털 옷을 입고 사는 게 두려웠던 나머지 고치를 쪽 진 머리 속에 감추었다고 한다. 그러나 현실은 덜 낭만적이다. 751년 중국은 현재의 키르기스스탄을 침략하려 했고, 이때 탈라스에서 치러진 전투에서 중화제국 병사 3,000명이 포로로 잡혀 다마스쿠스와 바그다드로 보내졌다. 원래는 장인(匠人)이지만 포로가 된 이 병사들은 종이를 만들게 되고, 종이는 인쇄술과 비단의 혁명과 결합하여 획기적인 기술혁명을 일으킨다.

이렇게 해서 근동(近東)은 아주 작은 애벌레를 낳고 털이 났으며 이상하게 생긴 누에나방의 비밀을 알게 되었다. 이 애벌레는 뽕잎만 먹고 살다가 가느다란 실로 자기 몸을 칭칭 감아 껍질을 만든 다음 결국은 허물을 벗는다. 비단 산업은 다마스쿠스에서 콘스탄티노플로, 이탈리아로, 그리고 마침내 프랑스로 건너가 번창했다.

프랑수아 1세는 해마다 금화를 40~50만 개씩 주고 이탈리아에서 비단을 사 오는 것을 낭비라 여기고 비단을 생산할 수 있는 특권을 리옹 시에 부여했다. 이탈리아 출신의 수입업자 스테파노 투르케티가 이탈리아의 비단 짜는 노동자들을 데려와서 이 도시에서 가장 먼저 비단을 생산했는데, 이 노동자들이야말로 프랑스가 자진해서 받아들인 최초의 이민자들이라고 할 수 있다. 바로 이들이 리옹이라는 도시에 부를 축적하기 시작한다. 이 값비싼 옷감은 우선 교황청에 머무르는 고위 성직자들의 옷을 만드는 데 쓰였다. 1541년 리옹에는 마흔 개의 방적기가 있었고, 1548년에는 1,459명이나 되는 견직물 공장 노동자들이 비단을 짰다.

그로부터 2년 뒤에는 12,000명이나 되는 사람들이 비단을 짜거나 사고팔아 먹고살았다. 앙리 4세는 6만 그루의 뽕나무를 프랑스에 심었고, 그중 2만 그루는 파리의 튀일리 정원에 심었다. 1660년 리옹에는 견직물 공장 노동자가 3,000여 명 있었고, 방적기는 만 대나 있었다. 낭트칙령이 폐지되고 신교도들이 피신하면서 방적기는 4,000여 대로 줄었고, 프랑스혁명이 일어나자 다시 2,000여 대로 줄었다. 그러나 이 도시는 제1제정기와 제2제정기 때 다시 믿기 어려울 만큼 비약적으로 발전한다. 나폴레옹 1세가 대관식을 했던 1804년에는 만 대였던 방적기가 1830년에는 3만 대로, 1848년에는 다시 6만 대로, 그리고 1877년에는 무려 12만 대로 늘어난 것이다. 스위스와 프로이센, 작센, 그리고 특히 영국도 견직 공업에 뛰어든다. 당시 재능 있는 디자이너들이 창조해낸 모델을 유럽의 모든 궁정이 받아들인 덕분에 리옹은 패션의 중심지가 되었다.

가이드는 견직물 공장 노동자들이 일으킨 봉기에 대해서는 언급하지 않았다. 이 작은 공장 주인들과 노동자들은 자신들의 권리를 옹호하기 위해 권력에 맞서 여러 차례 궐기하였다. 1831년에 일어난 봉기에서 600명이나 되는 사람이 목숨을 잃었다. 견직물 공장 노동자들은 벨벳 바탕천에 금색 글자로 이렇게 새겨 넣었다. "일하면서 살든지, 싸우다가 죽자." 프랑스의 풍자 가요 작가 아리스티드 브뤼앙(Aristide Bruant, 1851~1925)은 "우리 견직물 공장 노동자들은 헐벗고 있다네"라고 노래하며 프랑스에서 일어난 가장 큰 노동자 봉기로 여겨지는 리옹의 봉기를 널리 알렸다.

손으로 움직이는 옛날 방적기보다 생산성이 높은 자카르(Jacquard) 방적기가 발명되면서 노동자들이 일자리를 잃었다. 이어 누에 병이 발생하고, 가난한 자들의 비단이라고 불리는 인조견사가 발명되면서 리옹의 견직 공업은 결정타를 맞았다. 지금은 중국이 다시 우위를 점했다. 리옹은 양잠장(養蠶場) 문을 닫고, 뽕나무를 뽑아낸 다음 포도나무를 심었다. 일자리를 잃은 노동자들 가운데 로랑 무르게(Laurent Mourguet, 1769~1844)라는 사람이 있다. 이야기하는 걸 좋아했던 그는 리옹에서 가장 유명한 인물인 인형극 캐릭터 기뇰과 그의 친구 냐프롱을 창조해냈다. 그는 기뇰을 반항적이고 말 많은 인물이자 모욕당한 사람들과 자신처럼 일자리를 잃은 실업자들, 그리고 삶을 도둑맞은 사람들의 대변인으로 만들었다. 기뇰은 막대기를 가지고 놀다가 경찰을 때리면서 복수한다.

8월 21일 아침, 리옹 외곽의 '알프스의 문'이라고 불리는 지역으로 갔다. 나는 율리시스의 부품들을 가방에서 꺼내 조립했다. 율리시스를 여기까지 들고 왔으니 이제는 율리시스가 우리 짐을 이스탄불까지 싣고 가는 게 당연한 이치다. 처음 며칠 동안은 소로를 따라 걸었다. 길가를 따라 죽 늘어서 있는 빌라들의 덧문은 휴가 기간이라서 그런지 대부분 닫혀 있었지만 정원에는 꽃이 만발했다. 상인들 역시 태양과 휴가를 즐기기 위해 떠났다. 우리가 큰 소리로 던지는 인사에 답해주는 사람은 별로 없었다. 대부분은 아무 말없이 우리의 얼굴을 뚫어지게 쳐다볼 뿐이었다. 누구나 유목민을 대할 때는 극도로 신중해지는 법이다. 게다가 이상하게 생긴 우리의 여행 장비도 의심을 사기에 충분했다. 『웃는 남자』라는 작품에서 빅도르 위고는 떠돌이들에 대해 "행인은 공공의 적 1호다"라고 말한다. 나는 아시아에서 언어와 문화, 종교 등 모든 것이 나와 다른 시골 사람들을 매일같이 만났다. 그렇지만 그들은 왕성한 호기심을 발휘하면서 나를 따뜻하게 맞아주었다.

세상이 바뀐 탓이다. 조상 대대로 물려받은 땅에 고립되어 있던 옛 프랑스 농민들은 지나가는 사람들을 친절하게 대했다. 이 농민들이 지금은 베드타운의 도시인들로 바뀌었다. 낮에 도시에서 일하는 이들이 베드타운을 찾는 건 오직 잠을 자기 위해서다. 시골 생활은 그들의 마음을 끌지 못한다. 지금 프랑스 사람들은 이방인을 만났을 때 누군가가 자신을 그 사람에게 소개해주지 않는 한 절대 말을 섞지 않는다.

라베르필리에르(La Verpillière) 마을에 하나밖에 없는 호텔은 닫혀 있었다. 그래서 그날 밤에는 어쩔 수 없이 습지로 이어진 관개수로 근처에서 야영을 했고, 밤새도록 모기들에게 인정사정없이 물어뜯겼다. 나는 사막이 아닌 곳에서 야영하는 게 정말 끔찍히도 싫다. 불편해서 힘들고, 바닥이 축축해서 힘들고, 텐트를 다 치고 나서야 발견되는 자갈 때문에 힘들다는 사실을 이미 경험을 통해 알고 있다. 하지만 베네딕트는 무척이나 좋아했다. 아침에 도로 순찰대 소속 경찰 두 명이 강력한 성능의 오토바이를 천천히 몰며 잡초가 우거진 길에 나타났다. 한 오토바이 운전자가 조금 전에 바리케이드를 부순 다음 경찰을 치고 달아나서 찾고 있다고 했다.

내 친구 플로랑스가 좋아하는 도시, 부르구앵 잘리외(Bour-goin-Jallieu)는 반쯤 잠들어 있는 것처럼 보였다. 고급 부티크들이 밀집되어 있는 중심가에는 손을 잡은 채 진열창에 전시되어 있는 '유명 상표'의 옷을 넋 놓고 바라보는 젊은 두세 커플뿐이었다.

인도(人道) 반대 방향에서 휠체어를 타고 오던 여성이 우리를 보더니 웃으며 인사했다. 그녀는 꼭 운동선수들이 신기록을 달성했을 때처럼 주먹을 들어 올렸다가 바로 내렸다. 우리도 같은 식으로 인사했다. 자동차를 타지 않고 걸어 다니는 사람들의 동지 의식이었다.

갑작스런 요의로 다급해진 베네딕트가 사거리에서 멈춰 섰다가 인적 없는 으슥한 곳으로 20여 미터쯤 걸어 들어갔다. 허겁지겁 쭈그리고 앉은 그녀는 내게서 얼마 안 떨어진 곳에서 자동차 한 대가 급브레이크를 밟자 놀라서 벌떡 일어났다. 사람들은 오랫동안 걷는 게 남자보다는 여자에게 더 힘든 일이 아니냐고 내게 묻곤 한다. 나는 그때마다 이렇게 대답한다. "맞아요. 여자들이 남자들보다 더 힘듭니다. 사람들 눈에 띄지 않는 으슥한 곳을 찾아 볼일을 봐야 하니까요."

　작은 도로가 나지막한 산 위로 구불구불 이어져 있었다. 보기보다 가팔라서 우리 두 사람이 힘을 합쳐야 겨우 율리시스를 꼭대기까지 끌고 갈 수 있었다. 이 산꼭대기에서 처음으로 알프스산맥이 푸르스름한 빛 속에 윤곽을 드러냈다. 라투르뒤팽(La Tour-du-Pin) 역시 부르구앵 잘리외처럼 꾸벅꾸벅 졸고 있는 듯 활기가 없어 보였고, 카페 세 군데와 슈퍼 하나, 빵집 하나가 있다는 걸 자랑스러워하는 라바티 몽가스콩(La Bâtie-Montgascon)도 그보다 썩 나아 보이지는 않았다. 제법 큰 이 마을은 피에르 푸자드[1]를 열렬히 추종하며 떠들썩하게 활동했던 이 지역 정치인 제라르 니쿠 덕분에 널리 알려졌다. 그렇지만 이 마을은 그가 잠깐 동안의 영웅에 불과했던 것처럼 어느 날 문득 사람들의 뇌리에서 사라져버렸다.

　우리가 하룻밤을 보낸 집의 주인은 비행기 조종사가 꿈이었다고 한다. 그러나 사고로 고막을 잃는 바람에 군대에서 전역 조치를 당했다. 제약 회사의 간부가 된 그는 초경량 항공기를 두 대 사들였다. 은퇴 이후 지금 그의 집 마당에 놓여 있는 헬리콥터를 조종할 수 있는 자격증을 땄다. 이 헬리콥터는 너무 작아서

I.
리
옹
｜
베
로
나

---

1. Pierre Poujade, 1920~2003. 프랑스의 포퓰리스트 정치인이다. 그의 이름을 딴 푸자디즘(Poujadism)은 경제적, 사회적 변화에 직면한 중소기업과 상인의 이익을 대변하고 낮은 세금과 협동조합주의를 옹호한 반면 정치인과 미디어를 비난한 운동이었다. 프랑스 제4공화국 말기에 크게 번창했으나 제5공화국 출현 이후 급속히 몰락했다.

한 사람밖에 못 탄다. 우리는 그의 열정에 놀랐고, 그는 우리의 모험담을 들으며 즐거워했다. 오랫동안 갈망해온 꿈을 은퇴 후 드디어 실현한 모든 이에게 복이 있으리라.

　알프스산맥에 가까이 다가갈수록 꽃이 만발한 작은 도로들이 많아지면서 멋진 풍경이 펼쳐졌다. 그렇지만 한순간의 행복감은 사납게 쏟아지는 뇌우 때문에 금세 식어버렸다. 우리는 급류로 변해버린 차도를 따라 걸었다. 신발에서는 물이 넘쳐흘렀다. 나를 앞서 걸으며 하늘에서 쏟아지는 물세례를 의연하게 온몸으로 받아내던 베네딕트는 천둥소리가 울릴 때마다 소스라치게 놀라곤 했다.

　노발레즈(Novalaise)에 하나밖에 없는 호텔은 휴업 중이었다. 줄기차게 내리는 소나기를 맞으며 야영을 해야 할 판이다. 조깅을 하던 한 여성이 우리를 차고에서 재워줄 수 있다고 말했다. 그러나 그곳에 갔더니 그녀의 딸이 친구들을 불러 스무 번째 생일 파티를 벌이고 있었다. 우리는 주인이 집을 비운 한 농가의 넓은 창고에 기어들었다. 밤새도록 소나기와 우박이 소리를 내며 골이 진 함석지붕을 후려쳤다.

　다음 날 다시 길을 떠나 에핀(Épine) 고개를 오르고 있는데 분홍색 잠옷 차림의 귀엽고 혈색 좋은 금발 여성이 집 앞에서 휴대전화를 만지작거리고 있었다. 우리가 인사를 하자 그녀는 우리의 인사에 답하고 나서 어디서 오는 길이냐고 물었다.

　"리옹에서요."

"걸어서요? 어디로 가시는 건데요?"

"베니스에 갑니다."

"베니스요? 걸어서요?"

나는 웃지 않고 진지하게 대답했다.

"그래요. 신혼여행 중이에요."

그녀가 지금 꿈을 꾸고 있는 게 아니라는 걸 확인하려고 뺨을 꼬집는 동안 우리는 이미 멀리 와 있었다. 2킬로미터쯤 걸어 갔을까. 자동차 한 대가 우리를 추월하여 급브레이크를 밟더니 아까 그 금발 여성이 차에서 뛰어나왔다. 그녀는 우리 사진도 찍고 기사도 쓰고 싶다며 이메일 주소를 알려달라고 했다. 우리는 속으로 웃으며 놀이에 응해주는 척했다. 아마 사진은 영영 볼 수 없을 것이다. 어쩌면 그녀는 우리 얘기를 믿지 않았을지도 모른다. 그렇지만 우리는 분명히 베니스에 가는 중이었다. 이제 막 시민연대계약을 맺은 연인인 우리는 처음으로 베니스까지 함께 걸으며 모든 시간을 온전히 서로에게 할애하고 있었다. 우리가 서로 알게 된 뒤로 이런 적은 거의 없었다. 그만큼 우리는 숨이 막힐 정도로 꽉 짜인 시간표에 맞추어 살고 있었던 것이다.

좁고 꼬불꼬불한 길을 따라 에핀 고개를 올라가는데 오래된 차들이 요란하게 경적을 울리며 줄을 지어 비탈길을 내려갔다. 머리가 희끗희끗한 60대의 운전자들은 꼭 운동선수 같은 옷차림에 가죽 헬멧이나 오토바이 헬멧을 썼고, 신선한 버터 색 장갑을 끼고, 선글라스까지 걸치고 있었다. 그들은 자기들이 무슨 자동차경주 대회 선수라도 되는 양 전속력으로 차를 몰았다. 사람이 치여 죽을지도 모르는 위험은 아랑곳하지 않은 채 도로의 왕이라도 된 듯 쌩쌩 달리는 것이었다. 그것은 우리 여행의 예고편에 불과했다. 왜냐하면 우리는 앞으로 죽 자동차들과 함께 아스팔트 길을 이용할 예정이기 때문이다.

아스팔트가 깔려 있지 않은 오솔길로 베니스까지 걸어가려면 4개월이 아니라 최소 3~4년은 필요하다. 게다가 프랑스를 벗어나면 오솔길을 구경하기 힘들어진다. GR[grande randonnée, 프랑스의 장거리 트레킹 코스]은 1789년 혁명 당시 만들어진 프랑스의 발명품이다. 프랑스혁명이 일어난 뒤 수천 개나 되는 지방행정구역 관할의 길들을 관리할 방법이 없었다. 그리하여 나라에서는 국도만 관리하기로 하고 2급 도로는 각 도(道)에, 오솔길은 각 군(郡)에 맡겼다. 군민들은 오솔길을 정성을 다해 최상의 상태로 유지했다. 다른 유럽 국가에서는 오솔길이 버려지거나 사유화되었고, 농민들은 농사지을 수 있는 땅을 몇 아르[are, 100제곱미터에 해당하는 넓이 단위] 더 얻기 위해 길을 자기 땅과 합쳐버렸다. 반면 프랑스에서는 울타리를 잘라 다듬고, 가시덤불을 뽑아내고, 짐승의 굴을 메웠다. 그 결과 프랑스는 수천 킬로미터의 오솔길을 갖춘 산책자들의 천국이 된 것이다.

에뼹 고개 꼭대기는 해발 1,000미터에 달한다. 우리는 오랜 시간에 걸쳐 고개를 내려간 끝에 결국 8월의 어느 일요일에 죽은 도시나 다름없어 보이던 샹베리에 도착했다. 미셸 그르니에에게 전화를 걸었다. 교수 출신으로서 걷는 걸 좋아하는 그는 마리 폴 라베이가 만든 '생미셸의 길'이라는 단체의 회원이다. 마리

폴 라베이는 루앙에서 몽생미셸까지 이어지는 옛 순례길에서 만난 적이 있다. 미셸 그르니에와 그의 아내는 우리에게 숙소를 제공해주었다. 미셸은 좁은 오솔길을 통해 우리를 몽스니까지 데려갈 25,000분의 1 정밀 지도를 여러 장 준비해놓기까지 했다. 그는 우리가 짐을 들어 나르는 일이 없도록 율리시스를 끌 수 있을 만큼 넓은 오솔길만 골라서 지도를 만들었다. 아침에 미셸은 우리를 어제 만난 장소, 카트르 상 퀼 광장에 데려다주었다. 카트르 상 퀼은 '태평성대였던 식민지 통치 시대'에서 영감을 얻어 동서남북을 가리키고 있는 코끼리 네 마리의 앞부분을 조각한 거대 기념물이다. 코끼리의 뒷부분이 없기 때문에 샹베리 시민들은 이 기념물에 '엉덩이가 없는 넷(Quatre sans cul)'이라는 이름을 붙여주었다. 미셸은 끝까지 우정을 발휘하여 샹베리를 어떻게 빠져나가야 하는지 종이에 약도까지 그려가며 상세히 알려주었다.

벌써 가을이다. 아침에는 서늘하고, 포플러나무와 야생 벚나무 가지에 맺혔던 잎사귀들이 하나둘씩 떨어져 내린다. 꽃들도 최후의 전투를 벌이는 듯하다. 길가에 불쑥 나타나 화려한 자태를 뽐내다가 영원한 휴식에 들어간다. 카루주 연못 야영장에는 휴가 끝 무렵의 나른하면서도 쓸쓸한 분위기가 감돌고 있었다. 관리인 말에 의하면, 지난주만 해도 자리가 거의 다 찼었으나 오늘은 4분의 1밖에 안 차서 다음 주에는 문을 열지 않을 거라고 한다.

보주(Bauges) 산악 지대로 들어가면서 우리는 마술 같은 순간을 체험했다. 포도송이가 주렁주렁 매달린 포도나무들이 언덕을 기어오르고 있었다. 이제 몇 주만 지나면 트레일러들이 분주히 돌아다니며 잘 익은 포도알을 지하실의 저장고로 옮길 것이다. 뜨거운 냄새가 땅에서 올라오더니 천천히 걷는 행복감과 뒤섞였다. 첫날부터 나를 괴롭히던 극심한 요통을 잊어버리려고 애쓰면서도 한편으로는 걸으면 모든 게 치유되는 법이므로 허리의 통증이 곧 사라질 것이라는 믿음을 버리지 않았다. 계곡 반대편의 국도 근처에서 거리의 여인들이 폐차 직전의 작은 트럭 안에서 운전자들을 유혹하고 있었다. 그것은 우리를 내려다보고 있는 높은 산봉우리들의 정적에 접근하기 전에 마지막으로 본 '문명'의 흔적이었다.

길을 걷는 게 점점 더 힘들어졌다. 어떤 구간은 특히 가팔라서 율리시스를 끌고 올라갈 수가 없었기 때문에 우리는 배낭을 등에 짊어져야만 했다. 한 사람은 야영 장비만 실린 짐수레를 끌고 또 한 사람은 밀면서 언덕길을 기어 올라갔다. 어려운 상황에서도 절대 싫은 기색을 하지 않고 의욕을 보이며 즐겁게 이야기하는 베네딕트가 새삼 감탄스럽게 느껴졌다. 먹성이 좋은 그녀는 유목민 요리사의 재능을 발휘하여 준비한 음식을 배낭에서 끄집어냈다. 그녀의 참을성과 유쾌한 성격이 내 마음에 와 닿았다. 도대체 왜 나는 혼자 여행하는 걸 좋아했던 길까? 하루가 지나고 이틀이 지나면서 나는 그녀를 조금씩 더 사랑하게 되었다.

계곡에서는 고개를 들고 걸어야 했다. 진짜 어려운 코스로 이어지는 가파른 길을 나무들 너머로 올려다보기 위해서였다.
이제 몽스니를 지나 알프스산맥을 넘어가야 한다.

2. 첫 번째 국경

농사를 짓는 보주 지역을 지나니 알루미늄 공장 등 모리엔 공업지구가 자리 잡은 계곡이 나타났다. 오솔길은 철로와 국도, 급류 사이에 끼어 있었다. 여름이 이제 막 끝나서 숙박업소는 텅텅 비어 있었다. 마을에서는 아이들이 더 이상 길거리에서 놀지 않는다. 아이들은 문방구에서 어머니가 지켜보는 가운데 학용품을 사면서 1년 중 가장 즐거운 순간을 만끽한다. 위르티에르(Hurtières) 호수에서는 서북부 아프리카계인 마그레브[Maghreb, 리비아·튀니지·알제리·모로코 등 아프리카 북서부 일대] 청년이 3.5킬로그램짜리 잉어 한 마리를 물에 놓아주었다. 살생하지 않는(no kill) 낚시를 하는 것이다. 무게가 많이 나가는 잉어를 잡으면 무게를 재보고 사진을 찍은 다음 다시 놓아준다. 나는 잉어를 더 잡고 싶으냐고 물었다. "엄마 잉어는 잡았고 지금은 할머니 잉어를 찾고 있는 중이에요." 온화해 보이는 청년은 이렇게 말하고 나서 자기는 생선을 먹지 않는다고 했다.

사이클 선수들의 천국이라고 할 수 있는 생장드모리엔(Saint-Jean-de-Maurienne)에서부터는 십여 개의 고개로 이어지는 도로가 방사선 모양을 이루며 퍼져나간다. 선수들은 여기서 좋은 기록을 내야 한다. 해발 2,000미터에 위치한 몽스니 고개가 그중에서도 가장 넘기 쉽다고 알려져 있다. 우리가 식당 테라스에서 점심 식사를 하는 동안 미국과 이탈리아, 에콰도르 사이클 국가 대표 선수들이 탄 차가 지나갔다. 도시 곳곳이 빨간색 물방울무늬가 들어간 흰색 셔츠로 장식되어 있었는데, 이 셔츠는 언덕길을 가장 빠른 시간 내에 오른 선수의 전리품이었다.

기계적인 문제로 사고가 생겼다. 율리시스의 바퀴가 너무 많이 벌어지지 않게 잡아주는 작은 체인이 끊어져버린 것이다. 또 다른 마그레브 청년이 체인 하나를 내게 그냥 주고 필요한 연장도 빌려주었다. 여행자와 정착민이 유대감으로 맺어진 아름다운 만남이 하루에 두 차례나 이루어진 것이다.

오렐(Orelle)에는 우리가 로마까지 간다고 믿는 나이 든 여성 두 명뿐, 개미 한 마리 보이지 않았다. 두 사람은 잔뜩 흥분해서 자기들이 베네딕트 수도회 아니면 오라토리오 수도회 소속인 사제와 짧게 얘기를 나누었다고 했다. 하지만 그들은 우리보다 먼저 시에나로 갔다는 그 사제가 누구인지는 기억하지 못했다. 캠핑장은 텅 비어 있었다. 관리인이 없었으므로 나는 관광 안내소의 우편함에 수표를 한 장 집어넣었다. 그것은 내 최초의 셀프 서비스 캠핑이었다.

모단(Modane)에서는 20세기에 유럽에서 일어난 두 번의 살육전을 애도하는 기념물 앞에서 잠시 걸음을 멈추었다. 그 기념물은 병사들의 영광이 아니라 '후방에서 절망에 빠져 있던 사람들'의 고통을 증언하고 있었다. 곧은 자세로 불굴의 용기를 드러내 보여주는 한 여인이 조각되어 있었는데, 청동 속을 흐르는 영원한 눈물이 그녀의 눈꺼풀에 방울방울 맺혀 있었다.

이 도시를 빠져나오자 '작은 행복의 길'이라는 아름다운 이름이 붙여진 GR5E의 한 구간이 시작되었다. 사실 오솔길의 기적은 여기서부터 일어나기 시작한다. 차갑고 짙은 안개 아래 잎사귀가 떨어지는 너도밤나무와 참나무 사이를 걷다 보면 영혼이 어느새 평화로워지는 듯하다. 집집마다 사람들이 채소 화분을 정원에서 집 안으로 들여놓고, 겨울에 먹을 샐러드 야채의 모종을 옮겨 심느라 분주히 움직이고 있었다.

그러나 이 작은 행복은 9월 1일 한 가지 작은 불행으로 인해 빛이 바래고 말았다. 율리시스의 채가 힘을 너무 받는 바람에 뚝하고 부러져버린 것이다. 우즈베키스탄에서는 친절한 용접공이 러시아산 전차에서 빼낸 파이프로 채를 보강해주었었다. 러시아산 강철은 잘 버텨주었지만, 채의 바로 옆쪽이 부서지고 말았다. 우리 길동무의 가늘고 긴 몸체를 용접해줄 수 있을 이 동네 유일의 자동차 정비 공장은 닫혀 있었다. 하지만 기적이 일어났다. 누군가 카페에서 나오더니 자신의 자동차 트렁크에서 드릴과 텅스텐 봉을 꺼내 들고 나타났다. 덕분에 임시로나마 율리시스를 수리할 수 있었다. 은인의 이름은 조나탕. 그는 보험업자이면서 여행가이기도 했다. 그는 단순하게 등급을 매겨가며 프랑스 국민들을 묘사했다. "여기 사람들은 방데 사람들이나 쥐라 사람들처럼 매우 상냥합니다. 그러나 바스크 지방 사람들은……." 그가 입을 삐죽거렸다. "꼭 코르시카 사람들 같아요."

해발 2,083미터의 몽스니 고개에서 처음으로 국경이 나타났다. 우리는 여기서 처음으로 셀카를 찍었다. 서로를 꼭 껴안은 채 에베레스트산에라도 오른 듯한 환상에 빠졌다. 가을의 고원은 무척 아름답다. 푸른색 엉겅퀴와 초롱꽃, 그리고 일곱 가지 품종의 용담속(屬)이 어둠과 함께 흐려져가는 드넓은 인공 호수 둘레를 장식하고 있었다.

원래는 베네딕트가 하나밖에 없는 여행자 숙소에 미리 전화를 걸어서 예약하라고 권했었다. 하지만 나는 거만한 표정을 지으며 대답했다. "말도 안 돼. 난 모험다운 모험만 하는 진짜 여행가라고." 그러나 앞서가던 한 무리의 사람들을 마지막으로 여행자 숙소가 다 차버렸다. 나의 인생 동반자가 비꼬듯 말했다. "당신, 자리가 남아 있다는 쪽에 얼마 걸었더라?" 소금 진끼지만 해도 허세에 가득 차 있던 진짜 모험가는 해발 2,000미터가 넘는 곳에서 야영을 해야 한다고 생각하니 마음이 심란해졌다. 기온이 뚝 떨어지면서 날이 매서울 정도로 추워진 것이다. 그러나 또 기적이 일어났다. 그날 밤에 문을 닫기로 되어 있었던 '흰 바위산' 호텔이 여행자 숙소 관리인의 부탁을 받고 하룻밤 더 영업하기로 한 것이다. 호텔에서는 우리를 따뜻하게 맞아주었고, 방도 편안했다. 거기서 나는 파란만장한 역사로 점철된 이 국경 지역을 다룬 자료를 발견했다.

1866년에 영국인들은 영국 출신 엔지니어인 펠의 주도하에 프랑스의 랑르부르(Lanslebourg)와 이탈리아의 수사(Susa)를 여섯 시간 만에 잇는(합승 마차를 타고 가면 열두 시간이 걸렸다) '몽스니 철도 회사'를 설립했다. 이는 런던과 봄베이[뭄바이의 전

이름]를 잇는 인도 우편열차의 빠른 운행에 큰 도움을 주었다. 당시로서는 어마어마한 규모의 공사가 벌어졌다. 기관차가 여섯 대의 객차를 끌고 달렸다. 1등 차량이 한 대, 2등 차량이 두 대, 그리고 3등 차량이 두 대였다. 여섯 번째 차량에는 화물을 실었다. 절벽을 따라가는 노선이었기 때문에 승객들이 현기증을 느끼지 않도록 창문을 높은 위치에 작게 달았다. 추가적인 대비책으로 좌석을 전부 안쪽으로 돌려놓아서 승객들은 꼭 런던의 지하철에서처럼 서로 마주 보고 앉아야 했다.

국경 지역에 위치한 이 고원은 프랑스와 알프스산맥 너머 이웃의 대결장이기도 하다. 1888년에 프랑스는 이탈리아 측이 선수를 치자 자극을 받아 이곳에 산악 지방의 환경보호를 전문으로 하는 '알프스의 사냥꾼들'이라는 이름의 군부대를 주둔시켰다. 모든 것으로부터 멀리 떨어진 이곳에서 죽을 만큼 권태로웠을 병사들의 오래된 연극 공연 사진도 발견했다. 싹싹한 하녀 역할은 수염이 덥수룩하게 난 건장한 병사가 맡았다. 그 덕분에 모두가 웃음을 터트렸을 것이다.

전쟁이 끝나자 국경선이 바뀌었다. 독일과 동맹을 맺은 이탈리아가 프랑스가 훤히 내려다보이는 곳에 요새를 짓자 1945년 프랑스도 응수하고 나섰다. 그 이후부터는 프랑스인들이 고원 반대쪽에서 이탈리아 땅을 훤히 내려다보았을 것이다. 장군들은 계속해서 전쟁을 준비했다. 이 지역을 걸어서 돌아본 한 역사가는 드골 장군이 1945년에 발레다오스타[Valle d'Aosta, 아오스트 계곡이라는 뜻. 이탈리아 북서부에 위치한 산악 지대로 알프스산맥의 남쪽 계곡에 해당한다] 지역을 합병하려 했다고 말해주었다. 이 지역에 사는 주민들 대부분이 프랑스어를 쓰고 있었으므로 그의 요구는 어느 정도 논리적이라고 할 수 있었다. 그러나 미국과 영국이 반대하고 나섰다. 몽스니 지역에서는 1962년에서 1969년 사이에 대규모 공사를 벌여 몽스니 댐을 건설했다. 거대한 인공 호수가 생기고 엄청난 양의 전기를 생산하는 수력발전소가 세워졌다. 값싼 전기가 넉넉히 생산되자 에너지를 많이 소비하는 알루미늄 공장이 들어섰다.

9월 2일 아침, 우리는 로마에 가는 순례자들을 위한 길이었던 프란치제나(Francigena) 구간으로 접어들었다. 이 구간에는 T자 표지판이 설치되어 있었는데, 그것은 성 프란체스코의 십자가였다. 이 십자가에는 윗부분이 없다. 간주(間柱) 하나가 벽에 붙어 있는 외투걸이와 흡사하게 생겼다. 우리는 사거리에서 부리 모양으로 뾰족한 이 십자가의 끝부분 쪽으로 빠졌다. 발레다오스타로 내려가는 오솔길은 가파르고 자갈투성이였다. 우리는 배낭을 짊어졌고, 베네딕트는 내가 비탈길을 너무 빨리 내려간다 싶었는지 밧줄로 율리시스를 잡아맸다. 우리는 모처럼 한 팀이 되었다. 나는 기분이 좋았다. 커다란 바위 위에서 햇살을 받으며 식사를 하고, 후식으로 야생 나무딸기를 맘껏 먹었다.
마을의 좁은 골목길에서는 검은색 옷을 입은 키 작은 노파들이 햇살을 쬐며 과거를 회상하고 있었다. 그들이 입고 있는 옷을 세세하게 살펴보던 베네딕트는 그들 대부분이 풍성한 블라

우스나 검은색 드레스를 입고 있으며, 천이나 가죽으로 만든 굽 없는 신발을 신고 있다고 말해주었다. 남자들은 자기들끼리 따로 모여 요란한 몸짓을 해가며 큰 소리로 떠들었다. 몇몇 사람들은 발레다오스타어를 썼는데, 글로 써놓으면 악상 시르콩플렉스(^)가 빈번하게 등장하는 사투리였다. 이 계곡에 사는 다섯 명 중 한 명은 지금도 이 방언으로 자신의 생각을 표현한다. 프랑스어를 제대로 구사하는 브뤼노는 프랑스에 가족들이 살고 있었기 때문에 학교에서 프랑스어를 선택했다고 말했다. 그는 프랑스 남서부를 여행하며 검은 산 지역[프랑스 남서부에 자리 잡은 산악 지대]과 레지냥 코르비에르(Lézignan-Corbières) 지역에 깊은 인상을 받았고, 이곳의 숲과 포도주를 좋아했다. 여기저기 붉은 반점이 보이는 얼굴이 그 사실을 증명해주었다.

발레다오스타 지방은 격렬한 독립 의지로 인해 널리 알려졌다. 지금도 'NO TAV'라고 쓰인 기다란 깃발이 나부낀다. 어느 장소에서나, 어느 건물에서나, 어느 발코니에서나 이 슬로건을 볼 수 있다. 이 계곡에 사는 사람들 모두가 이탈리아와 프랑스가 공동으로 추진하는 TAV(treno ad alta velocità) 프로젝트에 반대해 들고 일어났다. TAV는 리옹과 토리노를 연결하는 고속 열차다. 이 프로젝트에 반대하는 사람들은 열차의 속도에도 의문을 제기하지만 특히 프로젝트에 돈이 많이 들어간다는 사실을 문제시한다. 길이가 57킬로미터에 달하는 터널을 뚫으려면 가히 천문학적인 공사비가 든다. 겨우 한 시간 더 빨리 가자고 200억 유로씩이나 들이는 건 예산 낭비라는 것이다. 발레다오스타 주민들은 굳게 단결하여 공사를 지연시키기 위해 자신들이 할 수 있는 모든 걸 다했다. 공사장 점거와 시위, 행진이 이어졌다. 침묵과 느림을 사랑하는 산사람들이 반대하고 나서는 건 너무나 당연한 일이다. 프로젝트에 반대하여 캠프촌을 점거한 젊은이들이 다음 행동을 위해 커다란 깃발에 슬로건을 쓰고 있었다.

좀 더 갔더니 이번에는 예정된 노선이 지나가게 될 지점에 작은 목조건물이 세워져 있었다. 2005년에 세워진 이 건물은 TAV 프로젝트 찬성자들에 의해 불태워졌다가 다시 건설되었다. 루치아노(82세)와 토말리노(76세), 피에라(77세), 비첸초(80세)는 잘 버텨내고 있다. 이 네 명의 노익장과 친구들은 여기서 일 년 내내 밤낮으로 교대해왔다. 이 오두막집에는 다가올 겨울에 대비하고 커피와 도시락을 데우기 위해 난로를 설치했다. 오려둔 신문 기사들이 그들의 투쟁을 증언해준다. 우편물들은 노트르담데랑드 공항 건설 프로젝트에 반대하는 자디스트[Zadiste, 프랑스의 근본주의 환경 운동가]들과의 소통이 지속적으로 이뤄지고 있다는 사실을 보여주었다. 재능 있는 작가 에리 데 루카(Erri de Luca)는 공사장의 사보타주를 촉구했다가 회사 측으로부터 소송을 당했다. 그러나 그는 개의치 않고 "태업과 기물 파손은 합법적인가?"라는 질문에 "TAV가 유해하고 무용한 공사라는 사실을 이해시키기 위해 필요하다"고 대답했다. 8개월 징역형에 처해질지도 모를 이 반체제 작가는 자신에게 유죄 선고가 내려져도 항소하지 않고 형을 전부 치를 거라고 말했다. 2015년 10월 19일,

I. 리옹 ─ 베로나

법원은 무죄를 선고하고 그를 석방했다.

수사에서는 카사 프란치스코 수도원의 수도사들이 순례자는 물론 비순례자도 환영한다고 현수막에 써놓았다. 과연 이곳은 나무로 조각한 예수상 앞에 엎드려 있는 한 여인은 물론 우리 같이 종교가 없는 사람들에게도 편안한 곳이었다. 음식이 다양하고 맛도 있어서 식도락가인 베네딕트(Bénédicte)를 즐겁게 해주었다. 물론 저녁 식사 때는 식사 기도(bénédicité)를 하지 않았지만 말이다. 아침 식사에는 산패해서 맛과 냄새가 역한 버터가 나오는 바람에 숙소 주인들은 우리에게 그동안 딴 점수를 싹 다 까먹었다. 길을 걷다 인적이 드문 곳을 찾으면 물소젖으로 만든 모차렐라 치즈와 소시지, 토마토를 넣은 샌드위치를 먹은 다음 낮잠을 자곤 했다.

3. 이탈리아 원정기

절벽 꼭대기에 자리 잡은 사크라 디 산 미켈레(Sacra di San Michele) 수도원은 어마어마한 규모뿐 아니라 악마를 단칼에 베어버리는 천사장의 수호를 받고 있는 까닭에 흔히 몽생미셸과 비교된다. 이곳은 잠시 버려졌었으나 19세기에 수도사들이 다시 돌아왔다. 움베르토 에코가 이 수도원에서 영감을 얻어 『장미의 이름』을 썼다고 전해진다. 수도원(여기에 들어가는 데 한 시간 반이나 걸린다)은 매우 웅장하며, 건물 밖에 있느냐 안에 있느냐에 따라 위협적으로 느껴질 수도 있고 편안하게 느껴질 수도 있다. 지평선에 우뚝 솟은 거대한 실루엣은 우리가 그곳을 떠나 걷는 사흘 내내 시야에서 사라지지 않았다.

통행량이 점점 더 많아졌다. 이런 길을 어떻게 걸을 것인가. 프랑스가 걷는 사람들의 천국이라면, 파우스토 코피[2]를 배출한 나라인 이탈리아는 자전거 타는 사람들의 천국이다. 지로 디탈리아와 투르 드 프랑스는 이탈리아와 프랑스에서 열리는 1년 중 가장 큰 규모의 행사라 할 수 있다. 이 나라에는 장거리 트레킹 코스가 없기 때문에 자전거 전용로를 이용하고 싶은 생각이 들었지만, 그건 불가능한 일이었다. 자전거 코스는 동그랗게 원을 그리고 있었기 때문이었다. 우리가 택할 수 있는 길은 오직 하나,

I.
리
옹
|
베
로
나

---

2. Fausto Coppi, 이탈리아의 사이클 영웅. 투르 드 프랑스에서 두 번, 지로 디탈리아에서 다섯 번 우승했다.

국도를 걷는 것뿐이었다.

베네딕트는 처음으로 겁을 냈다. 나는 간선도로를 딱히 꺼리지 않았다. 간선도로는 이미 실크로드에서 많이 걸어보았다. 말하자면 나는 통행량이 많은 도로를 걷는 보행자도 꽤 오래 살 수 있다는 사실을 보여주는 살아 있는 증거인 셈이다. 안 그랬으면 나는 아마 15년 전에 벌써 죽었을 것이다. 물론 테헤란에서 시안을 잇는 도로의 통행량이 이 도로만큼 많지 않다는 사실은 인정해야 한다. 이탈리아 사람들이 차를 빨리 몰고, 세 명 중에 한 명은 휴대전화를 귀에 갖다 대고 있기 때문에 더욱 그렇다. 나는 중요한 생존 법칙 한 가지를 베네딕트에게 알려주었다. 걷는 사람도 트럭을 보고 트럭도 걷는 사람을 볼 수 있도록 달려오는 자동차들을 마주 보며 걸어야 한다는 것이다. 길을 가다 보면 작은 제단이 눈에 자주 띄는데, 이것이야말로 누군가가 자동차에 치여 비극적인 죽음을 맞았다는 사실을 보여준다. 희생자는 대부분 젊은이들이다. 기계라는 괴물은 신선한 살을 더 좋아한다.

그리하여 우리는 자동차의 물결 속으로 휩쓸려 들어갔다. 그녀가 앞에서 걸었고, 나는 율리시스를 끌며 뒤에서 걸었다. 우리같이 걷는 사람들에게는 엄청난 장애물인 대규모 상공업 도시 토리노를 피하기 위해 일부러 북쪽으로 돌아서 갔다. 어느 마을에서 우리는 테라스에 편안히 자리 잡고 앉아 다른 세상을 꿈꾸고 있는 즐거운 표정의 젊은이들과 만났다. 마음이 맞는 이들이었다. 그들은 우리의 계획을 듣고는 놀라워했다. 그들에게 혹시 잠을 잘 만한 장소를 아는지 물었다. 우리는 피곤했고, 가장 가까운 호텔은 3킬로미터나 떨어져 있었던 것이다. 한 젊은이가 일어나더니 잠자리를 제공해줄 수 있는지 신부님께 물어보겠다고 말했다. 잠시 후 그는 당황해서 어쩔 줄 몰라 하며 돌아왔다. 성직자가 이렇게 물었다고 한다.

"그 사람들 로마에 가는 건가?"

"아니요. 베니스에 간답니다."

"그럼 안 돼. 재워주고 싶지 않네."

 이탈리아에 발을 디딘다는 것은 곧 역사 속으로 들어가는 것이다. 지도를 보면 로디라든가 카스틸리오네, 아르콜레, 리볼리, 바사노, 베로나처럼 귀에 익은 지명이 등장한다. 나는 다른 사람들이 명예와 재산, 혹은 천국을 찾으려 지나간 곳을 가보는 걸 무척 좋아한다. 천국에 가고 싶어 하는 순례자들의 모습, 아시아의 사막에서 천천히 움직이는 대상 행렬의 모습이 나를 스페인의 산티아고 데 콤포스텔라에 이어 중국의 시안까지 데려갔다. 이탈리아에서는 나폴레옹 대군의 자취를 따라가게 될 것이다.

 역사가들에 의하면 나폴레옹 군대가 탁월한 전력을 발휘한 것은 보병들이 물불 안 가리고 **빠르게** 전장(戰場)과 죽음을 향해 돌진했기 때문이라고 한다. 프랑스인들은 자기네들이 오스트리아-헝가리 제국에 점령당한 이탈리아를 해방시켜준다고 생각했지만, 어디를 가나 환영받은 건 아니었다. 시민들이 프랑스군에 분노해서 반란을 일으켰던 부활절, 베로나는 피바다로 변했다. 나폴레옹은 병사들의 복수를 하기 위해 반란의 책임자로 간주된 베니스 총독을 쫓아냈다. 프랑스 병사들은 이 제국의 '군주'가 매년 그 위에서 금반지를 바닷물 속에 던지곤 했던 거대한 배를 불태웠다. 그들이 배를 불태운 건 다른 이유가 있어서가 아니었다. 단지 배를 화려하게 장식하고 있던 어마어마한 양의 금을 갖기 위해서였다.

사거리에서 작은 사고가 난 것 같았다. 자동차 한 대가 멈춰서 있었다. 자동차 옆에서는 한 노인이 뭔가에 얼굴이 긁힌 채 휠체어에 앉아 아내로 보이는 나이 든 여성이 무성한 가시덤불 속을 뒤지고 있는 걸 쳐다보고 있었다. 그녀의 설명에 따르면, 남편이 급한 볼일을 해결하려다가 균형을 잃고 말았다는 것이다. 그 바람에 가시덤불 속에 거꾸로 처박히면서 안경을 잃어버렸다고 했다. 그의 아내가 찾지 못한 안경을 베네딕트가 날카로운 눈으로 찾아냈다. 우리는 "정말 감사합니다"라는 말을 들으며 다시 출발했다.

방랑 생활에 서서히 익숙해져갔다. 몸이 말을 안 들으면 어떡하나, 우리가 아무 문제없이 함께 걸을 수 있을까 하는 두려움에서 비롯된 긴장은 사라졌다. 모든 게 다 잘 돌아간다. 예정된 날짜에 베니스에 도착하지 못하리라는 건 분명하다. 알프스 산맥을 넘느라 시간을 지체했기 때문이다. 하지만 꼭 베니스까지 가야만 하는가? 우리의 여행이 중단된 장소에서 내년에 다시 출발하면 될 일이다. 중요한 건 목적지가 아니라 길 그 자체 아니던가.

걷기 좋은 길이었다. 우리는 식당의 정자 아래 앉아 소박한 음식을 맛있게 먹었다. 베네딕트는 이탈리아의 도로변 식당이 음식을 냉장고에 넣어두었다가 그냥 내주거나 전자레인지에 데워주기만 하는 대부분의 프랑스 도로변 식당에 귀감이 될 수 있을 거라고 혀로 입술을 핥으며 몇 번이나 얘기했다. 도수가 높지 않은 포도주를 한 병 마시고 나서 잔디밭이나 벤치에 누워 낮잠을 한숨 자고 나면 기력이 회복되어 무거웠던 다리가 다시 가벼워진다. 이탈리아에서는 지도를 구하기 힘들었다. 피에몬테 지방에서는 롬바르디아 지방의 지도를 팔지 않고, 롬바르디아 지방에서는 피에몬테 지방의 지도를 팔지 않는 것이다.

고요함을 즐기기 위해 길을 잃을 위험을 무릅쓰고 끝없이 펼쳐진 논 사이의 길로 접어들었다. 베네딕트는 벼 이삭을 한 번도 본 적이 없었다. 아시아에서 벼를 보며 감탄했던 나는 수로로 둘러싸여 있고, 노란 물이 괴어 있으며, 바글거리는 모기들이 개구리에게 잡아먹히고 개구리는 다시 수백 마리의 왜가리나 백로에게 잡아먹히는 네모진 논에 관해 이것저것 아는 척을 했다. 사실 그건 식물에 관해 나보다 훨씬 아는 게 많은 베네딕트에 대한 소심한 복수였다. 아무리 둘러봐도 사람은 눈에 띄지 않았다. 그야말로 미국 서부에 와 있는 것 같은 느낌이 들었다.

카시나(cascina)라고 불리는 거대한 농가는 마을 하나 규모다. 모든 농가에는 교회나 예배당이 있다. 주인집만 조금 관리가 되어 있고 나머지는 언제 폐허로 변할지 모른다. 나는 아름답고 도발적인 여배우 실바나 망가노가 등장하여 지금으로부터 그다지 오래 되지 않은 시대를 증언하는 명화 ⟨쓰디쓴 쌀⟩을 생각했다. 이 작품에서 지주들은 이탈리아 남부에 사는 여성들을 수백 명 데려와 모내기를 시킨다. 바지를 허벅지까지 걷어붙인 채 물속에 서 있는 여성들의 모습, 등장인물들의 난폭함, 적나라한 리얼리즘이 이탈리아 영화를 처음 접하는 1950년대 프랑스 관객들에게 적잖은 충격을 안겨주었다. 손으로 모내기를 하던 시대는 이제 막을 내렸고, 거대한 기숙사의 기왓장은 다 날아가버렸으며, 지주들은 기계를 이용해 추수할 때만 잠깐 모습을 나타낼 뿐이다.

금세 길을 잃어버렸다. 개 한 마리가 이곳저곳을 어슬렁거리고 있었다. 율리시스의 바퀴가 싫어하는 자갈길과 수로(水路)의 미로로부터 우리를 끄집어내줄 사람을 찾았지만, 개미 한 마리 안 보였다. 전원생활에 대한 베네딕트의 환상에 대해 내가 이런저런 불평을 늘어놓으며 투덜대고 있는데 구세주가 구름처럼 먼지를 일으키며 나타났다. 흰색 피아트 친퀘첸토를 탄 신부님이었다. 호산나! 교회 종탑을 정면으로 바라보며 논 사이로 난 길에서 벗어나니 그곳이 바로 노바라(Novara)라는 도시였다.

노바라는 관광도시가 아니었다. 월요일 아침이었는데도 모든 상점의 셔터가 내려져 있었고 수많은 감시 카메라가 드문드문 지나가는 행인들의 모습을 녹화하고 있을 뿐이었다. 베네딕트가 가을에 있을 연극 공연과 관련된 메일을 한 통 확인하기 위해 컴퓨터를 써야 하는 상황이었다. 스마트폰이 널리 보급되면서 PC방이 더 이상 쓸모가 없어져 도시에서 사라져버렸다. 사람들 말만 듣고 여기저기 컴퓨터를 찾아다니던 우리는 결국 어떤 사람이 시청에 가면 행운을 만날 수 있을 거라고 말해주기에 그곳으로 갔다. 직원이 우리 얘기를 들어보더니 어딘가로 전화를 했고, 이어서 그녀는 얼굴에 환한 미소를 지으며 우리 문제가 해결되었다는 뜻으로 엄지손가락을 들어 올렸다. 그러나 기쁨도 잠시, 그녀가 다음과 같은 절차를 거쳐야 한다고 덧붙였다.

a) 기술 센터의 컴퓨터를 사용해도 좋다는 허가를 받기 위해 옆 사무실에 가서 서면으로 신청한다. 그러려면 대기실로 가서 차례가 올 때까지 기다려야 한다.

b) 서류를 들고 도시 반대편 끝에 있는 기술 센터로 가서 컴퓨터를 사용할 수 있는지 확인한다.

c) 기술 센터에서 컴퓨터 사용 요청을 수락하면 다시 시청으로 돌아간다. 시청 직원이 컴퓨터 사용을 허가하면 컴퓨터 사용료를 선불로 지급한다.

d) 영수증을 지참하고 기술 센터로 돌아가 이메일을 확인한다.

결국 우리는 장사가 잘되지 않아 매우 시무룩하던 불어권 모로코 사람이 운영하는 기차역 근처 가게에서 십여 대의 컴퓨터를 발견했다. 나중에 우리는 기술 센터처럼 보이는 사무실 앞을 지나치게 되었다. 길게 줄을 선 관광객들은 바빠서 정신이 없

는 직원 두 명이 자신에게 관심을 갖기를 기다리며 발을 동동 구
르고 있었다. 카프카의 작품에나 나옴 직한 분위기였다.

4. 나빌리오 운하

노바라에서 우리는 도로 지도를 구하러 다녔지만 헛수고였
다. 대신 구세주를 만났다. 호감이 가는 젊은 서점 주인이 12세
기에 건설되기 시작한 나빌리오 운하를 따라 걸으면 좋을 거라
고 권유했다. 이 운하를 판 데는 두 가지 목적이 있었는데, 하나
는 밀라노에 물을 공급하는 것이었고, 또 하나는 엄청난 규모의
밀라노 대성당을 건설하는 데 필요한 거대한 대리석을 운반하는
것이었다. 프랑스 루아르 강가의 생디에(Saint-Dyé) 항구가 샹보
르 성을 짓는 데 쓰이는 돌을 보내기 위해 건설되었던 것처럼 말
이다. 그는 운하가 우리를 대성당 광장으로 데려갈 거라고 말했
다. 이보다 더 좋을 수는 없다. 우리는 자동차를 만나지 않고 이
틀 동안 걸을 수 있을 거라는 생각에 행복해하며 걷기 시작했으
나 유감스럽게도 폰테 누오보까지 길은 자동차로 혼잡했다.

나폴레옹의 전설에 등장하는 다리가 또 하나 있다. 1859년
에 알프스산맥을 넘은 나폴레옹 3세는 마젠타에서 오스트리아-
헝가리군과 맞서려고 했다. 나빌리오 운하에는 세 개의 다리가
있었는데 수세에 몰려 있던 오스트리아-헝가리군은 시간이 없
어서 이 중 두 개밖에 파괴하지 못했다. 프랑스-사르데냐 연합
군은 유일하게 남아 있던 폰테 누오보를 건너 승리를 향해 진격

했다.

우리는 이 유명한 다리에서 운하를 바라보았다. 운하 왼쪽으로 예인로(曳引路)가 나 있기에 율리시스를 끌고 내려가 물가에서 점심을 먹은 다음 낮잠을 자고 다시 운하를 따라 걸었다. 여유롭게 자전거 페달을 밟는 사람들이 몇 명 눈에 띄었고, 조깅을 하는 사람들은 우리의 인사에 미소로 화답했다. 우리를 가로막고 어디서 왔는지, 어디로 가는지, 이메일 주소가 어떻게 되는지(상대의 이메일 주소를 묻는 것은 우리 시대의 특징이다) 묻는 사람들도 있었다. 아스팔트가 깔려 있어서 율리시스가 아무 저항 없이 굴러갈 수 있는 구간도 일부 있었고, 풀이 무성한 구간도 있었다. 운하 양쪽에는 호화 주택들이 늘어서 있었다. 대부분 비어 있는 이 집들은 지나간 영화의 증인이었다.

날이 어둑어둑해질 무렵 한 농부가 농가 민박(agriturismo)을 하는 이웃 농가에 묵고 가라고 우리에게 조언했다. 이후로도 우리는 이런 형태의 농가 민박을 여러 번 이용하게 될 것이다. 길을 잘못 드는 바람에 다리도 아프고 지칠 대로 지쳤지만, 45킬로미터를 걷고 난 뒤 라에티티아의 집에 도착하는 순간 모든 것이 다 잊혀졌다. 그녀의 축사에서는 500마리의 암소와 송아지를 키우고 있었다. 그녀는 5년 전에 소르본 대학에서 문학을 전공한 뒤 요가 선생님이 되었다. 집은 소박하면서도 우아하게 장식되어 있었다. 라에티티아 몬티는 감수성이 뛰어나고 수다스러운 여성으로, 그녀가 입을 다문 건 식사 전에 잠깐 기도를 할 때뿐이었다. 우리는 이탈리아의 정치 상황과 그녀에 대해 많은 질문을 던졌다. 그녀는 지난 2년 사이에 가족을 다섯 명이나 잃는 바람에 견디기 힘들 만큼 고통스런 시간을 보냈다고 했다. "집이 늘 식구들로 바글바글해서 사람 사는 것 같았는데 지금은 보시다시피 이렇게 텅 비어 있답니다." 그녀는 우리를 위해 애호박과 둥근 호박 구이, 그리종(Grisons)산 쇠고기, 그리고 '프랑스 사람들을 위해서 이탈리아 사람들에게 내갈 때보다 살짝 더 익힌 파스타'로 맛있는 식사를 준비했다. 그녀에게는 딸이 둘 있었는데, 그중 큰딸은 어려운 처지에 있는 젊은이들을 먹여주고 재워주는 일을 하고 있었다. 라에티티아는 남아메리카와 인도 등 먼 나라를 여행했으며, 인도에는 해마다 간다고 했다. 그녀는 토스카나 지방을 여행하며 그곳의 아름다움에 넋을 잃고 김단사를 언발하다가 얼마 전에 집으로 돌아왔다. 라에티티아의 둘째 딸 에리카가 우리가 다시 운하로 돌아가기 전에 아침 식사를 차려주었다.

운하 오른쪽 기슭에 차들이 너무 많이 다니기 때문에 일찍 출발했다. 얼마 지나지 않아 아름다운 집들에 이어 주말 텃밭이 등장했다. 프랑스에서처럼 이탈리아에서도 경제 위기를 맞으면서 텃밭 가꾸기가 새로이 각광 받았다. 석공 한 사람이 내게 털어놓기를, 몇 달 전부터 실업 상태인데 프랑스에서 일을 해보려고 여기저기 알아보는 중이라고 했다. 라에티티아는 두 딸이 오랫동안 공부했는데 일자리를 못 찾으면 어떡하나 몹시 불안하다고 했었다. 그녀 말로는, 예측할 수 없는 갈지자 행보로 민주주의를 혼란에 빠트린 베를루스코니는 이탈리아의 문제를 하나도 해결하지 못했다고 한다. 이탈리아가 그리스와 흡사한 경제 위

I. 리옹 | 베로나

기를 맞고 있다고 말하는 사람들도 있었다. 2013년 그해 여름에 이 나라의 경제는 침체될 대로 침체되어 있었다.

밀라노가 가까워지고 있는데 율리시스의 다리가 부러져버렸다. 왼쪽 바퀴를 고정하는 볼트 하나가 풀린 것이었다. 힘들게 3~4킬로미터가량 걸어갔더니 자전거 가게가 보였다. 주인은 온갖 잡동사니가 들어 있는 상자를 오랫동안 뒤지더니 풀려서 어디론가 사라져버린 볼트를 대신할 볼트를 결국 찾아냈다. 그렇지만 그는 수리비를 한 푼도 받지 않으려고 했다. 아무래도 율리시스를 손으로 직접 만들었다는 사실이 손에 기름때를 묻히고 사는 사람들을 매료하는 것 같다.

운하 주변에서는 꼭 휴양지 같은 분위기가 풍겼다. 운하 양쪽 길에 있는 식당에서 손님들이 큰 소리로 시끄럽게 떠들어대고 있었다. 이탈리아어는 말을 하기 위해 만들어졌을 뿐만 아니라 노래를 하기 위해서도 만들어졌다.

나빌리오 운하는 약속대로 흔히 두오모라고 불리는 밀라노 대성당의 광장으로 우리를 데려갔다. 전 세계에서 세 번째로 큰 성당인 이 두오모는 오직 신앙과 천재성만이 드물게 만들어낼 수 있는 건축학적 경이다. 이 성당은 14세기부터 짓기 시작했으나 고쳐야 할 곳이 한두 군데가 아니라서 공사가 끝나지 않고 한없이 계속되었다. 성당 밖에서 성당을 바라보면, 100미터가 넘도록 까마득히 치솟은 성당의 높이뿐만 아니라 고슴도치처럼 보일 만큼 지붕에 어마어마하게 많이 서 있는 조각상들에 압도된다. 지붕으로 기어 올라가 조각상들을 보아야만 진정으로 두오모를 보았다고 말할 수 있다. 두오모에는 3,000개가 넘는 조각상들이 서 있고, 그중 3분의 2는 하늘을 뚫을 듯하다. 가장 높은 곳에 서 있는 조각상은 성모마리아상인데, 금빛으로 빛나는 이 조각상은 다른 모든 조각상들을 내려다보고 있다. 전해지는 바로는, 밀라노의 그 어떤 건물도 이 성모마리아상보다 높이 지을 수 없었다고 한다. 그런데 꽤 큰 두 회사가 술수를 써서 이 규칙을 위반했다. 회사 건물 지붕에 복제한 성모마리아상을 세운 것이었다.

나는 오히려 아주 작은 비둘기 조각상 앞에서 감동을 느꼈다. 오랫동안 악천후에 노출되어 바랜 색이 조각상에 시적인 정취를 불어넣고 있었다.

5. 솔페리노, 피로 물든 언덕

미친 듯이 내달리는 자동차들 사이를 아슬아슬하게 걷고 싶진 않았던 우리는 작은 교외 열차를 타고 밀라노를 빠져나와 첫번째 마을에서 내렸다. 이 마을 이름은 잊어버렸다. 한 식당에 들어갔더니 야생 포도나무로 뒤덮인 정자로 안내되어 흰 식탁보가 깔린 식탁에서 세 가지 맛있는 음식으로 구성된 요리를 먹었다. 노동자 메뉴(pranzo di lavoro)라는 이 훌륭한 요리의 이름은 잊히지 않는다. 이탈리아 노동자들은 마치 왕처럼 대접받는 것 같다. 식사를 마친 다음 마을 입구에 있는 작은 광장 벤치에서 낮잠을 잤다.

오늘 우리는 휴대전화를 귀에 갖다 댄 운전자들이 모는 자동차가 곁을 스치듯 지나가는 위험천만한 차도를 걸어야 한다. 엎친 데 덮친 격으로, 규모가 꽤 큰 승마 행사가 예정되어 있어서 반경 80킬로미터 내에는 빈 호텔 방이 없었다. 그래서 도로에서 멀찌감치 떨어진 곳에 서 있는 키 큰 참나무 아래서 야영을 했다. 개들이 짖어대는 데다가 텐트에 가벼운 충격이 느껴져 우리는 밤새 한숨도 못 자고 깨어 있었다. 비가 오는 건가 싶었지만 분명 날이 어둑해질 무렵까지도 하늘이 맑았었다. 아침이 되자 수수께끼가 풀렸다. 머리 위에 있던 나무에 송충이가 들끓었고,

이 송충이들 중에서 좀 서투른 일부가 나뭇잎을 뜯어 먹다가 땅으로 떨어진 것이었다. 텐트 지붕이고 땅이고 온통 송충이투성이였다.

산 파올로라는 마을에 도착했다. 발그레한 안색을 보아 이탈리아산 포도주를 좋아하는 걸로 짐작되는 알베르토가 우리에게 대뜸 이렇게 물었다.

(베네딕트에게) "어디서 오는 길인가요? 지금 어디 가는 겁니까? 걸어서 가는 거예요?"

(나에게) "나이가 어떻게 됩니까? 일흔다섯? 난 일흔한 살인데. 그래도 아직 튼튼해 보이지요, 안 그래요?"

(다시 베네딕트에게) "부인 나이는 묻지 않겠습니다. 그건 예의가 아니니까요. 하지만 자식들은 있으시지요?"

필요한 정보를 다 얻어낸 그는 만족스러운 표정을 지으며 자리를 떴다. 분명히 그는 동네방네 떠들고 다닐 것이다. 조금 더 걸어가고 있는데 쾌활해 보이는 한 청년이 우리 앞에서 급브레이크를 밟더니 차 문밖으로 머리를 내밀며 물었다. "그 손수레에 사람 태우나요?" 우리는 그가 저만치 달릴 때까지도 계속 깔깔대며 웃었다.

프레데리카네 집에서의 숙박은 비싼 데다가 실망스럽기까지 했다. 하지만 매일 밤 라에티티아 같은 사람을 만날 수는 없는 법이다. 프레데리카는 억누를 수 없는 소비욕에 사로잡혀 있었다. 그녀의 집은 불편한 가구들과 잔뜩 멋 부린 장식품의 전시실이었다. 그녀는 발목에서 목까지 온몸에 문신을 했으며, 문학 카페를 사서 운영하는 것이 꿈이라고 털어놓았다. 하지만 유감스럽게도 그녀에게는 돈도 부족하고 교양도 부족했다. 그녀는 얼굴을 붉히더니 고개를 숙이며 자기가 의치(義齒)를 만드는 공장에서 일하고 있다고 말했다.

우리는 무엇보다도 위험한 도로를 피하려고 애쓰며 지그재그로 걸었다. 걷다 보면 이따금 살짝 행복해지기도 했는데, 특히 마네르비오(Manerbio)에서 레노(Leno)까지가 그랬다. 8킬로미터에 달하는 좁고 매혹적인 길은 옥수수 밭과 초원 사이로 구불구불 이어지다가 우리를 강한 햇빛으로부터 보호해주는 무성한 잎사귀 아래로 인도했다. 이어서 두 강 사이를 걸어갔다. 왼쪽으로 흐르는 강은 목적지인 레노로 이어지고, 오른쪽에 있는 강은 사실은 운하인데 반대 방향으로 흐른다. 노래하는 새들, 메뚜기를 포함한 곤충들, 가까이 다가가자 물속으로 풍당 떨어지던 사과. 우리는 그곳의 정적을 마음속에 담아뒀다. 이제 차들이 많이 다니는 길로 가야 하기 때문이다. 처음에는 베네딕트도 이런 상황을 지겨워했지만, 조금씩 적응해나가고 있다.

길을 가다가 그라치아와 로메오를 만났다. 로메오는 키가 그라치아보다 20센티미터는 커 보였다. 그녀는 태양처럼 환하게 빛났다. 카스틸리오네로 가는 길을 찾고 있던 우리는 두 사람과 대화를 시작했다. 그라치아는 우리가 아름다운 성당이 있는 자기 마을을 꼭 보고 갔으면 좋겠다고 말했다. 자기 마을을 너무나 사랑해서 사실 휴가 기간이 되어도 떠나고 싶지 않을 정도라는 것이었다. 우리는 2~3킬로미터 정도 같이 걸으며 이런저런 얘기를 나누었다. 그라치아가 집이 근처에 있다며 커피라도 한 잔 마시고 가라고 초대했다. 헤어질 때 그녀는 혹시 무슨 일이 있으면 잊지 말고 연락하라며 전화번호를 알려주었고, 로메오는 우리를 동네 어귀까지 배웅해주었다. 오후 시간도 역시 유쾌했다. 자전거 타는 사람들이 인사하며 지나갔고, 자동차 운전자들도 우리들에게 호감을 표시했다. 시골에 있는 많은 농가들은 폐허가 되어 있었다.

카스틸리오네에 가까워지면서 나는 19세기의 가장 아름다운 여성이었다고 전해지는 동명의 백작 부인을 떠올렸다. 장차 이탈리아 왕이 될 비토리오 에마누엘레 2세는 이탈리아와 프랑스의 관계를 개선하라는 임무를 주어 그녀를 파리로 보냈다. 각종 추문을 낳은 여성이자 간첩이었던 그녀는 큰 스캔들을 불러일으켰다. 남자들은 새틴 천으로 된 그녀의 침대 시트를 생각하며 흥분으로 들떴다. 그녀는 나폴레옹 3세를 자신의 침대로 끌어들였다. 두 사람의 관계는 양국을 결속시켜 이탈리아의 독립 및 프랑스 사부아 지방과 니스의 합병을 주요 내용으로 하는 협정 체결에 결정적인 영향을 미쳤다. 카스틸리오네 백작 부인은 왕족들을 몇 명 더 정복한 다음 더 늙기 전에 괴상한 옷차림으로 수백 장의 사진을 찍었다. 그리고 세월이 지나면서 초췌해져버린 자신의 몸뚱이를 부끄러워하며 세상 사람들이 자기 모습을 보지 못하도록 숨어버렸다.

마을에는 호텔이 하나밖에 없었고, 손님도 우리 둘뿐이었다. 그다음 도시에서는 인류의 역사에 지속적인 영향을 미치게 될 또 다른 사건이 일어났었다. 솔페리노 전투가 바로 그것이다. 그래서 이곳은 수 킬로미터를 돌아가더라도 들러볼 가치가 있다. 대신 우리는 율리시스를 끌고 가파른 비탈길을 끙끙대며 기어 올라가는 대가를 치러야만 했다.

솔페리노 전투는 그 이전과 이후에 벌어진 전투들만큼이나 유혈이 낭자했다. 하지만 만일 이 전투가 긍정적인 결과를 낳지 않았더라면 굳이 시간을 내가며 솔페리노까지 찾아갈 필요는 없을 것이다. 오스트리아군은 마을이 훤히 내려다보이는 높은 언덕에 방어 시설을 설치했다. 나폴레옹 3세의 병사들이 피로 얼룩진 살육전을 벌인 끝에 승리를 거둔 것은 그들의 대포 덕분이었다.

군대가 철수하고 나서 집계된 사망자와 부상자의 숫자는 무려 3만 명에 달했다. 현장에 도착한 스위스인 앙리 뒤낭은 끔찍한 공포에 사로잡혔다. 병사들이 곳곳에서 신음하며 죽어가고 있었다. 의사라고는 프랑스 군의관 여섯 명뿐이었다. 호송병들도 없었다. 그래서 그는 카스틸리오네 성당을 개조하여 병원을 세웠지만, 그곳에서는 부상자를 500명밖에 수용할 수 없었다. 그는 포로로 잡힌 오스트리아 군의관들이 불구가 된 병사들을 치료하도록 프랑스군 당국을 설득하는 데 성공했다. 그리고 자발적으로 달려와서 프랑스군은 물론 오스트리아군 희생자들을 도왔다. "투티 프라텔리(모두가 형제)"라고 말하던 이탈리아 여성들의 헌신은 그를 감동시켰다. 전쟁이 남긴 상흔이 뇌리에서 떠나지 않아 괴로워하던 그는 3년 뒤에 『솔페리노의 회상』이라는 책을 자비로 1,000부가량 펴내어 유럽 전역에서 자기처럼 전쟁을 혐오하는 사람들에게 보냈다.

1년 뒤인 1863년 2월 17일, 국제적십자위원회(ICRC)가 제네바에 설립되었다. 이 위원회의 깃발은 스위스 국기와는 반대로 흰 바탕에 붉은 십자가가 그려져 있다. 뒤낭은 부상당한 병사를 더 이상 적군으로 간주해선 안 되며, 보호하고 치료해야 한다고 생각했다. 나중에 그는 이러한 믿음을 다른 전쟁 포로들에게까지 실천했을 것이다. 대의를 위해 시간과 돈을 아낌없이 쓴 나머지 뒤낭은 수지가 안 맞는 사업을 벌이게 되었고 결국 위장 도산 혐의로 유죄 선고를 받았다. 이후 적십자사를 떠나 스위스의 하이덴이라는 작은 마을로 피신했고, 1910년 그곳에서 죽었다. (그는 1901년에 역사상 최초로 노벨평화상을 받았다.)

언덕 꼭대기에는 기념탑이 있고, 기념탑을 둘러싼 벽에는 제네바 적십자 협약에 서명한 나라들의 국기가 새겨져 있다. 아래쪽 마을의 작은 광장에 위치한 아름다운 아치형 문이 있는 건물들은 지붕의 기와나 이탈리아의 태양과 너무나 잘 어울리는 황토색이었다. 식당 테라스에서는 음료를 마시는 손님들이 요란하게 손짓 발짓을 하며 큰 소리로 얘기를 나누고 있었다. 살육전과 포격전을 추억하고 난 뒤에 듣는 이 소음은 너무나도 평화로웠다.

풍경이 바뀌었다. 동물 사료에 반드시 들어가는 옥수수가 지난 며칠 어디를 가나 눈에 띄었으나 이제는 모습을 감추었다. 대신 사과와 복숭아, 키위, 포도, 올리브, 석류 같은 과일이 넘쳐났다. 라다메즈 농가 민박은 아름답고 조용했다. 키가 크고 얼굴에 늘 미소를 띠고 있는 주인 알폰소는 가족 농장을 세련된 취향으로 개조했다. 그는 우리가 묵게 될 작은 방을 보여주면서 냉장고 안에 있는 백포도주 한 병은 환영 선물이라고 말했다. 그곳은 아침 식사를 하고 나서도 쉽사리 발걸음이 떨어지지 않는 곳이었다. 알폰소는 건축가와 농가 민박집 주인, 포도 재배자라는 세 가지 직업을 갖고 있었다. 이제 며칠 후면 포도 수확이 시작되어 그는 하루 종일 그 일에 매달려야 할 것이다. 우리가 길을 나서려고 할 때 그는 자기 포도밭에서 수확한 포도로 만든 적포도주 한 병을 꼭 선물로 주고 싶다며 고집을 피웠다. 포도주를 배낭에 넣으면 포도주가 상하는 데다가 무겁기까지 하다고 그를 만류하느라 정말 애를 먹었다.

맛 좋은 포도주를 마셨기 때문일까, 아니면 피곤했기 때문일까. 내가 우려했던 사건이 그날 밤 일어났다. (이 일은 오랫동안 기억에 남았다.) 알폰소가 외딴 곳에 있는 자연 속의 식당을 추천해주면서 자전거까지 두 대 빌려주었기 때문에 우리는 언덕진 좁고 구불구불한 도로를 달리기 시작했다. 나는 피곤해서 뒤처졌고, 베네딕트는 앞으로 쏜살같이 달렸다. 우리는 끝없이 이어지는 내리막길을 달리기 시작했다. 돌아올 때는 힘들 게 뻔해서 은근히 걱정되었다. 잠시 후 우리가 길을 잃었다는 게 확실해졌지만, 남에게 의존하는 걸 좋아하지 않는 베네딕트는 자전거를 세우고 물어보기를 거부했다. 언성이 높아졌고, 결국 식당을 찾지 못하는 바람에 주린 배를 움켜쥐고 숙소로 돌아왔다. 화가

치밀어 올랐다. 자기가 어디 가는지도 모르는 채 페달만 밟던 베네딕트의 고집이 도저히 이해되지 않았다. 나는 처음 보는 사람에게 길을 묻다가 내 삶에서 가장 아름다운 만남을 가졌는데 말이다.

우리는 강낭콩 통조림을 데워 먹은 다음 분을 삭이지 못한 채 아무 말없이 침대에 누웠다. 우리가 삶을 함께한 이후로 말다툼을 한 건 이때가 처음이었다. 걷기 시작해서 한 달 만에 처음으로 서로에게 감정이 폭발한 것이다. 나는 밤새 거의 한숨도 못 잤다. 도보 여행은 여행자를 발가벗겨 알몸으로 만들어놓는다. 남들 앞에서야 만족스러운 표정을 지을 수 있다. 하지만 육체적으로나 정신적으로 힘든 상태에서 24시간 붙어 있다 보면 균열과 틈도 생기는 법이다. 피곤해지면 가면을 벗는 것이다. 둘이 시작했다가도 외로움 속에서 막을 내린다는 그 유명한 여행의 저주인가? 우리 역시 헤어지게 될 것인가? 우리를 묶어주었던 그 단단한 끈은 결국 끊어지고 말 것인가?

아침 식사를 마치자마자 우리는 몇 킬로미터를 걸으면서 얘기를 나누기 시작했다. 무엇 때문에 오해와 분노, 불화에 이르게 되었는지 알아야 했다. 우리의 사랑은 금세 조화와 균형을 되찾았다. 옛날에 나는 베네딕트에게 이렇게 말하며 재미있어하곤 했다. "서로 알고 지낸 지 6년이 되었는데, 우리는 그동안 단 한 번도 싸운 적이 없어. 왜 그런 거지? 정상적인 사람이라면 누구나 가끔씩은 싸우게 마련인데, 왜 우리는 안 싸우는 걸까?" 이날 밤부터 나는 허세를 자제하고, 이런 하나 마나 한 얘기도 더 이상

하지 않았다.

 정원 가꾸는 걸 몹시 좋아하는 베네딕트는 발레지오 술 민치오(Valeggio sul Mincio)에 한시바삐 가고 싶어 했다. 이 자그마한 도시에 엄청나게 넓은 시구르타(Sigurtà) 공원이 있었던 것이다. 시구르타 공원을 만든 사람들은 이곳이 '이탈리아 최고의 정원'이라고 자랑한다. 넓이가 무려 60헥타르나 되는 이 공원은 아름다움을 표현할 수 있는 이탈리아인들의 놀라운 재능을 보여주는 진정한 예술품이다. 장소 구성, 식물 배치, 물과 나무의 공간, 색깔 등 모든 것이 우아하다. 베네딕트는 이 공원에 매혹되어 꿈같은 하루를 보냈다. 연극배우인 그녀는 햇빛이 좋은 계절이 되면 위대한 작가들의 작품에서 영감을 얻어 쓴 희곡을 공원에서 극으로 옮긴다(이렇게 공원에서 공연하는 것을 '파라디시호르투스'라고 부른다). 그녀는 거기서 너무나 즐거워하고 행복해했다. 빡빡한 일정 탓에 정해진 날짜에 반드시 프랑스로 돌아가야 하는 상황이 몹시 안타까웠다. 근처의 농가 민박에서 하루 더 머물렀더라면 그녀가 정말 좋아했을 텐데.
 시구르타 공원은 역사적으로도 중요한 곳이다. 나폴레옹 3세가 이탈리아 원정 당시 이곳에 총사령부를 차리고 머물렀다. 이토록 아름다운 공원 한가운데 자리 잡은 인간이 도대체 어떻게 몇 킬로미터 떨어진 곳에서 끔찍한 살육전을 벌일 생각을 할 수 있었을까?
 죽을 만큼 사랑했던 연인들의 고향인 베로나가 멀지 않았다는 걸 상기시키려는 듯 망루에 줄리엣이라는 이름이 붙어 있었다. 컴퓨터 바탕화면으로 쓰기 위해 이 멋진 장소를 모든 각도에서 찍고 나서 우리는 정적의 천국에서 아스팔트의 지옥으로 들어갔다. 베로나까지는 녹음이 우거진 길이 아예 없었다. 나는 잔뜩 긴장해서 우리를 향해 돌진하는 자동차들을 똑바로 응시했다. 내가 고함을 내지르면 베네딕트는 뭘 보거나 이해하려 애쓰지 말고 즉시 도랑 속으로 뛰어들어야 한다.

우리가 사거리에서 잠시 쉬고 있는데 파스칼레가 자전거를 끌고 다가왔다. 그는 하루 종일 컴퓨터를 들여다보며 일하다가 자신의 정원에서 비로소 약간의 평안을 느낀다고 한다. 자전거 핸들에 커다란 비닐봉지를 걸고 정원에서 돌아오던 그는 맛있어 보이는 복숭아를 두 개 꺼내 내게 내밀었다. 그랬다가 그걸로는 충분하지 않다고 판단한 듯 잘 익은 무화과가 가득 든 있는 작은 봉투를 내밀며 다 먹으라고 했다. 이런 관계를 지속하는 것은 즐거운 일이지만, 프랑스로 돌아가야 할 시간이 얼마 남지 않아 여유가 없었다. 아마 내년에는 좀 다르지 않을까?

금년 여행의 최종 목적지인 베로나에 도착했음을 알려주는 표지판 앞에서 율리시스가 아주 시의적절하게 자신의 왼쪽 타이어를 터트렸다. (당초 계획했던 베니스까지는 가지 못했다.) 나는 너무 피곤했다. 게다가 나를 향해 전속력으로 달려오는 자동차들 옆에서 수리를 하고 싶은 생각은 전혀 없었다. 그래서 그냥 바퀴 없는 율리시스를 호텔까지 끌고 가기로 했다. 아마 타이어는 갈기갈기 찢겨 너덜너덜해질 것이다. 쇠가 도로를 긁는 끔찍한 소리를 들으며 두 시간 동안 갖은 고생을 한 끝에 가장 먼저 눈에 들어온 별 네 개짜리 호텔 앞에 멈추어 섰다. 율리시스는 정복을 입고 흰 장갑을 낀 도어맨에게 끌려 우쭐거리며 홀을 가로질러 갔다.

관광할 시간이 별로 없었다. 하지만 베로나에는 반드시 봐야만 하는 두 개의 보물이 있다. 그중 하나인 로마 시대 원형경기장에서 열리는 콘서트는 불행히도 아직 준비 중이어서 문이 닫혀 있었다. 수많은 사람들이 작은 마당에 발 디딜 틈 없이 빽빽이 모여 불멸의 줄리엣이 살았던 집의 발코니를 찍고 있었다. 발코니로 이어지는 계단에서는 흥분된 표정의 젊은 여성들이 차례를 기다리고 있었고, 그동안 그들의 로미오는 아래에서 기념사진 찍어줄 준비를 하고 있었다. 우리는 관광객들을 피해 그곳을 떠났다.

뤼기 리치는 키가 크고 꼭 용병 대장처럼 체격이 좋은 사람이다. 그는 '걸리버 트래블 북스' 서점을 운영하고 있다. 여행 문학에 열광한 그는 돈을 훨씬 많이 벌 수 있는 보험회사를 그만두고 이 서점을 열었다. 프랑스어를 완벽하게 구사하는 뤼기는 내년에 우리가 다시 길을 떠나기 전에 이탈리아어로 번역된 내 책들을 읽은 독자들과의 만남을 열어보라고 제안했다. 나는 기쁜 마음으로 받아들였다.

리노 프란체스콘은 브뤼셀에서 유럽연합을 위해 일하고 있다. 그는 해마다 고향인 파도바(Padova)로 휴가를 보내러 온다.

그가 브뤼셀에서 단골로 다니는 서점 주인이 내게 해준 얘기에 따르면, 그는 『나는 걷는다』를 읽고 너무 좋아서 1권을 50명에게 선물하고 그다음 권은 사서 읽어보라고 말했다고 한다. 리노는 우리를 반갑게 맞이하더니 파도바를 안내해주었다. 구석구석 모르는 데가 없었다. 우리는 수많은 관광객들을 헤치고 나가 스크로베니 예배당에 그려진 조토(Giotto di Bondone)의 경탄스러운 벽화를 감상했다. 숭고한 푸른색과 대담한 구성에서 깊은 감동이 느껴졌다. 이 벽화는 이탈리아 초기 르네상스의 가장 아름다운 미술 작품 중 하나다.

13세기에 세워진 웅장한 팔라초 델라 라지오네 궁전(Palazzo della Ragione)은 시내 한가운데를 차지하고 있다. 1층은 아케이드식 시장이었는데 우리는 자기가 파는 상품의 가치를 돋보이게 만드는 이탈리아 상인들의 솜씨를 보며 감탄했다. 대부분의 프랑스 슈퍼마켓에서는 시들시들한 야채를 파는 반면 이곳 시장에서는 금방 수확한 듯 신선한 야채를 팔고 있어서 좋았다. 시장 통로를 이리저리 돌아다녔더니 최고로 맛있는 식전주(食前酒)를 마신 듯한 기분이 들었다.

그러나 정말 경이로운 것은 바로 2층에 있었다. 길이 81미터에 폭 27미터, 천장 높이가 27미터에 달하는 거대한 방이 있었다. 유럽에는 공중에 떠 있는 듯 거대한 방들이 많이 있는데, 이 방은 그중에서 가장 크다. 테니스장 예닐곱 개는 설치할 수 있을 만큼 넓었다. 벽에는 사계절과 십이궁(十二宮) 그림이 그려져 있었다. 원래는 조토가 이 그림을 그렸지만, 불이 나서 다 타버리는 바람에 다른 화가가 다시 똑같이 그렸다.

이 건물 한쪽 모퉁이에는 검고 둥글며 윗부분이 꼭 절구처럼 생긴 커다란 돌 하나가 있다. 바로 '불명예의 돌'이다. 빚을 갚을 능력이 없는 채무자는 셔츠와 팬티 차림으로 여기 앉아 100명의 사람들이 지켜보는 가운데 "나는 내 재산을 포기합니다(cedo bonis)"라는 말을 세 번 되풀이한 다음 추방당하는데, 채권자들의 동의 없이는 절대 파도바에 돌아올 수 없다. 이 방법은 성 안토니우스의 요구에 따라 이전까지 빚을 갚지 않는 사람들에게 행해졌던 끔찍한 가혹 행위를 대신하기 위해 채택되었다.

이탈리아 사람들은 자신들의 어마어마한 문화유산을 보존하는 기술을 갖고 있다. 파도바는 모든 것이 아름답다. 그리고 무엇 하나 과장되어 있지 않다. 양쪽에 아카시아 나무가 길게 늘어서 있는 파도바의 길거리를 돌아다니는 것은 역사 속을 산책하는 것이나 마찬가지다. 뤼기 리치의 서점처럼 여행 문학 전문 서점인 '판게아' 주인을 만났다. 우리 친구 리노로부터 사전에 연락을 받은 그 역시 내가 내년에 그곳에서 독자들을 만나기를 원했고, 우리는 날짜를 정했다.

유명한 페드로키(Pedrocchi) 카페로 커피를 마시러 갔다. 커피와 초콜릿, 민트 크림 등 뜨거운 것과 찬 것을 섞어서 주방에서 비밀리에 준비하는 이 커피는 묘한 맛을 냈는데, 그야말로 진미였다. 벽에는 납 조각 하나가 박혀 있었다. 새로 페인트를 칠할 때도 이 납 조각은 건드리지 않으려고 무척 신경을 쓴다고 한다. 오스트리아 점령군에 저항한 역사적 현장인 페드로키 카페에는 반체제 대학생들이 드나들었다. 이 유탄은 체포로 이어진 격렬한 시위 당시 병사들이 발사한 것이다.

소금물에 절인 낙지를 파는 사람들이 마침 도착했고, 우리는 토카이 포도주를 곁들여 낙지를 먹었다. 이렇게 눈부신 석양 아래서 파도바와 작별 인사를 나누었다.

아름다운 도시 파도바여, 내년에 다시 만나자꾸나.

I.
리옹 ― 베로나

II.

베로나—

Verona

—이스탄불

Istanbul

1. 베네딕트의 눈

출발을 몇 주 앞두고 친구들과 대화를 나눌 때 화제가 된 건 단연 우리가 준비하고 있는 '모험'이었다. 많은 사람이 우리의 여행이 어떻게 진행되어가고 있는지 온라인으로 알려달라고 부탁했지만 나는 그렇게 하지 않았다. 걷는 동안 가족이나 친구들 생각을 많이 하기는 한다. 그럼에도 여행하는 동안은 최대한 여행에만 집중하려고 한다. 그래서 엽서도 쓰지 않는다. 물론 즐거운 기분으로 여행에 관해 얘기할 수 있다. 다만 나에게 그건 어디까지나 여행을 다 마치고 돌아온 뒤의 일이다.

2014년에 재개한 여행에서 베네딕트는 처음에는 조심스레, 점차 망설임 없이 친구들에게 소식을 전하기 시작했다. 여행이 끝날 무렵 나는 그녀가 여행 이야기를 점점 더 자주, 그리고 점점 더 즐거운 표정으로 쓰는 모습을 흥미롭게 지켜보았다. 그녀가 며칠 동안 걸으면서 눈으로 보고 피부로 느낀 것을 깔끔하게 다듬어져 있지는 않지만 솔직하면서도 생기 있는 문체로 기록해놓으면, 내 '작은 엄지손가락'은 휴대전화 자판을 끈기 있게 두드려 사람들에게 보내곤 했다. 친구들은 궁금해 죽겠으니 어서 빨리 그다음 얘기를 올리라며 재촉했다. 나는 여행을 끝내고 집으로 돌아온 뒤에야 베네딕트가 쓴 글을 처음부터 끝까지 꼼꼼히 읽어보았다. 여행 중엔 휴대전화 화면으로 뭘 읽는 게 몹시 힘들어서였다. 그리고 그녀의 글을 책에 넣자고 설득했다. 베네딕트가 이번 여행의 2부에서부터만 글을 쓴 게 아쉽다. 내가 리옹과 베로나 사이에서 보지 못하고 놓쳤던 많은 것들을 그녀는 분명 나보다 더 잘 보았을 텐데.

출발, 2014년 7월 29일

베네딕트 플라테

아비뇽 페스티벌에서 돌아와 부랴부랴 짐을 싸고 집을 나섰다. 열쇠를 한 번 돌릴 때마다 혹시 빠뜨린 건 없는지, 필요하지도 않은 물건을 가져가는 건 아닌지 다시 생각해보며 앞으로 넉 달 동안 떠나 있게 될 집의 문을 잠갔다. 나는 2년 전 베르나르에게 그가 아직 걸어보지 못한 실크로드의 일부 구간을 함께 걷자고 제안했다. 그때는 내가 정신이 살짝 나갔나 보다. 벤치에 누워 토마토가 붉게 익어가는 걸 보며 유유자적 시간을 보낼 수도 있을 텐데, 굳이 왜 사서 이 고생을 한단 말인가!

그렇지만 작년에 900킬로미터를 걸었던 것은 좋은 징조였다. 우리는 한 달 동안 함께 걸으며 사전 테스트를 했고, 그 결과 베르나르 올리비에로부터 직접 도보자(徒步者) 자격증을 받았다. 하지만 발칸반도의 나라들을 걷는 건 그보다 훨씬 더 힘든 일이다. 그리고 2,000킬로미터는 어마어마하게 먼 거리다.

떠나고 싶은 욕망을 더는 억누를 수 없어 정신 무장을 단단히 하고 발걸음을 내딛는다. 내가 진정으로 사랑하는 사람과 함께다. 내 가슴은 소식을 전하기로 약속한 친구들에 대한 애정으로 가득하다. 사실 나로서는 지금이 여행하기 좋은 상황은 아니다. 하지만 떠날 것이다. 모험은 바로 여기서 시작되니까.

2. 극심한 피로

2014년 7월 29일. 출발이란 어딘가로부터 나를 떼어놓는 행위다. 잠시 후에 우리는 파리행 기차를, 이어서 베로나행 기차를 탈 것이다. 베네딕트는 컴퓨터에 매달려 있다. 나를 괴롭히는 시간이여, 나를 지배하는 '지금'이여, 1분만 더 기다려다오. 나는 5년 전 우리 집 정원에 심은 나무들을 마지막으로 바라보았다. 봄마다 새순이 돋는 나무들은 하늘하늘한 줄기를 하늘로 뻗고 있다. 4개월 후 볕 좋은 철이 되면 약한 줄기들은 단단해져 더 높이 올라갈 것이다. 집에서의 생활이 더할 나위 없이 편안하고 조화로운데 나는 왜 떠나는 것일까? 결심해야 한다. 문을 닫아야 한다. 가을의 침묵 속에서 우리를 기다릴 우리의 집, 둥지여, 곧 다시 만나자.

7월 31일, 기차 안은 휴가객들로 혼잡했다. 그들은 멋진 사람을 만나 새로운 관계를 맺게 될지도 모르지만, 지금 당장은 아무 소리도 안 들리는 듯 다들 입을 꼭 다문 채 MP3와 컴퓨터, 휴대전화에 온 신경을 집중하고 있었다.

베로나에서는 뤼기 리치의 이메일을 받은 지역신문 〈아레나〉의 젊고 호감이 가는 알레산드라 기자가 '코르테 카롤리나' 펜션으로 안내한 다음 나를 인터뷰했는데, 그다음 날 신문에 '길 위의 철학자'라는 제목으로 전면 게재될 예정이라고 했다. 내게 출발을 기다리는 것은 또 하나의 시련이다. 정신적으로는 준비가 되어 있지만, 육체적으로는 그렇지 못하다. 다리가 저려온다. 내일 아침 출발을 기다리며 시간을 죽여야 한다. 우리는 작년에 구석구석 돌아보며 즐거워했던 이 도시를 산책했다. 그리고 즉시 의식을 치렀다. 그녀는 커피, 나는 카푸치노.

아디제토 거리 반대편의 아치형 회랑에서 한 젊은 여성이 두 눈을 감은 채 바흐의 바이올린 협주곡을 멋진 솜씨로 연주하고 있었다. 그것은 그녀의 생계 수단이었다. 예술가들의 삶은 결코 장밋빛이 아니다. 거기서 조금 더 멀리 갔더니 두 다리가 없는 여성이 그녀의 몸에 맞도록 특별히 제작한 자전서를 타고 지나갔다. 어린 소녀가 작은 자전거를 타고 그 뒤를 따라갔고, 이어서 아빠가 자전거 페달을 밟으며 유모차를 끌고 나타났다. 거기 탄 막내 아이는 눈을 동그랗게 뜨고 드넓은 세상을 구경하는 중이었다. 누구든지 떠나고 싶은 마음만 있으면 떠날 수 있다.

그날 밤 벨피오레(Belfiore) 근처의 제비오(Zevio)라는 작은 도시에서는 구즈(Goose) 페스티벌이 열렸고, 뤼기는 음악과 문학을 주제로 한 이 행사에서 나와 이탈리아 독자들의 만남을 주선했다. 이 도시는 널리 알려져 있다. 마리아 칼라스의 첫 번째 남편이 여기 출신이고, 전 세계적으로 유명한 이 소프라노 가수의 박물관을 건설하려는 계획이 검토 중이기 때문이다. 450여 명의 독자들이 나를 따뜻하게 맞아주었다. 내 이탈리아어 실력은 작년 이후로 조금도 나아지지 않았으므로 뤼기가 놀라운 솜씨로 통역해주었다. 많은 독자들이 이스탄불에서 시안까지 12,000킬로미터를 걸어간 이 미치광이를 만나보고 싶어 했다. 그러나 나는 애독자들이 내 체력이 그 긴 거리를 버텨냈다는 사실에 놀라워하는 게 아니라 혼자 떠났다는 사실에 놀라워한다는 사실을 다시 한 번 확인했다. 유럽이나 남아메리카의 산악 지대에서 온갖 위험을 무릅쓰는 저돌적인 모험가이자 만남의 주선자인 지안니 시로토(Gianni Sirotto)조차도 항상 친구와 함께 떠났다. 모험에 자신의 삶을 걸 수는 있지만 혼자서는 쉽지 않다.

우리는 비가 주룩주룩 내리는 밤을 보내고 나서 코르테 카롤리나 펜션의 매력적인 주인장인 젬마와 파올로에게 작별 인사를 했다. 신께서 돌봐주시기만 한다면 2,000킬로미터 떨어져 있는 이스탄불에서 다시 만날 수 있으리라…….

율리시스는 내 친구 마르셀 르메트르가 꼼꼼하게 수리해준 덕분에 다시 우리에게 봉사할 수 있게 되었다. 작년에 들였던 습관이 되풀이되었다. 도보 여행자의 판에 박힌 일정. 배낭을 율리시스에 싣고, 숙소를 나서 카페가 나올 때까지 걷는다. 그녀는 커피를 주문하고, 나는 카푸치노를 주문한다. 종업원은 매번 내 앞에 커피를 가져다 놓고, 베네딕트 앞에는 거품에 작은 하트가 그려진 카푸치노를 가져다 놓는다. 카푸치노가 여성에게 적합한 음료라고 생각했겠지만 글쎄…….

우리는 많은 산책자들이 몰려드는 두 개의 운하 사이에 웅크리고 있는 듯한 소로로 접어들었다. 꼭 투르 드 프랑스에 참가라도 하듯 장비를 갖추고 자전거를 타는 사람들과 달리는 사람들, 걷는 사람들이 눈에 띄었다. 갑자기 "베르나르! 베네딕트!" 하고 부르는 소리가 들려왔다. 어제저녁 제비오에 있었던 한 여성과 그녀의 친구들이 우리를 둘러싸고 질문을 퍼부었다. 하지만 우리는 어서 떠나야 했다.

유통산업에 대단한 변화를 일으키겠다는 듯한 기세의 거대한 상업용 건물이 베로나에서 좀 떨어진 레피아라는 외곽 지역에 들어섰다. 성채나 형무소처럼 네모진 탑들이 솟아 있는 폭 100미터, 측면 길이 60여 미터의 4층짜리 건물이었다. 2년 전 이 건물이 완공되자 마치 세기의 사건이라도 되는 양 광고가 쏟아져 나오고 미디어에도 수시료 노출됐디. 그러나 6개월이 시나자 특별히 건설한 도로와 연결된 운동장만큼 넓은 주차장에 손님들이 더 이상 차를 대지 않는다는 사실을 인정해야만 했다. 건물은 이미 시간의 먹이가 되어 새로운 폐허로 변해버렸다. 소비 지상주의라는 광기의 서글픈 결과물이며 대재앙이라고밖에 표현할 수 없는 그 상업용 건물을 아이러니한 심정으로 물끄러미 바라보았다.

인접한 옛 수도원 건물 역시 소나무와 대나무로 뒤덮여 벽만 남은 폐허가 되었다. 그나마 부겐빌레아 꽃이 이곳의 음울한 분위기를 부드럽게 만들어주었지만, 수도원 건물은 대부분 무너져버렸다. 지금까지 남아 있는 거라곤 미사의 시작을 알려주는 종도 떨어져 나간 종탑뿐이다. 돈도, 종교도 모든 게 다 흔적 없이 사라져버린 것이다.

날이 저물 무렵 우리는 보수 중인 아르콜레 다리가 걸쳐져 있는 아디제 강의 지류인 알포네 강을 지나갔다. 우리는 나폴레옹을 유명하게 만든 이 돌다리를 건너지 못했다. 공사 기간 중엔 주민들이 이용할 수 있도록 임시 철제 다리를 세워둔 것이다. 강가에 우뚝 선 오벨리스크 모양의 기념탑은 여기서 벌어진 사건을 상기시킨다. 이 기념탑에는 나폴레옹의 N자가 새겨져 있고, 제1제국을 상징하는 독수리가 꼭대기에 조각되어 있다. 이탈리아 사람들은 코르시카 출신 장군으로서의 나폴레옹보다는 황제로서의 나폴레옹을 더 잘 알고 있었던 듯하다. 돌에는 '모뉴멘토 데 나폴레오네[나폴레옹 기념탑]'라고 새겨져 있었다. 그렇지만 나폴레옹은 이미 대관식을 하기 8년 전부터 부오나파르테[나폴레옹 보나파르트의 원표기]라는 이름으로 주목받았다.

프랑스 사람 특유의 단순함을 발휘하여, 자신들의 영웅이 맹렬한 기세로 앞장서자 프랑스군 병사들이 일제히 공격을 개시하여 다리를 점령했을 거라고 상상해보았다. 그러나 사실은 조금 달랐다. 우리의 코르시카 출신 장군이 다리를 향해 돌진한 건 사실이지만, 총알이 빗발처럼 쏟아지는 바람에 다리를 절반밖에 건너지 못했던 것이다. 척탄병들이 그를 거기서 조금 떨어진 안전한 곳으로 피신시켰다. 그를 보호했던 부관과 로베르 장군은 여기서 목숨을 잃었다. 나폴레옹은 이야기할 만한 가치가 있는 전술을 써서 결국 적진을 뚫었다. 그는 얕은 쪽으로 강을 건넌 다음 오스트리아-헝가리군을 우회하여 마치 종대를 이룬 원군의 최선봉에 선 것처럼 공격의 북을 치라고 고수(鼓手)들에게 명령했다. 적 지휘관은 이 계략에 속아 넘어가 후위(後衛) 부대가 공격당했다고 생각하여 자신이 이끄는 병력의 일부를 파견하는 바람에 방어력이 약화되었다. 프랑스군이 19,000명이었던 데 비해 25,000명에 달했던 오스트리아-헝가리군은 다리를 빼앗기고 전투에서 패배했다. 전쟁에서 중요한 건 오직 결과뿐이다.

많은 관광객들이 솔페리노의 전투가 벌어진 현장을 찾는 반면 아르콜레에서는 관광객을 구경하기가 쉽지 않을 뿐만 아니라 심지어는 호텔도 없다. 힘든 하루를 보내 기진맥진한 상태였지만 호텔이 없어서 몇 시간을 더 걸은 끝에 겨우 펜션을 하나 발견했다. 펜션 문을 닫으려던 주인은 우리의 당황스런 표정을 보자 방을 하나 내주겠다고 했다. 식낭을 찾기 위해 지칠 대로 지친 몸을 이끌고 왕복 2킬로미터를 더 걸었다. 이날 우리가 걸은 거리는 총 35킬로미터였다. 출발 첫날 이렇게 많이 걷는 건 미친 짓이나 다름없었다.

그 전날 쌓인 독소가 우리의 근육 속속들이 침투해 있었으므로 아침에 다시 출발하는 건 결코 쉬운 일이 아니었다. 그렇지만 엔도르핀이 돌면 점심 때까지는 아무 문제없이 물 흐르듯 걸을 수 있다. 작년에도 그랬던 것처럼 사람들과의 만남은 거의 이루어지지 않았다. 이상하게 생긴 운반 수단을 끌고 다니는 이방인들은 경계의 대상이었던 것이다. 오직 노인 한 사람만 우리에게 어느 나라 사람이냐고 물었을 뿐이다. 테라스에 앉아 창가에 나와 있는 이웃집 여자와 큰 소리로 수다를 떨고 있던 나이 든 여성은 우리를 보자마자 "관광객이네!"라고 외치더니 우리가 인사를 해도 받지 않았다.

식당에서 맛있는 식사를 하고 나니 잠이 밀려왔다. 오르지아노 위령탑 근처에서 방한모를 쓰고 낮잠을 잤다. 쇠사슬로 연결된 네 개의 포탄이 둘러싸고 있는 위령탑에는 제1차 세계대전과 제2차 세계대전에서 60여 명의 이탈리아 병사들이 목숨을 잃었고, 독일군과 함께한 러시아 원정에서도 20명이 전사했다고 기록되어 있었다.

다시 출발하여 어쩔 수 없이 국도를 걸었다. 트럭들이 우리를 휙휙 스치듯 지나가는 바람에 위험천만하기 짝이 없었다. 다행히 아베토네(Abetone)까지 이어지는 작은 도로가 기계의 광란과 소음으로부터 우리를 구해주었다.

대문이 활짝 열려 있는 한 농가가 왠지 호의적으로 느껴져 거기 가면 물을 얻을 수 있을 것 같았다. 한 노파가 겨드랑이에 지팡이를 받친 채 벤치에서 꾸벅꾸벅 졸고 있다가 경멸하는 듯한 손짓으로 짐승들에게 물을 먹이는 데 쓰이는 수도관을 가리켜 보였다. 그 순간, 농가 대문이 덜컥 열리더니 로베르타가 마당에 모습을 나타냈다. 그녀는 얼굴 가득 밝은 미소를 지으며 우리가 뭘 원하는지 묻더니 민트 향이 나는 차가운 물에 굵은 레몬 조각들을 넣어 우리에게 건넸다. 그녀의 얼굴은 행복감으로 환하게 빛났다. 아마도 외딴 곳에 있는 그녀의 농가에 누가 찾아오는 일이 드물기 때문인 것 같았다. 그녀의 치아는 치약 광고 모델을 해도 될 만큼 고른 데다가 눈처럼 하얀색이었다. 그녀는 겨울에 먹기 위해 집 정원에서 키운 토마토로 소스를 만들고 있는 중이었다. 그녀는 하던 일을 내팽개친 채 지금까지 일을 하면서 쏟아부었던 정력을 이번에는 대화에 쏟으며 우리가 어디서 왔는지, 어디로 가는 길인지 물어보고 극진히 사랑하는 외동딸 얘기도 들려주었다. 그녀의 딸은 이제 얼마 안 있으면 런던에서 어학연수를 마치고 돌아올 것이며, 이미 산티아고 순례길을 한 차례 걸었다고 한다. 그녀는 딸을 한마디로 요약했다. "마음이 참 고운 아이랍니다."

헤어지기 전에 기념사진을 찍기 위해 포즈를 취했다. 우리가 걸어서 여행하고 있다는 사실을 드디어 알아차린 할머니가 마당에서 물었다. "신쎄 기노했수?" 로베르타도 베네딕트 쪽으로 고개를 돌리며 물었다. "혹시 아들 있어요?"

잠시 후에 우리는 사면의 벽이 수많은 조각상과 부조로 가득 찬 마당 옆을 지나갔다. 두 남자가 정자 아래서 열심히 얘기를 나누고 있다가 우리에게 들어오라고 손짓했다. 여기서 작업하는 조각가는 자코메티[스위스의 조각가]라는 운명적인 성과 그보다 덜 운명적인 아르만도라는 이름을 갖고 있었다. 독학으로 조각을 배운 그는 이 지역에서 캐낸 돌에 강렬한 인상의 천진난만한 얼굴들을 조각하고 있었는데, 이 얼굴들은 보기 드문 창의성과 사람의 성격에 대한 날카로운 관찰력을 보여주었다. 그의 집과 도로를 구분하는 벽에서도 다른 얼굴들이 마치 마법의 희생자처럼, 돌의 포로처럼 불쑥불쑥 나타났다.

날은 점점 어두워지는데 밤을 보낼 여행자 숙소나 호텔을

발견할 가능성은 거의 없었다. 땅뙈기란 땅뙈기는 모두 관개용
(灌漑用)으로 파놓은 고랑에 둘러싸인 채 고립되어 있었다. 우리
는 오랫동안 장소를 물색한 끝에 짓다가 만 집 뒤에 텐트를 쳤
다. 경제 위기는 쇼핑센터나 수도원에만 몰아닥친 게 아니었다.
우리는 그 후로도 공사가 중단된 채 버려진 집들을 수없이 보았
다. 자동차가 거의 다니지 않는 도로에서 약간 떨어진 곳에서 잘
잤지만, 어제 쌓인 피로는 여전히 가시지 않았다. 초보자 같은 실
수를 저질러 베네딕트까지 힘들게 만드는 나 자신이 원망스러웠
다. 습하고 갑갑한 무더위에 잠이 깼다. 폭풍우가 몰려오고 있어
서 여섯 시 반이 되자 더 이상 기다리지 않고 서둘러 짐을 꾸리기
로 결정했다. 길을 나서는데 요란한 소리와 함께 하늘에서 빗방
울이 후두둑 떨어지기 시작했다.

뤼기가 메시지를 보내왔다. 제비오에서 열렸던 독자와의 만
남에 참석했던 자코모가 우리와 함께 한 구간을 걷고 우리를 파
도바에서 재워주고 싶어 한다는 내용이었다. 우리는 가는 길 중
간에 있는 알베토네라는 도시에서 만나기로 약속했다. 그런데
아뿔싸! 평행하게 나 있던 자전거 길로 한참 동안 걷고 나서야
길을 잃었다는 사실을 깨달았다. 그 바람에 거의 두 시간 동안
비를 맞으며 헤매고 다녔다. 사거리에서 지나가던 자동차를 세
우고 물어보려 했으나, 이탈리아 사람들이 우리 같은 외국인을
극도로 경계한다는 사실만 다시 한 번 확인했을 뿐이다. 결국 한
여자 트럭 운전사가 높은 운전석에서 우리를 내려다보며 방향을
가르쳐주었다.

우리는 주유소에 딸린 카페 옆에서 자코모를 만났다. 큰 키에 콧수염이 파릇파릇한 스물아홉 살 청년의 온화한 눈길은 그의 느릿느릿한 말투와 잘 어울렸다. 그는 베로나에서 홍콩까지 히치하이킹으로 갔다가 시베리아 횡단 열차를 타고 돌아온 5개월간의 여행을 얼마 전에 마쳤다고 한다. 우리는 그의 안내를 받게 되어 기쁜 마음으로 다시 걷기 시작했는데, 파도바로 들어가는 길이 농촌과 주택단지 사이로 꾸불꾸불 이어져 있는 데다가 표지판도 없어서 방향을 종잡을 수 없었다. 집집마다 '맹견 주의'라는 경고문이 붙어 있었다. 이 경고문이야말로 이 지역 사람들이 외국인들을 어떻게 대하는지 단적으로 말해준다.

우리 둘 다 안전히 탈진 상태였다. 다리가 마치 콘크리트로 변해버린 듯 무겁고 뻣뻣해져서 자코모가 그의 집에서 몇 구역 떨어진 곳에 있는 숙소에서 묵는 게 어떻겠느냐는 제안을 했을 때는 다시 일어나 걷기가 극도로 힘들었다. 열다섯 시간 이상 걷고 난 후 저녁 7시에 결국 지칠 대로 지친 채로 자코모 집에 도착했다. 걷기 시작한 지 사흘째 되는 날 이렇게 많이 걷는다는 건 사실 미친 짓이나 다름없다. 지나치게 낙관적이지 않았나 하는 생각이 들기 시작했다.

정말 다행스럽게도 우리가 묵게 될 숙소 주인들은 친절과 배려, 지친 몸과 마음을 달래주는 침대로써 원기를 북돋워주었다. 자코모의 연인인 일라리아는 극동 지방과 직물을 무역하는 일을 하고 있었다. 이탈리아에서 같은 중학교를 다녔지만 단 한 번도 마주친 적이 없었던 그들은 베이징에서 우연히 서로 알게 되었다. 두 사람 모두 영어를 완벽하게 구사했다. 일라리아는 중국어도 잘했고, 프랑스어로도 편하게 의사 표현을 할 수 있었다. 하룻밤을 보내며 기운을 회복한 우리와 새 친구들은 경이로운 도시 파도바를 다시 구경했다.

토스카나 지방을 여행하다가 우리를 만나려고 예정보다 일찍 돌아온 친구 리노 프란체스콘을 만났다. 그와 함께 지안도메니코가 운영하는 판게아 서점으로 갔다. 이탈리아 독자들을 만나는 행사가 거기서도 열리기로 되어 있었던 것이다. 수용 인원이 40명인 지하실에 80명이 넘는 사람들이 빼곡하게 들어찼다. 다들 산소를 조금이라도 더 들이마시려고 열심히 부채질을 하고 있었다. 모임의 분위기는 훈훈했고, 우리가 퍼트린 모험의 향기는 뜨겁게 반겨주는 참석자들에게 활기를 불어넣었다.

8월 7일 아침, 우리는 아쉬움 속에 일라리아와 자코모와 헤어져야 했다. 이 멋진 커플과 좀 더 많은 시간을 보내면서 더 깊은 정을 나누고, 숨도 좀 돌리면 좋았을 것이다. 하지만 나는 내 별자리인 염소자리의 성향을 좀처럼 버리지 못한다. 여행이 안겨주는 행복감을 만끽하지 못하고 그저 목적지를 향해 돌진하는 내 성격 탓이다. 그런 데다가 베네딕트 역시 한시바삐 떠나고 싶어 하는 나의 욕망에 제동을 걸기보다는 그걸 부추기는 편에 속했다.

아침에 두 친구는 베니스까지 우리를 이끌 운하까지 배웅해주었다. 자모코는 자기가 율리시스를 끌고 가겠다고 말했다. 베네딕트와 일라리아는 앞서 걸었다. 베네딕트의 걸음걸이는 날렵

하면서 자유분방했고, 옆에서 걷는 일라리아의 걸음걸이는 곧고 유연했다. 나는 성격을 잘 드러내 보여주는 걸음걸이에 관심이 많다. 처음에는 걷는 사람들의 뒤태만 계속 보여주다가 그들의 실제 모습과 비교하는 다큐멘터리를 만들고 싶다는 생각을 한다. 나는 관상가는 아니지만 뒷모습만 봐도 중국 사람인지, 네덜란드 사람인지, 남아메리카 사람인지, 북아메리카 사람인지 맞힐 수 있다. 또 팔자걸음으로 걷는 모습을 보면 저 사람이 파리지엔느인지, 음흉한 사람인지, 맺힌 게 많고 소심한 사람인지 알 수 있다.

우리는 운하에서 헤어졌다. 일라리아는 총명해 보이고 애정이 가득힌 눈을 반짝반짝 빛내넌서 눈물을 꾹 참고 있었다. 마음이 뭉클했다. 우리의 만남은 비록 짧기는 했지만 강렬하고 진심이 어려 있었다. 짝을 이루어 새로운 삶을 시작한 이 젊은이들은 모험을 꿈꾸고 있지만, 직업적 미래도 중요한 시기이기 때문에 모험에 나서지 못하고 있었다. 그런데 우리의 갑작스런 출현이 그들에게 모험의 충동을 불러일으킨 것이다.

3. 작별과 재회

하늘에는 뭉게구름이 둥실둥실 떠다니고, 우리는 베니스를 향해 걸었다. 맨 처음 들른 곳은 미라(Mira)였다. 카미노 데이 주스티 델 몬도(Cammino dei Giusti del Mondo, 이 세상 의로운 자들의 길)를 3~4킬로미터 정도 걸었다. 아르메니아와 르완다, 발칸반도, 혹은 보스니아에서 벌어진 전쟁에서 희생된 민간인을 도와준 위인들을 기리는 비석이 늘어서 있었다. 침묵하기를 거부해서 목숨을 잃은 저널리스트 안나 폴리코브스카야[3]의 이름이 그중에서도 특히 눈에 띄었다.

나빌리오 운하 양쪽으로 화려하고 세련된 장식으로 경쟁하듯 호화 별장들이 이어졌다. 이 커다란 별장들이야말로 베니스 상인들의 성공을 보여주는 증거다. 열주가 늘어선 현관까지 가파르게 이어지는 커다란 대리석 계단 앞에 배들이 정박하곤 했다. 모든 별장의 1층은 눈에 확 띌 정도로 천장이 높고 화려했으며, 2층에는 주인이 살았다. 그리고 3층과 4층에 수많은 하인들이 모여 살았다. 이 저택들은 대부분 과거의 영광을 낡은 옷처럼 걸치고 있을 따름이다. 그렇긴 하지만 그중에서 말콘텐타(Malcontenta)라고 불리는 별장은 유네스코 세계문화유산에 등록되어 있다. 베니스 공화국을 향해 걸으면서 이 도시의 영광을 그려

---

3. Anna Politkovskaya, 1958~2006. 러시아 기자이자 인권 운동가. 체첸 분쟁에 관한 취재로 이름이 높았으며, 2006년 10월 러시아 모스크바 자택을 나서던 중 괴한의 총격으로 사망했다.

보지 않을 수가 없었다. 나의 우상인 페르낭 브로델[4]은 이 도시가 세계무역을 지배했고, 15세기 말에 혁명적인 복식부기를 포함한 수많은 상업 기술을 지중해에 도입했다고 말했다. 이 도시는 신이 아니라 총독의 중신(重臣)들이 모든 것을 결정하는 과두정치의 훌륭한 예다.

오직 바다를 통해서만 베니스에 갈 수 있다. 율리시스는 작은 푸시나(Fusina) 항구에서 이 호수 도시까지 우리를 실어다 주는 배 안에서는 자기 자리를 찾았지만, 대운하를 다니는 바포레토[베니스의 수상 버스] 안에서는 그럴 수가 없었다. 우리 짐수레가 세 사람 자리를 차지할 것이기 때문이다. 관광객들이 좌석 히나를 놓고도 악착같이 다투는 8월 성수기에 그건 생각조차 힐 수 없는 일이었다. 역시나 우리는 승선을 거부당했다. 어쩔 수 없이 걸어서 도시를 가로질러 가야 했다. 하지만 힘들었던 건 아카데미아 다리를 올라갈 때뿐이었다. 알프스산맥에서 썼던 방법을 다시 이용했다. 배낭을 등에 멘 채 한 사람은 짐수레를 끌고, 다른 한 사람은 수레를 들어 올리거나 밀면서 우리의 친구 아니가 기다리고 있는 칸나레조(Cannaregio)까지 가는 것이었다. 몇 년 전에 아니는 내 책을 읽고 편지 한 통을 보내왔다. 그녀는 혹시라도 내가 베니스에 오게 되면 초대하고 싶다는 문장으로 편지를 끝맺었다. 나는 기꺼이 초대를 받아들였다.

우리는 온갖 장애물을 헤치며 걸었다. 골목길은 두 사람도 가기 힘들 정도로 좁았고, 작은 다리는 소란스러운 단체 관광객들이 가로막고 서 있어서 걸음을 옮기기조차 힘들었다. 그렇지

---

4. Fernand Braudel, 1902~1985. 프랑스의 역사가이자 교육자. 〈아날 Annales〉지의 편집인, 콜레주 드 프랑스(Collège de France) 교수와 아카데미 프랑세즈 회원을 지냈다. 주요 저서로는 『15~18세기 물질문명과 자본주의』가 있다.

만 결국 칸나레조에 도착했다. 친구들이 우리를 위해 산티 아포스톨리 광장 근처에 필요한 것들을 완벽히 갖춘 작은 아파트를 구해놓았다. 말뚝 울타리로 막아놓은 멋진 테라스도 있어서 베니스의 다른 집들처럼 운하에 바로 접근할 수 있었다. 우리가 묵는 칸나레조 동네는 원래 유대인들이 살던 곳이었다. '게토'라는 단어가 바로 베니스에서 탄생했다. 이 단어는 '주물 공장'을 뜻하는 단어가 변형된 것인데, 바로 이 동네에서 쇠를 녹여 물건을 만들었던 것이다.

아니는 프랑스 출신으로 모자이크 예술가였다. 성수기가 되면 그녀는 이탈리아 사람인 남편 엔리코와 함께 해일처럼 밀려드는 관광객들(6만 명의 베니스 시민들은 매년 2500만 명의 관광객을 맞이한다)을 피해 과일과 야채를 베니스에 공급하는 산테라스모 섬에서 지낸다. 이 섬에서 두 사람은 등대를 개조한 주택에서 살고 있었다. 아니는 환영의 뜻으로 산테라스모 섬에서 재배한 무화과를 가져와 내놓았고, 우리는 그 자리에서 게걸스럽게 먹어 치웠다.

그토록 간절히 원했던 샤워를 한 뒤 우리는 일라리아가 추천했던 식당을 찾아갔다. 호박을 주재료로 만든 요리는 완벽했고, 판나코타[이탈리아식 우유 푸딩]는 아직까지 그 맛이 혀에서 느껴질 정도다.

8월 9일. 더위가 한풀 꺾였다. 길거리를 돌아다니느라 지친 관광객들은 식당에 들어가거나 호텔로 돌아갔다. 아니와 엔리코가 우리가 묵는 집의 테라스로 통하는 문을 두드렸다. 그들은 작은 배를 한 척 갖고 있었는데, 그걸 타고 베니스를 구경하면 어떻겠느냐고 제안했다. 친구들에게 리코라고 불리는 엔리코는 자기가 태어난 이 도시에 대해 모르는 게 없었다. 작은 운하에서 나올 때 그는 바그너와 카를로 골도니[Carlo Goldoni, 이탈리아의 희극 작가], 셰익스피어가 영감을 얻었던 데스데모나[희곡「오셀로」의 여주인공]가 살았던 집을 우리에게 보여주었다. 그의 말에 의하면, 상인들이 석조 주택을 짓기 시작한 것은 16세기부터라고 한다. 그전에는 나무와 짚을 섞은 벽토로 집을 짓고 정면에 그림을 그렸다. 지금도 벽화의 흔적이 일부 남아 있다. 엔리코는 작은 운하는 물론 수많은 배들이 다녀서 북적북적한 내운하에서도 미끄러지듯 능숙하게 배를 몰면서 나폴레옹이 1797년에 도시 대부분을 폐허로 만들기 전까지 800년에 걸친 황금시대에 관해 얘기해주었다.

시칠리아가 거의 독점한 이후에도 루카나 제노바, 피렌체에서는 매우 번성했던 견직 공업의 흔적을 베니스에서는 좀처럼 발견할 수가 없었다. 시칠리아 왕국을 정복하고, 여기서 비단 생산 기술을 발전시킨 것은 정복자 기욤 왕의 친구였던 노르망디 사람 로제 1세였다. 이 섬에서 사이좋게 살았던 기독교도들과 이슬람교도들은 누에를 키우고 비단을 짜는 기술을 터득하여 시칠리아를 이 고급 원단을 다른 유럽 지역으로 수출하는 중심지로 만들어놓았다. 로제 1세는 견직 공업을 독점하려고 시도했으나 성공하지는 못했다. 이탈리아 사람들과 프랑스 사람들의 경쟁은 그다지 치열하지 않았다. 이탈리아 사람들은 실내를 장식하기 위한 무거운 직물을 주로 생산했던 반면 프랑스 사람들은 더 가벼운 옷감을 생산하는 데 주력했기 때문이다.

베니스를 마냥 쏘다니면서 구경한 다음 우리는 운하 밑바닥에 깊숙이 박혀 있는 커다란 말뚝에 배를 잡아맸다. 아니가 은밀한 미소를 지으며 산테라스모 섬에서 생산되는 탄산이 있는 포도주와 잔을 상자에서 꺼냈고, 우리는 부드러운 황혼 속에서 펼쳐지는 아름다운 풍경을 즐기며 잔을 부딪쳤다. 진한 우정이 감동으로 다가왔다. 이런 순간을 체험하기란 좀처럼 쉽지 않다. 어둠이 내리자 두 사람은 우리를 숙소의 테라스 쪽으로 난 문 앞에 내려준 다음 섬으로 돌아갔다. 내일부터는 중요한 일정이 시작된다. 트리에스테(Trieste)와 국경으로 향하는 것이다.

베니스에 올 때 배를 탔으니 베니스를 떠날 때도 배를 타야 한다. 한 시간 동안의 항해 끝에 트레포르티(Treporti)에 도착하여 다시 걷기 시작했다. 달라도 너무 다른 광경이었다. 베니스에는 온통 외국인 관광객들뿐이었는데, 이곳은 끝없이 펼쳐진 비슷비슷한 해변에 이탈리아 서민들밖에 안 보인다. 우리는 아드리아해에서 해수욕을 하기로 했다. 하지만 그건 쉬운 일이 아니었다. 이탈리아 사람들은 해변에 갈 때마다 좀 지나치다 싶을 정도로 소유욕을 앞세운다. 먹을거리와 식탁, 의자, 공기 주입식 매트리스, 천으로 된 접이식 의자, 라디오, 게임, 파라솔, 베개 등 온갖 장비들을 바리바리 싸 가지고 떼를 지어 해변으로 몰려드는 것이다. 다 같이 짜 맞춘 듯 소리가 점점 더 커진다. 처음에는 라디오 소리가, 그다음에는 고함과 활기찬 대화가 이어지며, 마지막으로 스피커의 안내 방송이 이 모든 소음을 뒤덮는다.

우리는 해변에서 먼 조용한 캠핑장을 찾았지만, 이곳에도 역시 침묵은 존재하지 않았다. 나란히 주차된 캠핑카들 사이에서 말소리와 함성, 텔레비전의 찢어지는 소음이 소나기처럼 퍼붓고 있었다. 게다가 짓누르는 듯 무덥고 습한 날씨 탓에 더 힘들었다.

다시 출발했다. 해안과 나란히 달리되 멀리 떨어져 있어서 인파로 북적이지 않는 길을 열심히 찾다가 결국은 공터 사이를 지나가는 길을 발견했다. 때맞춰 아래쪽에 몇 채의 집과 철공소가 눈에 들어왔다. 보난에서 이미 한 번 깨신 적이 있는 율리시스의 채가 며칠 전부터 왠지 불안해 보였던 것이다. 율리시스의 바닥에 가느다란 관이 용접된 지점에 강한 압력이 가해지면 부러질 위험이 있었다. 그런데 이 관이 안쪽으로 휘어져 있었다. 조금만 충격이 가해져도 약한 부위가 완전히 구부러질 것이다.

철공소에서는 오스왈도가 관들을 정리하고 있었다. 거북이 등껍질로 만든 안경을 쓰고 머리가 온통 백발이며 불과 기름 자국, 그리고 연마기가 남긴 불똥 자국이 여기저기 남아 있는 커다란 가죽 앞치마를 걸친 이 거구의 남자는 내가 손짓 발짓해가며 설명하는 바를 알아듣긴 했지만 쉽게 결정을 내리지 못했다. 철공소 사장은 부재중이었고, 철공소는 휴가여서 공식적으로는 문이 닫혀 있는 셈이었던 것이다. 결국 그는 일을 시작했다. 엄청나게 큰 망치로 두 번 두드려서 채를 다시 똑바로 세운 다음 쇠를 두 조각 잘라 용접하자 율리시스는 새로운 압력을 견뎌낼 준비가 되었다. 오스왈도는 수리비는 물론 팁도 안 받겠다고 했다. 쇠를 오랫동안 만지다 보니 못이 박히고 구릿빛으로 변한 손을 내게 내밀며 진심으로 악수 한 번 하는 것이 지폐 한 장보다 낫다고 고사했다.

도로에 차가 너무 많이 다니는 바람에 두어 번 사고를 당할 뻔했다. 우리는 목숨을 지키기 위해 길을 잃어버릴지도 모르는 위험을 감수하기로 했다. 순전히 직감으로 길을 찾아가던 우리는 좁은 아스팔트 길로 들어섰지만, 이 길이 얼마 지나지 않아 흙과 키 큰 잡초로 뒤덮이는 바람에 율리시스를 끌고 가느라 애를 먹었다. 우리가 혹시 들판으로 걸어가고 있는 게 아닐까 하는 의심이 슬슬 들기 시작할 때 개 두 마리를 끌고 산책하던 남녀가 앞에 나타나 우리를 안심시켰다. 그들에 의하면, 우리는 분명히 카오를레(Caorle)로 이어지는 길을 걷고 있었다. 그들은 우리에게 이것저것 묻더니 감탄했다. "우리는 저쪽에 사는데 두 분은 이쪽 방향으로 가시다니 정말 유감이군요. 방향만 같았으면 재워드릴 수도 있었을 텐데……." 여자는 우리가 온 방향을 손으로 가리키며 이렇게 말했다. 일라리아와 자코모가 아닌 누군가가 자발적으로 우리에게 잠자리를 제공하고 싶어 한 것은 이때가 처음이었다. 놀라운 일이었다. 우리는 인간의 관대함에 대한 믿음과 낙관으로 가득 차서 다시 출발했다.

베네딕트가 왼쪽 무릎에 격렬한 통증을 느끼고 갑자기 걸음을 멈추었다. 키 큰 나무 그늘 아래서 휴식을 취했는데도 한 시간 뒤에 다시 똑같은 통증이 일어났다. 이번에는 아까보다 더 심했다. 그 바람에 다시 멈추어 쉬어야만 했다. 우리는 그 틈을 이용해 지난밤에 이슬을 맞아 축축해진 텐트를 말렸다. 그래도 통증이 사라지지 않기에 오늘은 카오를레까지만 가기로 결정했다. 그 다음 날은 15킬로미터만 걸으면 되니 관절에 너무 무리가 가지는 않을 것이다. 원래 세운 계획에서 하루가 늦어지긴 했지만, 그깟 시간 절약이야 해도 그만 안 해도 그만이다. 중요한 건 여행 전체를 망쳐서는 안 된다는 사실이다. 리옹에서 출발하여 이스탄불까지 가야 하는데 카오를레에서 일정을 끝낸다는 건 말도 안 되는 일이다. 호텔에서 하룻밤 푹 자고, 필요할 경우 아드리아 해에서 해수욕 한 번 하면서 쉬고 나면 통증이 사라질 것이다.

그러나 서민적인 해수욕장인 카오를레는 휴식을 취하기 좋은 장소가 아니었다. 마치 시위라도 하는 것처럼 수많은 사람들이 해변에 면해 있는 호텔 주변으로 몰려드는 통에 발 디딜 틈이 없었다. 그들이 끊임없이 서로를 부르고, 고래고래 소리를 지르고, 웃고, 노래하는 바람에 잠시도 조용하지 않았다. 우리 방과 마주 보는 건너편 건물 3층에서는 슬롯머신 수십 대가 따닥따닥 소리를 내며 돌아가고 있었고, 아이들은 창문을 활짝 열어놓은 채 아우성을 쳤다. 그곳은 흥청대는 분위기를 여실히 보여주는 가히 서민들의 해수욕장이었다. 취객들이 술집 문을 일찍 닫았다며 항의하고, 경찰들이 와서 그들을 진정시키느라 새벽 4시까지 시끌벅적했다.

아침에 우리는 조심스레 길을 나섰다. 베네딕트는 다시 통증이 시작될까 봐 불안해했다. 10킬로미터쯤 걷자 정말 통증이 찾아왔다. 건염(腱炎)을 치료할 수 있는 가장 좋은 방법은 자주 쉬면서 손발을 길게 뻗어주고 물을 많이 마시는 것이다. 그런데 건염이 맞긴 맞는 것일까? 원래 이날의 목적지는 루구냐나(Lugugnana)였으나, 조금만 더 가면 라티사나(Latisana)라는 마을에 기차역이 있으니 거기까지만 가기로 상의 끝에 결정했다. 베네딕트는 기차를 타고 트리에스테로 가서 무릎을 치료하며 나를 기다리기로 했다. 그녀는 사기가 완전히 떨어졌다. 나와 함께하는 여행을 그토록 간절히 꿈꾸었건만, 걷기 시작한 지 엿새밖에 안 됐는데 벌써 몸에 무리가 온 것이었다. 그녀를 위로해주었다. 나는 그 고통이 뭔지 알고 있었다. 나도 처음 걷기 시작해서 며칠 동안은 별안간 신경이 오그라드는 듯 왼쪽 허벅지에서 격렬한 통증이 느껴진다. 그러다가 엔도르핀이 솟아나면 통증이 완화되면서 계속 걸을 수 있다.

밤은 짧았다. 아침이 되자 베네딕트는 사거리까지 나를 배웅해주었다. 거기서 우리는 아쉬움 속에 작별했다. 내가 주욱 뻗은 도로를 걸으며 뒤를 돌아볼 때마다 그녀가 잔뜩 긴장한 채 나를 보고 웃으려 애쓰는 걸 보았다. 바로 그 순간, 우리가 서로를 얼마나 깊이 사랑하고 있는지 깨달았다. 떨어져 있게 될 기간은 겨우 사흘에 불과했지만, 그녀의 아름다운 영혼에는 큰 생채기가 났다. 빌어먹을 직선 도로는 끝없이 이어졌다. 나는 1분에 한 번씩 뒤를 돌아보았고, 점점 더 작아지는 그녀의 실루엣은 마치 나를 붙잡으려는 듯 계속해서 손을 흔들고 있었다. 나는 참 못된 인간이다. 베네딕트가 만류하더라도 사흘 동안 그녀와 함께 보내며 그녀를 의사에게 데려갔어야 했는데 그렇게 하지 않았다. 그러나 이번 도보 여행은 우리의 공동 계획이다. 내가 계속 걷는 것은 그녀를 대신하여 걷는 것이기도 하다. 게다가 그 빌어먹을 염소자리는 계속 걸으라고 나를 재촉한다.

여정이 길게 느껴졌다. 하지만 이정표를 근거로 계산해보니 나는 그날 아침 시간당 6킬로미터씩 걸었다. 나이 든 남자가 이 정도 속도로 걸으면 썩 괜찮은 거다. 내 나이가 이제 일흔여섯 살이라는 사실을 생각하면 내가 과연 최종 목적지까지 갈 수 있을지 의심되는 게 사실이다. 그러나 나는 이 도시 저 도시를 지나가고, 이 나라 저 나라를 거치면서 끝까지 갈 수 있다고 나 자신을 설득하려 애쓴다.

혼자 걸으면 상황이 바뀐다. 둘이 걸으면 사람들은 별 관심을 안 보이는데, 혼자 걷고 있으면 내 모습과 율리시스에 흥미를 느끼고 이것저것 묻는다. 어디서 오는 거냐, 어디로 가는 거냐 묻고, 처음에 좀 어색했던 분위기가 좀 풀렸다 싶으면 나이가 몇 살인지도 묻는다. 나는 티셔츠 두 벌을 배낭에 챙겨 왔다. 내가 입고 있는 것은 1996년 뉴욕 마라톤에 출전했을 때 입은 티셔츠로, 프랑스 삼색기처럼 파란색, 하얀색, 빨간색이 섞여 있다. 이 티셔츠가 장점만 있는 건 아니다. 어떤 사람은 자전거를 타고 가다가 내게 주먹감자[상대를 모욕하는 의미의 제스처]를 먹였다. 프랑스를 싫어하는 게 틀림없었다. 나는 좀 더 온건하게 가운뎃손가락을 들어 응수했다. 그는 지금 유럽에서 나날이 증가하고 있는 어리석은 민족주의자 중 한 명일까? 이들은 편협한 정치의식이 부채질하는 이러한 증오심이 지난 두 차례의 세계대전을 일으켰다는 사실을 깨닫지 못했다. 나는 제2차 세계대전을 겪었다. 또다시 세계대전을 겪고 싶지는 않다. 트리에스테 지역의 이탈리아 사람들은 인접한 발칸반도에서 민족주의가 일어나는 것을 보았고, 민족주의가 얼마나 엄청난 규모의 참화를 일으켰는지 알기 때문에 이건 더더욱 용서할 수 없는 일이다. 그러나 이런 사람은 예외적이고, 이 지역 사람들은 대부분 나를 따뜻하고 친절하게 맞아주었다.

저녁에 식당에서 맛있는 파스타(이 음식은 오랫동안 걸을 수 있는 에너지를 제공해준다)를 먹고 있는데 이 사람 저 사람 내게 다가와서 질문을 던졌다. 그들은 내가 점심 식사를 했던 근처 바에서 나왔다. 불어를 할 줄 아는 바 주인은 내게 이것저것 꼼꼼히 물어본 다음 나를 식당으로 안내했다. 이제는 호기심 많은 사람들이 그에게 들은 얘기가 사실인지 아닌지 확인하고 싶어 하는 것이다. 의심 많은 한 여인은 나더러 나이가 몇 살이냐고 물었다. 내가 대답을 해주자 그녀는 믿지 않고 내가 자기를 갖고 논다고 생각하며 불같이 화를 냈다. 나는 웃으며 여권을 꺼냈다. 그녀가 내게 손을 내밀며 말했다. "브라보!" 다른 사람들은 눈을 들어 하늘을 올려다보며 외쳤다. "오 거룩하신 성모마리아여, 이런 기적을 행하시다니!"

문득 나는 내가 오늘 안에 트리에스테에 도착할 수 있을 거라고 생각했다. 믿고 볼 만한 지도가 없어서 도로 표지판을 보고 거리를 계산하고 있다. 아침에 체르비냐노 델 프리울리를 떠나면서 본 표지판에는 41킬로미터 남은 것으로 나와 있었다. 일주일의 훈련 기간을 거친 나는 이 정도는 충분히 하루에 걸을 수 있었기 때문에 분명히 그날 밤에 베네딕트와 합류할 수 있을 거라고 생각했다. 시스티아나까지만 안 쉬고 계속 걸으면 될 것 같았다. 이 정도 거리라면 일곱 시간 안에, 많이 걸려도 여덟 시간 안에 갈 수 있기 때문이다. 그래서 아침 6시 반에 출발했다. 나는 흡족한 마음으로 거의 날다시피 빠른 걸음으로 베네딕트를 향해 걸었다. 네 시간 이상 걸었으니 최소 20킬로미터는 왔어야 맞는데, 끝없이 이어지는 내로를 따라 걸으며 몬트팔코네라는 도시를 통과할 때 도로 표지판을 봤더니 트리에스테까지 35킬로미터라고 나와 있는 게 아닌가. 이럴 수가! 체르비냐노에서 봤던 표지판에 거리가 잘못 표시되어 있었던 것이다.

엎친 데 덮친 격으로 날씨까지 안 좋았다. 천둥 번개 치는 폭풍우에 이어 소나기까지 내렸다. 나는 사기가 완전히 바닥에 떨어져 결국 두 다리가 쇳덩어리처럼 무거워진 상태로 기운을 잃고 풀이 죽어 시스티아나에 도착했다. 사랑하는 여인을 만나기 위해서는 내일까지 기다려야만 하는 것이다. 그녀가 전화를 했다. 통증은 가라앉았고, 도시는 아름다우며, 트리에스테에서 다시 시작될 여행을 위해 지도를 샀다고 했다.

점심을 먹고 있는데 이웃 테이블의 남녀가 말을 걸어왔다. 우리는 유쾌한 분위기에서 얘기를 나누었다. 알베르토라는 이름의 남자가 다음 날 아침에 트리에스테를 안내해주겠다고 제의했다. 하지만 트리에스테까지는 아직 25킬로미터나 더 가야 하므로 다음 날 아침에 거기 가 있는다는 건 불가능한 일이었다. 그는 자기가 오후에는 크로아티아 쪽 해변에 가기로 했다며 유감이라고 했다. 그는 이미 산티아고 순례길을 150킬로미터 정도 걸었으며, 기회가 되면 끝까지 가볼 생각이라고 덧붙였다. 나와 헤어질 때 그는 자기 성이 보르지아여서 쉽게 기억할 수 있을 거라고 말하며 웃었다.

아침에 나는 자동차가 온종일 다니는 해안 도로를 피해, 조금 더 길지만 트리에스테가 훤히 내려다보이는 산꼭대기를 지나는 육지 쪽 길로 접어들었다. 커다란 검은 구름들이 차례로 부풀어 올랐다. 나는 늘 그랬듯이 소나기를 아주 잘 견뎌냈지만, 길에 물이 철철 넘쳐흐르자 어쩔 수 없이 아치형 회랑으로 몸을 피했다. 오토바이를 타고 가던 사람도 길 건너편에서 나처럼 몸을 피하고 있었다. 나는 도로 표지판이 전혀 없는 세 개의 길을 앞에 두고 망설였다. 방금 신문을 사 가지고 걸어오던 한 남자가 미소 짓더니 내가 어디를 가려고 하는지 알아차린 듯 길 중의 하나를 내게 가리켰다. 나는 혹시 몰라서 물었다.

"트리에스테?"

그가 맞다고 대답했다. 그래도 망설여졌다. 그가 가리키는 길은 좁디좁고, 사람들이 좀처럼 다니지 않는 길처럼 보였던 것이다. 나의 의심은 충분히 근거가 있었다.

"영어 할 줄 아세요?"

남자는 이렇게 묻더니 유창한 영어로 그게 분명히 트리에스테 가는 길이라고 다시 한 번 힘주어 말했다. 조금 전 나를 덮친 뇌우에 온몸이 얼음처럼 차가워진 채 근처에 있는 바로 들어갔다. 그 남자가 나를 따라 들어오더니 자기소개를 했다. 이름은 필리파스, 은퇴한 선원이었다. 그는 자기가 프랑스의 마르세유와 르아브르에 기항한 적이 있다며 내가 마신 카푸치노 값을 내주고 싶어 했다.

나는 트리에스테에 가기 위해 고도가 300미터나 낮은 곳까지 내려갔다가 다시 300미터를 올라가느라 두 시간 반 동안 낑낑댔다. 비탈이 너무 가파른 데다가 물구덩이로 변한 길 때문에 율리시스를 끌고 가나가 두 하번 옆으로 미끄러셨다. 어떤 곳은 두 개의 도랑이 길 가장자리에 나 있어서 깊이가 약 40센티에 달하는 수영장처럼 변해버리는 바람에 빠져나올 때마다 신발에 가득 찬 물을 따라내야만 했다.

걷다 보니 해안 도로가 나왔다. 정오쯤 기차역에서 베네딕트와 만나기로 약속했다. 자동차를 피해 인도로 걷고 있는데 누군가 "베르나르!" 하고 부르는 소리가 들려왔다. 오토바이를 탄 사람이 도로에서 내게 손짓했다. 알베르토 보르지아였다. 그는 우리가 여행을 잘하고 있는지 너무 궁금했던 나머지 크로아티아에서의 휴식을 포기한 채 방금까지 나를 만나기를 고대하며 해안 길을 양방향으로 돌아다니던 중이었다. 그는 자신의 도시를 꼭 안내해주고 싶어 했다. 나중에 다시 보기로 약속했다.

기차역에서 나는 베네딕트와 만나 얼싸안았다. 서로 떨어져 있던 그 사흘은 견디기 힘들었다. 나는 온통 그녀 생각뿐이었다. 통증은 멈출 것인가, 아니면 여행을 포기해야 할 것인가? 당분간은 그녀의 건강에 문제가 없을 듯했다.

알베르토는 얼마 전에 문을 연 '평화를 위한 전쟁 박물관'으로 우리를 데려가 불어와 영어를 섞어가며 친절하게 설명해주었다. 이 박물관의 설립자는 장총과 소총, 의상, 포스터, 사진, 그리고 마당 한쪽을 차지하고 있는 거대한 대포 등 수많은 전시품을 수집했다. 하나하나가 전쟁의 부조리함과 천문학적인 비용, 그것이 불러오는 재앙과 양쪽 모두에게 안겨주는 고통을 신랄하게 고발하고 있었다.

우리는 카르스트 지형(깊은 동굴을 수없이 만들어내는 석회암 대지의 형태)의 동굴들이 여기저기 파여 있는 언덕 한가운데의 스고니코라는 곳에서 저녁 식사를 했다. 제2차 세계대전 당시 희생된 수많은 사람들의 시신이 공동묘지로 쓰였던 이 동굴 속에 내던져졌다.

다음 날, 나는 휴식을 취했고 베네딕트는 휴가를 하루 더 즐겼다. 점심은 마테오와 크리스티나와 함께 먹었다. 그들은 토스카나 지방의 몬테리조니에서 내가 봄에 초대받았던 문학 페스티벌을 기획했으며 우리 모두의 친구인 뤼기 리치와 알베르토 콘테를 통해 쇠이유 협회 얘기를 들었다고 말했다. 마테오와 크리스티나는 얼마 전에 결혼했는데, 이는 아이를 입양하기 위한 절차였다. 협회의 목적에 대해 잘 알고 있는 두 사람은 쇠이유에 선물을 보내는 대신 기부를 하기로 결정했다. 난민 신청자들이 난민의 지위를 얻기 위해 필요한 행정 절차를 밟도록 도와주는 비정부기구에서 매우 적극적으로 일하는 그들은 이라크와 시리아, 아프가니스탄에서 오는 사람들이 먹고 잘 수 있도록 도움을 주었다. 트리에스테에서처럼 육로를 통하거나 람페두사에서처럼 해로를 통해 몰려오는 난민들을 거의 유일하게 받아들이는 나라에서 그것은 매우 힘든 일이었다.

알프스산맥을 넘어온 이후로 이탈리아 사람들이 그랬듯이 조심스럽게 호의를 베풀며 우리의 지친 몸과 마음을 위로해주었던 알베르토와 크리스티나, 마테오와 작별 인사를 나누었다. 그날 밤 우리는 우리가 포 강 유역의 평야에서 무척 즐거운 시간을 보냈다는 사실을 깨달았다. 트리에스테를 지나고 나서부터는 미지의 세계였다. 다음 날이면 우리는 터키어로 '산'을 의미하는 발칸반도에 들어가게 될 것이다.

트리에스테, 8월 14일
베네딕트 플라테

발칸반도를 향한 도약.

베르나르는 베로나에서부터 200킬로미터를 왔지만 나는 말을 잘 듣지 않는 무릎에 무리가 가지 않도록 이보다 약간 덜 걸었다. 그리고 그는 베로나와 파도바에서 두 차례 강연에 참여해 큰 성공을 거두었다.

오후에 우리는 이 신성한 이탈리아와 엄청난 소란스러움, 사치스러운 도시들, 타오르는 불꽃처럼 화려한 문화, 이탈리아 햄만큼이나 맛있는 이탈리아어, 적포도주, 파스타, 이탈리아 커피(오! 정말이지 이 커피는 이탈리아에서가 아니면 맛볼 수 없다)와 작별했다. 그리고 이탈리아의 폐허와 짓다 만 집들, 바다가 안 보일 정도로 아드리아해변을 발 디딜 틈 없이 가득 메운 사람들, 어디를 가나 있는 북부동맹[밀라노를 거점으로 한 우파 정당], 모든 창문에 붙어 있는 창살, 우리를 보면 맹렬하게 짖어대는 경비견들, 늘 닫혀 있는 문과도 작별했다. 하지만 찌는 듯 무더운 오후에 영원히 잊히지 않을 미소와 함께 우리에게 석류 시럽을 대접한 로베르타네 집 문과, 베르나르의 첫 번째 강연회에서 만나 파도바에서 우리를 재워준 자코모와 일라리아네 집 문은 닫혀 있지 않았다.

그들은 비교적 유복한 사람들이었다. 하지만 프랑스에서처럼 이탈리아에서도 자기 집 문을 이방인들에게 열어주는 건 결코 흔한 일이 아니다. 비록 상대가 사촌이라 할지라도 그건 쉬운 일이 아니다. 이제 우리도 이탈리아 사람들에게 문을 열어주어야 할 것이다. 그런데 처음 보는 사람 두 명이 등에 배낭을 멘 채 당신 집 문을 두드리며 하룻밤만 재워달라고 부탁하면 나는 어떻게 할 것인가? 솔직히 잘 모르겠다.

크로아티아 사람들과 보스니아 사람들이 햇빛에 그을려 진홍빛으로 변한 우리 얼굴과 남에게 보여주기 민망할 정도인 옷차림, 영락없이 집시를 연상시키는 짐수레를 보면 과연 우리를 어떻게 맞아줄까? 다음 에피소드에서 너의 질문에 대한 대답을 듣게 될 것이다.

4. 산(山)

　8월 17일, 배경이 완전히 바뀌었다. 우리는 종교, 인종 간 증오로 얼룩진 내전의 상처를 치료하고 있는 나라들 속으로 들어갔다. 이 지역에서는 불과 얼마 전까지만 해도 무슨 일을 했기 때문이 아니라 그저 어떤 사람이기 때문에, 누구를 믿기 때문에 죽기도 했다. 살인 욕구는 여전히 사람들 머릿속에 잠복해 있다. 이 지역은 유럽에 끌려가기는 하지만 유럽의 규칙은 거의 받아들이지 않는다.

　접근하기 쉽지 않은 이 지역은 복잡하고 폭력적인 역사로 인해 여기저기 상처 입었다. 위험한 열정의 땅인 것이다. 역사가 시작될 때부터 각 지역의 군주들은 자신의 종교를 강요하였다. 슬라브족 일부는 북유럽에서 왔고, 또 다른 일부는 터키에서 왔다. 오스만제국은 이 나라를 수백 년 동안 점령했다. 슬라브족은 기독교를, 터키인들은 이슬람교를, 동방국의 기독교인들은 동방정교를 강요했다. 전쟁에서 어느 쪽이 이기느냐에 따라 강제로 개종이 이루어졌고, 개종을 하지 않으면 목숨을 잃었다. 서로 어울리기 힘든 혈통과 종교, 문화가 마구잡이로 뒤섞이면서 극심한 갈등을 불러일으켰고, 같은 나라와 같은 마을, 같은 동네에 사는 사람들이 휘말려 들었기 때문에 갈등은 한층 더 비극적인 결과를 낳았다. 사람들은 항상 땅이나 신의 이름으로 서로에게 상처를 주었다. 간단히 말해서, 발칸반도 사람들은 권위적 체제의 통제하에서 상대적으로 평온한 두 시기를 보냈다. 한 번은 오스만제국이 발칸제국을 점령한 시기고, 또 한 번은 비교적 최근에 티토가 발칸제국을 통일했던 시기다. 이 지역을 불안하게 만든 주요한 요인은 종교지만, 권력욕과 민족주의도 중요한 역할을 했다.

1912년에 발칸전쟁이 터졌다. 오스만제국의 힘이 약해지고 기독교도들이 독립하려고 했기 때문이었다. 1914년 6월에 친세르비아계 무정부주의자인 가브릴로 프린치프가 오스트리아-헝가리 제국의 왕위 계승자인 페르디난드 황태사와 황태자비를 암살한 사건은 유럽 전체를 전쟁으로 몰아넣는 불씨 역할을 했다.

1918년에는 세르비아인과 크로아티아인, 슬로베니아인 들을 모아놓은 유고슬라비아 왕국이 세워졌다. 그러나 평화는 아슬아슬했고, 결국 1939년에 발칸반도 사람들은 전쟁을 시작했다. 크로아티아 출신의 공산주의 투사로서 티토라는 가명으로 더 잘 알려진 요시프 브로즈가 이탈리아인과 일본인, 독일인 들로 이루어진 추축국(제2차 세계대전 당시 연합국에 대립한 여러 나라)과 맞서 싸우기 시작한 것이다. 해방이 되자 그는 철권통치로써 일체의 차이를 없애버리고 완전히 새로운 국가 유고슬라비아를 세워 모스크바뿐만 아니라 서방국가들과도 맞섰다. 그는 '비동맹'을 만들어낸 사람 중 하나다. 강대국 중 어느 한쪽을, 미국이나 소련 중 어느 한 나라를 일방적으로 지지하기를 거부하는 것이다. 그리하여 그는 1956년에 유고슬라비아의 브리오니에서 인도의 네루와 이집트의 나세르를 만나 비동맹 운동의 정치적 토대를 건설했는데, 그것은 동서 대결에 지나치게 개입하지 않고 자신들의 목소리를 내려는 신흥국가들의 동맹이라 할 수 있었다.

1980년 티토의 죽음은 엄청난 결과를 불러왔다. 10년 동안 점점 더 높아지는 압력을 견디지 못하고 유고슬라비아는 결국 1991년에 폭발하고 말았다. 슬로베니아와 크로아티아가 독립을 선언했고, 마케도니아도 뒤를 이었다. 1992년에 보스니아 헤르체고비나 전쟁이 발발했고 인종 청소가 시작되었다. 스레브레니차 학살[1995년 스릅스카 군대가 8,000명 이상의 보스니아 민간인을 학살한 사건. 제2차 세계대전 이후 유럽에서 일어난 가장 큰 규모의 집단 학살이다]은 이 참화의 절정이었다. 1995년 데이턴 협정에 서명하게 함으로써 전쟁 당사국들에게 평화를 강요한 것은 미국이었다. 그러나 그들도 세르비아인들이 무력으로 알바니아인들의 반발을 억누르려 했던 코소보 전쟁을 막지는 못했다.

1999년에 처음으로 실크로드를 걷기 위해 베니스에서 터키로 향하는 배를 탔을 때 북대서양조약기구 소속 전함에서 미사일이 발사되는 것을 보았던 기억이 난다. 2006년 몬테네그로가 독립을 선포한 데 이어 2008년에는 코소보가 독립을 선언했다. 우리가 국경을 통과하는 시점에는 무장한 유엔군 덕분에 평화가 아슬아슬하게 유지되고 있는 듯 보였다.

슬로베니아 공화국. 인구 200만 명. 대다수가 가톨릭교도이며 1991년 독립했고 2004년부터 유럽연합에 가입했다. 유로존. 수도는 류블랴나.

발칸반도에서 처음 걷는 날, 우리는 이탈리아와 크로아티아, 헝가리, 오스트리아 사이에 끼어 있는 이 나라가 바다에 접근할 수 있게 해주는 좁고 긴 땅을 지나갔다. 이 '회랑'은 정말 좁기 때문에 트리에스테에서 아침에 출발한 우리는 두 나라의 국경을 단 하루 만에 통과하여 저녁에는 크로아티아에 가 있게 될 것이다.

긴 포 평원과 어마어마하게 넓고 평평한 논을 지나니 흑해 근처에서나 멈출 거대한 습곡이 우리 앞에 우뚝 솟아올랐다. 낮고 메마른 언덕들이 계단처럼 계속 이어졌다. 우리는 먼 거리를 한참 돌아가야 하는 해안 길이나 긴 크로아티아 해안에 가기 위해 이탈리아 사람들과 모든 동유럽 사람들이 몰려 혼잡스럽기 짝이 없는 북쪽 길보다는 이쪽이 훨씬 더 좋았다. 이 길은 직선으로 나 있기는 하지만, 올라갈 때는 율리시스를 끌어 올려야 하고 또 내려갈 때는 율리시스가 미끄러지지 않도록 잘 붙들어야 해서 상당한 체력이 요구되었다. 우리 두 사람에게 너무 힘든 일이었다. 게다가 나라도 바뀌고, 문화도 달라지고, 우리가 걷는 곳의 해발도 높아졌다. 이런 상황을 단 하루 만에 감당하는 게 쉬운 일은 아니었다.

두 나라의 국경을 통과하는 데 필요한 수속은 너그럽고 상냉한 세관원들에 의해 최대한 간결하게 진행되었다. 심지어 여권에 확인 도장도 찍을 생각을 안 해서 내가 찍어달라고 부탁했다. 아니, 요구했다. 세관원들은 우리의 겉모습을 보고 안심한 듯 웃으며 아무 절차 없이 그냥 지나가라고 손짓했다.

그러나 반대 방향으로 여행하는 자들, 국경을 통과하는 데 성공하기만 하면 마테오와 크리스티나가 맞이하게 될 시리아 사람들과 아프가니스탄 사람들, 팔레스타인 사람들에게는 그렇게 하지 않았다. 2014년에 그 많은 사람들이 이렇게 국경을 통과한 것은, 1년 뒤에 어마어마하게 많은 난민들이 대부분 독일로 향한 것과는 아무 관계가 없다.

5. 아름다운 만남과 버려진 집들

크로아티아 공화국. 인구 430만 명. 인구의 88퍼센트가
가톨릭교도이며 동방정교 신자인 세르비아인과 이슬람교도는
소수이다. 1991년 독립했고 2013년부터 유럽연합 회원국이
되었다. 비유로존. 화폐단위는 쿠나. 수도는 자그레브.

우리가 이번 여행에서 가장 힘든 구간을 걷기 시작했을 때
한 가지 의문이 나를 괴롭혔다. 베네딕트의 무릎은 이 먼 거리를
버틸 수 있을 것인가? 그리고 나의 체력 역시 보스포루스해협까
지 가는 동안 괜찮을까?

사실 이 구간은 30킬로미터에 불과했다. 그래서 걷는 시간
은 얼마 되지 않았지만, 대신 두 번째 국경이 해발 650미터나 되
는 높은 곳에 있었기 때문에 풀밭에서 점심을 먹으며 축적한 칼
로리를 완전히 불태워야만 했다. 높은 곳에 올라가자 기온이 뚝
떨어지는 바람에 스웨터를 입었는데도 내 몸을 뒤흔드는 오한
이 멈추지 않았다. 젤로비체(Jelovice)의 시골 성당 앞에는 작은
종에 연결된 긴 밧줄이 땅바닥까지 늘어져 있었다. 성당 앞에 위
치한 유일한 여인숙은 거구의 두 세르비아인들에 의해 운영되고
있었다. 그들이 만들어 온 러시아식 수프를 먹고 이 지역 특산주

를 곁들였더니 오한이 멈추었다.

하지만 안심하기에는 아직 일렀다. 샤워를 마친 베네딕트
가 무릎에 격렬한 통증을 느낀 것이었다. 가능하다면 그 다음 날
은 15킬로미터만 걷기로 했다. 아무래도 리예카(Rijeka)에서 의
사에게 진찰을 받아야 될 것 같다. 트리에스테에서 사흘 쉰 것만
으로는 충분하지 않았던 게 분명하다. 한편 나도 오래전부터 왼
쪽 허벅지에서 이따금씩 일어나곤 했던 경련이 도져서 베네딕트
보다 잘 걸을 수 있을지 자신이 없었다. 그렇지만 우리 두 사람
의 통증은 서로 다른 양상을 보였다. 나는 처음에 몇 걸음 걸으
면 통증이 바로 시작되었다가 3~4킬로미터 걸으면 서서히 사라
졌다. 그때부터는 그녀가 통증을 느꼈다. 서로를 보완해주고 있
음이 틀림없다.

아침 8시에 출발한 우리는 오후 1시쯤 아주 작은 마을에서
멈추었다. 베네딕트가 너무 힘들어했기 때문이다. 어떻게 할 것
인가. 리예카는 거기서 20킬로미터나 더 가야 하는데……. 뼈를
찌르는 듯 끔찍한 고통 속에서 그 거리를 걷는 건 불가능한 일이
었다.

행운의 여신이 다시 한 번 우리에게 손짓했다. 한 여인에게
물을 한 잔 얻어 마시려고 했는데 그녀는 우리가 프랑스 사람이
라는 사실을 알고는 마당에서 자전거를 타고 있던 여남은 살의
소녀를 불렀다. 소녀가 우리 쪽으로 다가오더니 완벽한 프랑스
어로 말을 건넸다. 아이의 이름은 사라. 프랑스에서 세르비아인
아빠와 프랑스인 엄마 사이에서 태어났으며 부모가 헤어진 뒤로

는 해마다 아빠 집에 와서 몇 주씩 지낸다고 했다. 2개 국어를 완벽하게 구사하는 사라는 우리를 리예카행 버스가 출발하는 정류장으로 안내해 버스 운전사에게 우리의 목적지를 통역해주었다. 그는 버스표 두 장을 우리에게 팔았지만 유로는 안 받는다고 했다. 그러자 사라는 우리를 우체국으로 데려갔고, 거기서는 유로를 크로아티아 돈으로 바꿔주었다. 고맙다, 사라야.

리예카는 절벽에 등을 기댄 채 바다 쪽으로 길게 뻗어 있는 역사적 도시다. 독립을 둘러싸고 지난한 세월을 보낸 이 도시는 1920년에 피우메(피우메는 이 도시의 이탈리아어 이름이다) 자유국이 되었다. 헝가리 사람들과 크로아티아 사람들, 이탈리아 사람들이 살고 있는 리예카는 자유국 지위를 겨우 4년밖에 유지하지 못했다. 유고슬라비아 왕국이 이 도시를 병합한 뒤 어느 정도의 자율을 허용했던 것이다. 1918년에 전쟁이 끝나자 윌슨 미국 대통령이 여기에 국제연맹 본부를 설치하려 했으나 종국엔 제네바로 결정되었다. 이탈리아와 프랑스의 압력에도 티토가 이 도시를 합병하는 바람에 다시 이탈리아 이름을 잃어버리고 리예카라는 크로아티아어 이름을 갖게 되었다.

버스 안에서 우리는 세 가지 대안을 생각해보았다. 베네딕트가 단순히 건염에 걸린 거라면 일주일 동안 완전한 휴식을 취해야 할 것이다. 나는 혼자 계속 걸을 것이고, 베네딕트는 보스니아 헤르체고비나의 비하치까지 기차를 타고 가서 나와 합류할 것이다. 의사가 걷는 걸 금지할 수도 있다. 하지만 자전거 타는 것까지 말리지는 않을 테니 자전거를 한 대 사서 그녀는 자전거를 타고, 나는 걸어서 여행을 계속할 것이다. 마지막 가정은, 그녀가 심각한 부상을 입었을 경우 집으로 그냥 돌아간다는 것이다. 베네딕트는 무척 슬퍼했고 나는 뼈저리게 후회했다. 지금까지의 경험으로 볼 때, 베로나와 파도바 사이에서 여정을 단축했어야 했다. 길을 잃고 헤매다가 자코모를 다시 만났기 때문에 더더욱 이런 실수를 저지르지 말았어야 했다. 오랫동안 여행을 할 때는 부상의 원인이 되는 독소가 근육을 혹사하지 않도록 초반의 여정을 짧게 잡아야 한다. 나는 떠나기 전날까지 하루도 빠짐없이 아침 조깅과 스트레칭을 했던 반면 베네딕트는 아비뇽 페스티벌의 소용돌이에 휩쓸리는 바람에 이 같은 시련에 대한 대비를 전혀 할 수 없었다. 그녀는 지금 자신의 훈련 부족과 나의 어설픈 판단력 때문에 혹독한 대가를 치르고 있는 것이다.

나 같은 노인들도 받기 때문에 이름만 유스(youth)인 유스호스텔에 묵었다. 베네딕트는 슬픔을 드러내지 않으려고 애썼지만, 우리가 함께 산 지 6년 만에 처음으로 이 강한 여인의 뺨에 눈물이 흘러내리는 것을 보았다. 이탈리아에 도착한 뒤로 나는 그녀를 '천연 광물'이라고 부르며 재미있어 했다. 그녀는 솔직하고 자연스럽다. 굳이 감수하지 않아도 될 위험에는 뛰어들지 않는다. 그녀가 돌아갈 때 다리를 절룩거리며 〈피가로의 결혼〉에 나오는 수잔 역을 하게 된다면 얼마나 당혹스럽겠는가. 나는 사라 베르나르[5]가 목발을 짚고 연기했다는 사실을 잘 알고 있지만, 베네딕트는 고맙게도 스타가 아니다.

리예카 병원 응급실에서 진찰을 받았지만, 마냥 안심이 되

5. Sarah Bernhardt, 1844~1923. 프랑스의 연극배우. 최초의 세계적 스타인 그녀는 오대주를 돌며 순회공연을 하여 큰 성공을 거두었다.

진 않았다. 대기실은 흡사 '기적의 마당[옛날 파리에서 거지와 부랑배들이 모여 살던 곳]' 같이 복도가 발 디딜 틈 없이 빼곡했다. 환자가 너무 많아 경황이 없던 의사는 건염이라고 진단을 내렸지만, 더 자세한 검사는 하지 못했다. 때마침 피투성이가 된 젊은 여성이 들것에 실려 왔던 것이다. 그러니 검사를 꼭 해야겠다고 고집을 피우지는 못했다. 베네딕트의 상태야 그런 환자들의 부상에 비하면 심각하진 않았던 것이다.

여드레 동안 함께 휴식을 취하면 어떻겠느냐고 제안했지만 그녀는 단호히 거절했다. 어쨌든 길을 가던 사람은 계속 가야 한다는 것이었다. 그로아비아의 해변을 한 바퀴 돌기로 약속했던 일라리아와 자코모가 오후에 도착할 거라고 기별이 왔다. 나는 그들을 기다릴 순 없었다. 두 명의 부상자가 생기는 건 막아야겠다 싶어서 리예카에서 크리크베니카까지 이틀에 걸쳐 걷기로 했다(원래 프랑스의 노르망디에 있는 안락하고 편안한 우리 집에서는 이 구간을 하루에 걷는 걸로 계획했다).

오후 2시경 지도를 훑어본 뒤 나는 해안 쪽 길을 따라가지 않고 가장 짧은 코스로 가로질러 가기로 마음먹었다. 그건 결코 쉬운 일이 아니었다. 우선 이 도시가 등을 기대고 있는 가파르고 작은 산의 꼭대기까지 올라가야 했다. 몇 걸음 걷자마자 바로 장애물이 나타났다. 아래쪽이 파인 길과 성벽이었다. 나는 기어코 성벽을 넘겠다고 각오를 다지고 율리시스를 끌고 기어오르기 시작했다. 베네딕트는 나를 미친 사람 취급하면서도 나를 위해 짧

II. 베로나 — 이스탄불

은 사다리 역할을 해주었다. 일단 성벽 위에 올라앉자 율리시스를 끌어 올릴 수 있었다.

사랑하는 여인에게 작별 인사를 한 다음 북쪽의 산 정상을 향해 출발했다. 무지막지하게 가파른 길을 기어오르느라 땀이 비 오듯 흘렀다. 너무 가파른 탓에 계단을 파놓은 곳도 이따금 나타났다. 율리시스의 채를 힘껏 잡아당기며 한 계단 한 계단 기어올랐다. 백여 개는 될 것 같은 계단 앞에 서 있는데 한 남자가 도와주겠다고 말했다. 마침내 산 정상에 올라 해안으로 향하는(지도가 틀리지만 않는다면) 동쪽으로 향했다. 그런데 거기에 서는 순간, 나는 절망했다. 발밑으로 수백 미터는 되어 보이는 절벽이 수직으로 솟아 있었다. 그걸 건너간다는 건 불가능했다. 저 멀리 내가 피하고 싶어 했던 도로가 까마득히 보였다. 내가 가지고 있는 지도에 등고선이 표시되어 있지 않아서 장애물을 발견할 수 없었던 것이다.

깊은 절망에 빠진 나는 계단을 성큼성큼 내려가 출발 지점인 유스호스텔 근처로 돌아갔다. 두 시간 동안 괜한 헛수고를 한 것이다. 베네딕트에게 돌아가고 싶었다. 젊은 친구들을 만나고 싶었다. 하지만 나의 염소자리가……

잔뜩 풀이 죽은 상태에서 자동차들이 쌩쌩 질주하는 해안쪽 길로 접어들었다. 해안에는 석유 비축 기지와 선박을 보수하는 크레인, 그리고 조선소가 있는 공업지대가 펼쳐져 있었다. 작은 섬들이 점점이 잡히는 환상적인 전망이었다. 조금 전 더 이상

갈 수 없어 포기했던 왼쪽의 절벽 쪽으로는 거대한 단층이 바위를 뚫고 걸려 있고, 아스라한 교각 위로 철로와 고속도로가 지나가고 있었다.

끝없이 질주하는 자동차 행렬에 진저리를 치고 있는데, 잘 익은 무화과가 달려 있는 나무 한 그루가 길가에 서 있는 게 아닌가. 율리시스를 옆에 둔 채 가지 하나를 잡아채려고 뛰어올랐으나 허사였다. 그래서 율리시스를 딛고 올라섰다가 아뿔싸! 길 위로 곤두박질쳤다. 바로 그 순간에 지나가는 자동차가 없었다는 건 기적 중의 기적이었다. 충격이 너무 심했던 탓에 순간적으로 어깨가 삐거나 빠졌을 거라고 믿었다. 다행히도 통증은 금방 가라앉았다. 나는 길에서 빗어나 부상당한 팔꿈치에서 줄줄 흐르는 피를 닦아냈다. 좀처럼 피가 멎지 않은 것은 뇌혈관에 장애가 오지 않도록 매일같이 복용 중이던 아스피린 때문이었다. 몇 미터 더 걸어가자 이번에는 손이 닿을 듯한 거리에 달디단 열매가 달려 있는 무화과나무가 한 그루 보였다. 조금 전 일은 싹 잊어버리고 게걸스레 따 먹었다. 아주 맛있었다.

오후 5시, 계획했던 거리의 절반밖에 못 걸었지만 바카르라는 작은 마을에서 묵기로 했다. 하나밖에 없는 호텔은 만원이었다. 식당 주인인 아프림이 호텔 방의 두 배나 되는 가격을 부르며 터무니없이 바가지를 씌우려고 했다. 더구나 방값을 유로로 달라고 요구했으니 그 돈을 받아낼 수만 있다면 그로서는 잭팟을 터트리는 거나 마찬가지였을 것이다. 나는 코웃음을 치며 내게 요구한 금액의 3분의 1을 제안했다. 그랬는데도 그는 뛸 듯이 기뻐하며 내 제안을 받아들였다. 남는 장사를 했다고 생각해서인지 신나서 아버지를 소개해주었고, 그의 아버지 니콜라는 내 나이에(나는 그보다 열 살이 더 많았다) 이런 모험에 뛰어들었다는 사실에 깜짝 놀랐다. 만일 나를 따라 한다면 그는 자기 발이 안 보일 정도로 어마어마한 뱃살을 뺄 수 있을 것이다.

내 방에서는 크르크(Krk)와 해안 사이에 펼쳐진 협만의 멋진 경관이 한눈에 내려다보였다. 그날 밤, 우리의 여행 계획을 다시 검토했다. 계산해본 결과 원래 짜놓은 일정에서 일주일이나 늦었다. 우리가 신기록을 세우지는 못할 것이다. 그러나 아무리 못 가도 최소한 '전설의 사라예보'까지는 가고 싶었다.

아침에는 협만에 잔물결 하나 일지 않았고, 건장한 조정 선수들이 금방이라도 뒤집어질 것처럼 보이는 작은 배에 한두 명씩 타서 노를 저으며 훈련을 했다. 더 긴 또 다른 배에는 조정 선수 네 명과 조타수 한 명이 타고 있었다. 코치들이 작은 모터보트를 타고 따라다니며 확성기에 대고 소리쳤다. 그때 말고는 너무나 조용해서 거대한 화물선이 마주 보이는 섬에 버티고 있지 않았더라면 스위스의 어느 호수에 와 있는 줄 알았을 것이다.

아프림과 니콜라, 두 부자와 작별 인사를 나누었다. 두 사람 모두 만나게 되어 너무 기뻤다고 말했다. 구불구불한 오르막 길이 300미터 정도 높이의 언덕으로 이어져 있었다. 악마가 아프림의 입을 빌려 내 귀에 대고 조선소를 지나 바다를 따라가는 길이 있을 텐데, 굳이 아침부터 이 높은 언덕을 기어오르는 건

바보 같은 짓이라고 속삭이는 듯했다. 그곳은 높은 철책으로 둘러싸여 있었고, 경고문이 붙어 있는 차단기로 막혀 있었다. 나는 그 게시문을 '외부인 출입 금지'라고 정확히 번역할 수 있었다. 거구에 배가 불룩 튀어나왔으며, 머리를 박박 깎았고, 푸른 눈에 금색 콧수염이 난 50대 슬라브인 남자가 길을 가로막고 나섰다. 그는 처음엔 단호하게 거절했으나 내가 간곡하게 부탁하자 결국 유창한 영어로 "알았어요. 그런데 혹시 무슨 사고라도 나면 그건 전적으로 당신 책임입니다"라고 말했다. 그는 광부였다. 석탄이 쌓여 있는 크고 검은 물구덩이들과 레일, 화물차 들이 내 위에 버티고 서 있는 거대한 크레인에 의해 치워지기를 기다리고 있었다.

거기에는 기차역이 있었고, 지루한 나머지 연신 하품을 해대는 직원 세명이 있었다. 혹시 그들이 내 앞을 가로막을지도 모른다고 생각했으나 그들은 아무 반응도 보이지 않고 지나가도록 그냥 내버려두었다. 뿐만 아니라 반장으로 보이는 사람은 내게 쉬운 길을 가리켜 보여주고, 크리크베니카를 크로아티아 말로 어떻게 발음하는지도 알려주었다. 하지만 발걸음을 떼자마자 잊어버렸다.

혹시 철문이 닫혀 있을까 봐 걱정했지만 다행히도 활짝 열려 있었다. 조금 더 갔더니 왼쪽으로 올라가는 소로가 나타났다. 그 길을 따라가다 보면 국도나 소로가 나타날지도 모른다. 그러나 이 길은 30여 개의 거대한 탱크가 있는 작업장으로 이어졌다. 여기에도 역시 '금연'이라는 커다란 팻말이 붙어 있었다. 서너 개의 탱크에서 흰 연기가 흘러나와 땅바닥으로 퍼져나갔다. 몇 걸음 떼자마자 한 남자가 나를 보고 놀라서 펄쩍펄쩍 뛰며 영어로 뭐라고 욕을 퍼부어댔다. 그곳은 폭발성 가스로 가득 찬 매우 위험한 장소여서 일반인은 출입이 엄격히 금지되어 있었다. 그가 하도 고래고래 소리를 지르며 난리를 쳐대는 바람에 어쩔 수 없이 발걸음을 돌려야 했다. 나는 철조망이 쳐진 구덩이를 기어오른 끝에 마침내 공장 지대를 빠져나오는 데 성공했다.

드디어 작은 마을 바카르반으로 이어지는 길 위에 섰다. 이 마을엔 집이 고작 다섯 채인데 그중 세 집이 식당이다. 바닷가 방향으로 45도 기울어진 전신주들 위에 나무판자를 고정시킨 임시 다이빙 보드가 마련되어 있었다. 강철 케이블이 이 시설물을 지탱하고 있었다.

나는 도로 위에서 최악의 상황과 맞닥뜨렸다. 크르크 섬을 잇는 다리로 이어지는 길은 말 그대로 진짜 고속도로였다. 인도의 너비가 율리시스도 들어가기 어려운 60센티미터 정도밖에 되지 않았다. 측벽을 세우는 바람에 보행자 공간이 거의 없어져버린 것을 보는 순간 눈앞이 깜깜했다. 율리시스는 운명에 맡긴 채 언제라도 벽에 찰싹 달라붙을 채비를 하고 앞으로 걸어갔다. 섬으로 이어지는 갈림길을 지나자 안도의 한숨이 절로 나왔다. 하지만 잠시 후 내가 크리크베니카로 가는 도로를 지나쳐 왔다는 사실을 깨달았다. 돌아갈 수는 없었으므로 협만을 따라 돌면서 나름대로는 '지름길'을 택했지만 10킬로미터나 더 걸은 꼴이다. 엎친 데 덮친 격, 폭풍우가 해안으로 몰아쳤다. 서둘러 율리시스에 덮개를 씌웠다. 자동차들이 지나가면서 빗물을 튀기는 바람에 고개를 숙여야 했다. 바에 붙어 있는 주유소로 몸을 피한 나는 흔히 사람들이 목가적이라고 말하는 그 해안에서 하늘이 서서히 개는 것을 두 시간 동안 하염없이 바라보았다.

크리크베니카는 관광객들로 미어터지는 해수욕장이었다. 세면대는 막혀 있고 좁아터진 침대가 딸린 작은 방 하나를 55유로(크로아티아에서는 거금이다)에 빌렸다.

만년필 잉크가 떨어져서 새걸 사려고 가게를 십여 군데나 헤맸다. 온갖 물건을 파는 가게마다 막상 만년필 잉크는 없었다. 금방이라도 소나기가 쏟아질 것 같았다. 수많은 피서객들이 바닷가를 떠나 쇼핑의 즐거움에 빠져들었다. 한 시간 동안 찾아 헤맨 끝에 판촉용으로 보이는 볼펜 하나를 찾아냈다. 펜대에는 해변에 자리한 식당을 선전하는 문구가 쓰여 있었다. 남아 있는 잉크의 양으로 보아 족히 이틀은 쓸 수 있을 것 같았.

지척에 있는 해변과 건물들 사이에 설치된 텐트 아래서 저녁 식사를 했다. 항상 재미있게 얘기를 나누던 베네딕트가 옆에 없었기에 산책을 하는 피서객들을 관찰하며 짧은 메모를 했다. 짧은 옷을 걸친 여성들은 아름다웠다. 옷도 머리 모양도 매우 다양했다. 그들은 프랑스에서처럼 다들 비슷비슷해 보이게 만드는 잡지의 영향을 크게 받지 않은 듯했다. 여자아이들은 엄마와 함께 걸었고, 여인들은 대부분 남자 친구의 팔짱을 끼고 걸었다. 그들은 아이스크림 가게로 몰려들었다. 하지만 아무리 아이스크림을 많이 먹어도 몸매가 망가지지 않는 것 같다. 크로아티아에는 이슬람교도들이 살고 있었지만, 몇몇 나이 든 여성들 말고는 스카프를 두른 여성을 단 한 명도 보지 못했다. 크로아티아 남성들에게서 우선 눈에 띄는 것은 어마어마한 체격이었다. 육중한 사각형의 몸통이 불룩 튀어나온 배에 붙어 있는 것처럼 보일 정도였다. 서른 살 이상의 남자들 중에서 과반은 튀어나온 배를 자랑스럽게 내밀고 다니는 것 같았다. 그들은 대개 등을 구부린 채 두 팔을 흔들며 걷는다. 젊은이들 중에는 이렇게 뚱뚱한 사람이 거의 없었다. 또 하나 눈에 띄는 건 절반 가까운 청소년들이 머리를 박박 밀고 다닌다는 사실이었다.

잔뜩 풀 죽은 상태로 리예카 유스호스텔에 머물고 있는 베네딕트의 메일을 호텔에서 봤다. 스스로 강하다고 믿어왔던 그녀는 건염을 자신의 개인적 실패로 받아들였다. 나는 정신적으로나 육체적으로나 지나칠 정도로 활동적이어서 단 5분도 가만히 앉아 있지 못하는 그녀의 평상시 모습을 상상하며 그녀가 당분간은 모든 걸 내려놓았으면 좋겠다고 생각했다. 그러나 그녀는 휴식으로 생긴 빈 시간에 9월에 열릴 공연에서 맡은 역할을 연습할 거라고 말했다. 나는 그녀가 걸으면서 맡은 역을 되풀이하여 연습하는 모습을 그려보았다.

천둥 번개를 동반한 폭풍우가 어둠 속에서 격렬하게 몰아치기 시작했다. 번개가 모래사장을 환하게 밝혔고, 천둥의 폭발음이 끊임없이 이어졌다. 이내 정전이 되었다. 아침이 되자 모든 관광 시설이 물에 잠겨버렸다. 호텔 직원들이 호수로 변해버린 호텔 1층에 흘러든 물을 비질해서 길거리로 빼내려고 애쓰는 중이었다. 옆 가게는 산에서 쏟아져 내린 물이 뒷문으로 들어와 건물을 통과하는 바람에 말 그대로 급류가 콸콸 흐르고 있었다. 직원들은 속수무책 멍한 표정으로 서로 얼굴만 쳐다보고 있을 뿐이었다. 가게마다 물건들이 물에 둥둥 떠다니는 걸 주인이 넋 나간 표정으로 지켜보고 있었다. 어제 쇼핑을 즐겼던 관광객들은 전혀 예상치 못했던 이 광경이 한편으로는 놀랍고 또 한편으로는 재미있게 느껴지는 듯, 가게들이 입은 손해에 대해 이러쿵저러쿵 말을 늘어놓으며 물에 잠기지 않은 좁은 인도로 줄지어 지나갔다. 호텔 안에서는 손님들, 특히 은퇴한 단체 투숙객들이 전기가 안 들어와서 아침을 못 먹게 되면 어떡하나 근심 어린 표정으로 기다리고 있었다. "최소 한 시간은 지나야 식사를 하실 수 있을 겁니다." 누군가가 벌써 두 시간째 기다리고 있는 그들에게 말했다.

너무나 다행스럽게도 어젯밤에 율리시스를 간단하게 손보기 위해 캠핑 장비 일체를 내 방에 올려놓았다. 안 그랬더라면 캠핑 장비를 놓아두어야 하는 휴게실의 물속에서 율리시스를 발견했을 것이다. 호텔 주인은 전기가 나가서 카드 결제가 안 된다며 55유로를 현금으로 지불할 것을 요구했다. 그래서 그에게 100유로짜리 지폐를 내밀었다. 그러자 그 인간은 대뜸 상황을 고려해서 방값을 올렸으니 나머지 45유로도 자기가 갖겠다며 뻔뻔스럽게 나왔다. 나는 벼락같이 화를 내어 결국 잔돈을 받아냈다.

도시를 빠져나오면서 보니 작은 유람선 한 척이 파도에 밀려가 다리 밑에 끼는 바람에 뒤집혀 반쯤 물에 잠겨 있었다. 난간에 걸터앉은 채 절망적이고 난감한 표정을 짓고 있는 배 주인은 손해액을 산정하기 위해서는 물이 빠질 때까지 마냥 기다려야 한다는 사실을 알고 있었다.

나는 8번 도로로 이어지는 산길을 올라갔다. 힘들었다. 이 도로의 통행량이 엄청나다는 사실은 이미 알고 있었지만, 다른 방도가 없는데 어떡하겠는가. 날씨가 변덕을 부리기 시작했다. 가벼운 바람이 일더니 구름을 쫓아내기 시작하는 것이었다.

날씨가 좋아지자 다시 낙관론자가 된 나는 원래는 하룻밤 묵으려고 했던 포빌레(Povile)를 지나치기로 결정했다. 풍경은 장엄했고 산은 암벽이 머리를 내밀고 있는 바닷속으로 수직 낙하했다. 맞은편에 보이는 크르크 섬은 나무 한 그루 없이 흙빛을 띠고 있었다. 자동차를 모는 사람들이 100미터 밖에서도 나를 잘 볼 수 있도록 트리에스테에서 산 형광 오렌지색 티셔츠를 입고 걸었다. 정오쯤에 노비 비노돌스키(Novi Vinodolski)라는 작은 도시에 도착했다. 자동차들이 시내를 통과하느라 꼬리에 꼬리를 물었다. 나는 율리시스를 끌고 도발적인 미소를 지으며 조금 전까지만 해도 내게 공포를 불러일으켰던 거만한 리무진들을 추월하는 즐거움을 누렸다. 점심때가 되어 작은 항구에서 '에트루리아 파스타'라는 요리를 먹었다. 이 요리 이름은 우리에게 금으로 된 경이로운 보석을 물려준 오래전의 문명에서 따왔다. 내 뒤에서는 프랑스 청년 두 명이 예쁘게 생긴 여자 종업원에게 수작을 걸고 있었다. 그녀는 만족스러운 듯 달콤한 콧소리를 냈다.

짧은 파도가 밀려와 거품을 만들어내는 모래사장으로 통하는 소로에 누워 낮잠을 잤다. 다시 걷기 시작한 지 얼마 안 되어 캠핑카를 타고 이 나라를 가로질러 왔으며 많은 폐허를 보았다고 말하는 프랑스인과 인사를 나누었다. 나는 그 말을 듣고도 놀라지 않았다. 과거에 저질러진 폭력 행위를 보여주는 자취는 이미 책으로도 접했고 수없이 들어왔기 때문이다. 나치에게 점령당했을 때 수많은 집이 보복으로 불태워졌다. 주민들은 불타버린 집을 부수고 집을 새로 짓는 대신 이 폐허를 그대로 보존했다. 그것이야말로 그들이 얼마나 끔찍한 비극을 겪었는지를 보여주는 고통스러운 증거였던 것이다. 그리고 나는 이 방법이 보스니아 전쟁이 끝난 뒤에 다시 사용되있나는 사실을 확인하게 될 것이다. 내전이 남긴 상처와 나치가 남긴 두 번째 폐허 근처에서 새로 지은 집을 보는 건 드문 일이 아니다.

하룻밤 묵으려고 생각했던 센(Senj)을 14킬로미터가량 남겨놓은 곳에서 율리시스의 타이어 하나가 터져버렸다. 수리하고 있는데 베네딕트가 긴 메일을 보내왔다. 메일을 읽어보니 그녀가 지금 정신적으로 얼마나 동요하고 있는지 알 수 있었다. 무기력이 그녀를 서서히 좀먹어가고 있었다. 이제 모든 것에 회의가 든다는 것이었다. 그녀는 길을 걸을 때마다 중얼거리곤 했던 니콜라 부비에(Nicolas Bouvier)의 한 문장을 인용했다. "여행은 동기를 필요로 하지 않는다. 그냥 그 자체로서 충분하다는 것을 여행은 곧 증명해주리라. 여행자는 자기가 여행을 하고 있다고 믿지만, 얼마 지나지 않고부터는 여행이 여행자를 만들고 여행자를 해체한다." 나는 그녀를 안심시키려고 애썼다. 그렇지 않아. 당신은 패배한 게 아니라 그냥 며칠 늦었을 뿐이야.

처음 출발할 때는 자기가 강하다고 믿는다. 길을 가면서는 자신의 힘을 헤아려본다. 여행은 보통 얼마나 오랫동안 계속되었느냐에 따라 판단되는 것이 아니라 어떤 돌발적인 사건이 일어났느냐에 따라 판단된다. 그런데 도대체 언제부터 시련이 여행자를 해체한단 말인가? 나는 그 반대로 여행자가 시련을 겪고 나면 더 강해진다는 사실을 확인할 수 있었다. 베네딕트는 이 모든 시련을 극복할 것이다. 나는 조금은 독창적인 문장으로 그녀를 안심시켰다. "우리는 손을 잡고 함께 사라예보에 들어가게 될 거야."

8월 22일 오전 11시, 드디어 크로아티아 해안을 벗어났다. 나는 안도의 한숨을 내쉬며 센에 도착했다. 그렇지만 이 도시의 기념품 가게와 엄청난 광고비를 쓰는 유명 메이커의 공격적인 광고, 문신을 한 사람들, 자동차에서 쏟아져 나오는 기름 냄새도 견디기 힘든 건 마찬가지였다. 이 도시를 지나오면서 나의 여정은 과감하게 동쪽으로 향했다. 나는 여기서부터 조금 더 진솔한 만남을 갖고 싶었다.

리예카에서 버스를 타고 온 베네딕트와도 재회했다. 그녀는 내일 다시 보스니아 헤르체고비나의 비하치로 가서 나를 기다릴 것이다. 물론 그녀는 원기를 되찾아 더 이상 힘들어하지 않았다. 하지만 처음에 계획했던 일주일간의 휴식이 끝나기 전에 또다시 걷는다는 건 말도 안 되는 일이었다.

우리는 이 도시를 덮친 천둥소리에 놀라 잠이 깼다. 나는 조용히 준비를 했다. 그러나 비가 그칠 기미를 보이지 않아 그냥 출발하기로 했다. 베네딕트는 나를 시내 한가운데까지 배웅해주었다. 기온이 크게 떨어져 뜨거운 음료를 한 잔씩 마셨다. 또다시 이별했다. 곰곰이 생각해보니, 이 고통스런 작별이 나의 경계심을 둔하게 만들었음이 틀림없다. 나는 자동차들이 줄지어 달리는 길을 따라 걸었고, 나와 마주쳐 지나가는 자동차들은 영락없이 내게 빗물을 끼얹었다.

주변 환경이 바뀌었다. 바닷가의 평평하고 작은 도로는 더이상 보이지 않았다. 어젯밤에 지도를 들여다보다가 내가 해발 1,000미터 이상 되는 산 정상 근처를 지나가게 되리라는 사실을 알게 되었다. 이제 정말 발칸 산악 지대로 들어서는 것이다. 율리시스를 끌고 한 시간 반 동안 낑낑대며 산을 오른 끝에 세 개의 길로 갈라지는 삼거리에 도착했다. 그런데 도로 표지판이 아예 없었다. 자신을 군인이라고 소개한 한 남자가 말하기를, 내가 가려고 하는 길은 크로아티아 동쪽에 있는 비하치로 이어지는 것이 아니라 북동쪽에 있는 수도 자그레브로 이어진다는 것이었다. 나의 첫 번째 반응은 늘 그랬듯이 되돌아가지 않는 것이었다. 뒤로 돌아가기가 너무 두려웠다. 내가 길을 잘못 들었다는 사실을 인정하고 싶지 않아서 그랬던 것일까? 괜한 자존심 때문에, 만일 오던 길을 돌아가면 체면이 깎일 거라고 믿었던 것일까? 그것도 아니면, 오랫동안 걷다 보니 컨디션이 나빠지면서 집

중력이 떨어져 실수를 저지른 것일까? 확실한 건 내가 같은 길은 결코 두 번 다시 안 가려고 한다는 사실이다. 그래서 말했다. "그래도 그냥 이 길로 계속 가렵니다." 그러나 그 군인은 단호했다. 만일 내가 마을들을 가로질러 가다 보면 결국은 아무 표지판도 없는 숲이 나타날 것이므로 길을 잃으리라는 것이었다.

그는 나를 근처 바로 데려갔고, 그곳에서는 손님들 간에 집단 토론이 벌어졌다. 그들은 내게 어떻게 해야 되는지 설명해주었지만, 그게 세르보크로아트어였기 때문에 아무 도움이 안 되었다. 결국 나는 마지못해 발길을 돌렸고 다시 베네딕트를 만났다. 그녀는 내가 돌아온 것에 대해 한편으로는 아쉬워하면서도 또 한편으로는 함께 오후를 보내게 되었다며 몹시 기뻐했다.

이 나라에서 아이들에 대한 사랑과 관심은 유별나다. 부모들과 조부모들은 서로 교대해가며 아이들을 돌본다. 어쩌면 전쟁이 끝난 뒤에 프랑스에서 일어난 것과 똑같은 일이 여기서도 일어나고 있는지 모르겠다는 생각이 문득 들었다. 1940년대 말 특히 1950년대에 프랑스 국민들은 출산과 가정용품에 어떤 것보다 열정적이었다. 이 나라에서 관찰되는 소비 욕구가 그 사실을 증명해주는 듯하다. 가정용품과 아이가 그동안 참고 견뎠던 고통의 추억을 누그러뜨려주는 것일까?

이번에는 주의 깊게 지도를 살펴보았다. 오토칵(Otočac)을 지나가게 되면 사흘 만에 118킬로미터를 걸어야 한다. 긴 거리지만, 내 몸 상태로 볼 때 전혀 불가능한 일은 아니었다. 다시 한 번 베네딕트와 작별했다. 그녀와는 사흘 뒤에 비하치에서 다시 만날 것이다.

8월 23일, 아침 6시에 길을 떠났다. 시원할 때 걸으면 비탈길을 잘 올라갈 수 있기 때문이다. 차들도 거의 다니지 않았다. 최근 며칠 동안 시달렸던 휘발유와 디젤유의 악취 대신, 이곳에서 흔히 볼 수 있는 야생 백리향이 감미로운 향기를 진하게 풍겼다. 센을 빠져나오자마자 좁은 계곡 속에 끼어 있는 탓에 최소 150미터 높이로 솟아 켜켜한 층을 이루고 있는 묘지를 따라 걸었다. 크로아티아인들은 죽은 사람들에게 인색하지 않다. 검은 화강암으로 이루어진 무덤을 장식한 기념물들은 웅장하다. 종교적 표상들도 다양하다. 많은 운전자들이 십자가가 달린 묵주를 백미러에 달고 다닌다.

어제 오후에 고도계를 해발에 맞추어놓았는데, 확인해보니 오전 9시 현재 310미터를 올라왔다. 잠시 쉬면서 비스킷과 바나나를 먹고 일어서자마자 지척에 식당이 보이기에 카푸치노를 한 잔 마셨다. 카페인 중독자가 되어가고 있는 것 같아서 커피를 좀 줄이기로 결심했지만 쉽지 않다.

여기가 어딘지 잘 짐작이 안 되는 곳에 페르디난트 1세를 기리는 거대한 샘이 나타났다. 지붕이 공 모양인 예배당이 그 옆에 붙어 있었다. 네 시간 동안 올라온 끝에 결국 11시에 고개에 도착했는데, 고도계도 되고 기압계도 되면서 크로노미터 겸 온도계 기능도 하는 나의 나침판에 700미터라고 표시되어 있었다. 구멍이 여기저기 뚫려 있는 걸로 보아 방위를 목적으로 세워진 게 틀림없는 작은 건물이 세월이 흐르면서 조금씩 무너져가고 있었다.

비탈길을 내려가면서 드디어 크로아티아의 속내를 보게 되었다. 사람들은 다시 집을 짓기 시작했다. 속이 빈 블록으로 지은 집들이 아직 완공되지 않은 상태로 널려 있었다. 그중 한두 채의 벽은 세우기 시작했다가 중간 높이에서 중단되었다. 40킬로미터를 걷고 가파른 비탈길을 끊임없이 기어오르느라 지칠 대로 지친 상태에서 오토칵에 도착하여 호텔 겸 식당에 방을 잡았다. 매력적인 수다쟁이 직원 두 명이 영어로 알려주기를, 소로가 있으니 다음 날 그 길로 여행할 수 있다는 것이었다. 다음 날 아침 작별 인사를 하자 그들은 카운터에서 나를 위해 준비한 큼지막한 샌드위치와 과일을 꺼냈다. 사례를 하려 했지만 단 1쿠나도 받으려고 하지 않았다.

도시를 빠져나오자 풍경이 음울하게 바뀌었다. 경작을 포기한 듯한 휴한지가 드넓게 펼쳐져 있었다. 자동차에서 잠을 자면서 알바니아에 간다는 젊은 독일 남성 두 명이 길가에서 차를 마시고 있다가 나를 보자 같이 한 잔 하자고 말을 건넸다.

갖고 있던 물이 11시밖에 안 됐는데 바닥을 보였다. 정원을 가꾸고 있는 한 남자에게 빈 물통을 보여주었다. 모든 슬라브족 남자들이 그렇듯 그도 거구였다. 알고 있는 크로아티아 단어를 죄다 동원해서 말했다. "도바르 단, 바도, 몰림 바스(안녕하세요. 죄송하지만 물 좀 얻을 수 있을까요)?" 그러고 나서 "흐발라(감사합니다)"라고 말할 준비를 했지만, 그 남자는 짜증스런 표정을 짓더니 더 가다가 다른 사람에게 물을 부탁해보라고 손짓하는 것이었다. 물 좀 얻어 마실 수 있냐고 부탁했다가 거절당한 것은 내 방랑 생활에서 두 번째다. 첫 번째는 피레네산맥의 농가에서다. 사실 이 농가는 FNRP(프랑스 하이킹 연맹)가 인증한 곳이었다. 하지만 숙소를 빌린 사람들만 물을 마실 수 있었다. 한 푼도 없었던 젊은 사람들은 심한 갈증에 시달리고 있었다. 수통에 물을 좀 채우도록 해달라는 부탁을 거절당한 이들이 힘들게 걷다 결국은 탈수 증상까지 보이는 바람에 구조하러 나서야 했다.

조금 더 걸어갔더니 한 나이 든 여성이 철문 뒤에서 잔디깎이로 몇 제곱미터쯤 되어 보이는 자기 집 마당의 잔디를 손질하고 있었다.

"도바르 단, 비도, 몰림 마스?"

그녀는 기계를 끄더니 철문을 열고 강철로 된 개수대에 달린 수도꼭지를 보여주었다. 내가 수통에 물을 가득 채우는 동안 그녀는 독일어와 영어, 크로아티아어를 뒤섞어가며 너무나 당연하게도 내가 어디서 왔고 어디로 가는지를 물었다.

"프랑스 사람인가요?"

이렇게 묻고 난 그녀가 환하게 웃으며 덧붙였다.

"커피 한 잔 드릴까요?"

"그래주시면 저야 감사하죠."

그녀는 집 안으로 사라졌다가 키는 작지만 다부진 체격의 표정이 밝은 남자와 함께 다시 나타났다. 남자는 내게 악수를 청하며 자기소개를 했다. 그의 이름은 니콜라. 아내가 커피를 준비하는 동안 그는 몸집이 큰 토끼들을 키우는 사육장을 보여주었

135

다. 어미 토끼는 몸무게가 5킬로그램이나 나갔다. 양 두 마리와 닭들도 키우고 있었다. 그의 아내 룸투리가 커피를 들고 나타나자 우리는 만남의 행복을 만끽하기 위해 나무 그늘에 편안히 자리 잡았다. 크로아티아 사람 니콜라는 일흔 살로, 전화 회사의 엔지니어였다가 지금은 은퇴했다. 아내 룸투리는 예순아홉 살이고 알바니아 사람이다. 교사 생활을 했던 그녀는 자녀 셋을 두었다. 아들들은 셴에서 일하고 있으며, 어린 아들을 둔 딸은 자그레브에 살고 있었다. 떠날 때가 되어 자리에서 일어나는데 두 사람이 뭔가 상의하더니 점심을 먹고 가라고 권유하는 것이었다. 나는 기꺼이 받아들였다. 물이나 커피 한 잔 대접하는 것은 자비로운 행위지만, 식사를 대접하는 건 전혀 다르다. 자기 집 문을 열어줄 뿐만 아니라 어느 정도의 내밀함도 함께 나누는 것이다. 이것은 서로의 감정을 더 깊이 나누려는 의지를 뜻한다. 음식을 함께 나누다 보면 식욕도 살아나고 마음도 열리기 때문이다.

룸투리가 부엌에서 식사 준비를 하는 동안 니콜라는 마당 한쪽에 만든 작은 공작실을 보여주었다. 그는 자기가 직접 만든 가마와 재활용한 세탁기 모터로 돌리는 꼬치 회전기를 보여주며 적이 자랑스러운 표정을 지었다. 웃음이 터져 나왔다. 나 역시 안 쓰는 세탁기 모터를 가져다 연장을 가는 회전식 연마기를 만들었던 것이다. 나는 자신의 사물들에게 애정을 기울여 그것들이 제2의 삶을 살도록 만드는 사람을 좋아한다.

식사 준비가 끝나자 이곳 관례에 따라 신발을 벗고 집 안으로 들어가려 했으나 니콜라가 괜찮다며 막았다. 우리는 아담한 응접실에 자리 잡았다. 그들이 텔레비전을 켰다. 그것은 나라는 사람을 존중한다는 것을 보여주는 한 가지 방법이었다. 그들은 영어가 그다지 유창하지 못했으므로 손짓 발짓을 동원해가며 여러 가지 질문을 던졌다. 그들은 몹시 즐거워했다. 어린애처럼 천진난만하게 웃는 룸투리에게서 온화함이 가득 풍겼다. 프랑스어 단어를 딱 세 개밖에 모르는 니콜라는 자랑스럽게 말했다. "자, 앉으세요." 그는 내가 혹시 유튜브에 나오는지 물었다. 나는 그게 무엇인지 아는 바가 없었다. 그러자 그가 컴퓨터를 켜더니 내 이름을 쳤다. 놀랍게도 인터뷰 영상으로 만든 듯한 동영상이 꽤 많이 있었고, 심지어는 내가 직접 찍은 다큐멘터리 관련 동영상도 있었다. 놀라운 일이었다. 그게 다 어떻게 인터넷에 올라갔을까?

룸투리는 닭고기와 소시지, 당근, 감자튀김, 오이, 케이크, 그리고 크로아티아 사람들의 식사에서 빼놓을 수 없는 뵈렉(börek)을 식탁에 올려놓았다. 나는 반죽 안에 치즈나 소시지를 집어넣어 구운 작은 삼각형 모양의 이 뵈렉이라는 음식이 무척 좋았다. 그런데 식기가 두 벌만 놓여 있는 게 아닌가? 룸투리에게 함께 식사하자고 권했으나, 그녀는 사양하며 좋아하는 터키 드라마를 본다며 소파에 자리 잡았다. 우리는 곧 다가올 가을, 그리고 이곳의 겨울에 대해 얘기를 나누었다. 11월부터 내리는 눈은 이 나라를 꽁꽁 묻어버린다. 그는 집과 부속 건물을 연결하는 길을 내는 데 사용하는 커다란 삽들과 집채만큼 쌓아놓은 장작을 내게 보여주었다. 나는 이 아름다운 만남에 무척 만족하고 그들의 환대와 너그러움, 고귀한 마음에 감동한 채 다시 길을 떠났다. 그들은 내가 크로아티아에 대해 간직하게 될 가장 아름다운 추억이 될 것이다. 작별 인사를 나눴다. 비록 내가 그들보다 여덟 살이 많기는 하지만 마치 나를 아들처럼 껴안았다. 나를 양자로 맞아들인 것 같았다.

플리트비체(Plitvice)는 해발 750미터에도 집이 있을 만큼 고도가 높은 마을이다. 위령탑에는 1944년에 '파시스트들의 잔혹행위'에 목숨을 잃은 133명의 이름이 새겨져 있다. 이 마을을 지나자마자 유네스코 세계문화유산으로 지정되었으며 겨울 휴양지가 있는 플리트비체 국립공원으로 들어갔다. 도로에서 벗어나 트럭보다는 곰을 만날 가능성이 더 높은 좁은 차도로 들어섰다. 급류가 기분 좋은 소리를 내며 구불구불 흘러갔다. 국도를 달리는 자동차 엔진의 앵앵거리는 소리보다 훨씬 더 듣기 좋았다. 드디어 마음껏 숨을 쉴 수 있었다. 길모퉁이를 돌아서자 멋진 예술작품이 나타났다. 삼림 감시원의 집이었다. 나는 손으로 만드는 걸 좋아하는 사람으로서 그 아름다운 집을 구석구석 살펴보았다. 내장재가 쐐기로 빈틈없이 짜 맞추어져 있었다. 밤나무를 톱으로 자르지 않고 껍질을 깐 다음 기와처럼 지붕에 얹어놓은(밤나무 지붕은 슬레이트 지붕만큼이나 효율적이다) 건물인데, 보아하니 못이 단 하나도 사용되지 않은 것 같았다.

플리트비체는 숲 속에 외따로 떨어져 있는 아주 작은 마을이다. 강을 따라 걸어가면서 세어보니 멀쩡한 집이 대여섯 채, 허물어진 집이 또 대여섯 채 양쪽에 늘어서 있었다. 오후 7시 반이 되었다. 최대한 빨리 보스니아 국경에 접근하기 위해 아침부터

줄곧 걸었다. 해가 뉘엿뉘엿 넘어가고 있었으므로 숲 속에서 길을 잃으면 낭패였다.

일가족이 집 앞에서 시원한 바람을 즐기고 있었다. 영어를 유창하게 구사하는 소냐라는 젊은 여성이 그녀의 부모가 하는 말을 통역해주었다. 앞으로 걷게 될 길에 관한 이야기였다. 호텔은 10킬로미터 떨어진 곳에 있는데, 지금은 만원일 거라고 했다. 그들은 옆에 있는 밭을 쓰게 해줄 테니 거기에 텐트를 치면 어떻겠느냐고 제안하면서 물론 "공짜로"라고 덧붙였다.

텐트를 치고 저녁 식사를 마친 다음 소냐와 이런저런 얘기를 나누다 마을에 버려진 집들에 대해 물어보았다. 이틀 전부터 어디를 가나 버려진 집들이 눈에 띄었던 것이나. 반쯤 부너진 집들도 몇 채 있었다. 소냐의 설명은 매우 역설적이었다. 집들이 이렇게 된 것은 군사적 대결이 아니라 오히려 두려움 때문이라고 했다. 유고군(대부분 세르비아인들로 구성된)과 크로아티아군 간의 군사적 긴장이 커져가면서 주민들은 두 진영의 지지자들로부터 떠나든지, 아니면 목숨을 내놓든지 둘 중 하나를 선택할 수밖에 없었다고 한다. 수많은 사람들이 집단으로 이주하면서 마을이 텅텅 비었고, 버려진 집들은 즉시 약탈되었다. 많은 사람들이 유럽과 미국으로 이주했다. 다시 돌아온 사람은 거의 없다. 집이 잘 보존되어 있으면 휴가를 보내러 오는 부부들도 드물게 있지만, 그들의 자식들은 과거도 조국도 미련 없이 잊어버렸다. 대학에서 환경 분야를 공부하는 소냐처럼 남은 사람들은 도시로 떠나거나 이미 외국에 정착한 가족들에게 가는 수밖에 없다. 이 나라는 엄청난 실업률에 시달리고 있기 때문이다.

해가 뜨자 플리트비체의 빈집들, 밤새도록 나를 달래주었던 작은 급류와 작별했다. 숲을 가로지르면서 나는 숲에 매료되었다. 숲은 마치 30미터가 넘는 키 큰 너도밤나무들의 대성당처럼 보였다. 이 숲은 크로아티아를 탄생시킨 전쟁이 끝난 뒤부터는, 즉 23년 전부터는 더 이상 개발되지 않은 게 분명하다. 여기저기 돌길로 변한 길이 짧게 구불거리며 오르막을 이루고 있었다. 키 큰 너도밤나무 잎사귀 사이로 떨어지는 부드러운 아침 햇살을 받으며 걷노라니 텐트 윗부분은 아침 이슬에, 아랫부분은 결빙으로 젖어 지난밤 몹시 추웠다는 사실도 어느새 잊었다. 쫄쫄 굶은 상태로 20킬로미터를 걷고 나니 마침내 식당이 나타났다. 식사를 하려 했지만 이럴 수가! 커피밖에 안 판다고 했다.

국경에서 요기를 할 수 있지 않을까 하는 기대는 다시 한 번 무참히 깨졌다. 국경 초소는 삼밧줄로 고정시킨 매우 아름답고 우아한 철제 구조물이었다. 둥글고 거대한 지붕 아래 두 개의 시설물이 있었다. 하나는 크로아티아 소속이고 또 하나는 보스니아 소속이었으며, 두 시설물은 20여 미터 떨어져 있었다. 세관원은 고속도로 톨게이트에서 흔히 볼 수 있는 옹색한 유리창이 달린 작은 사무실에서 근무하고 있었다. 크로아티아의 세관원은 환하게 웃고 있는 매력적인 여성이었고, 보스니아의 세관원은 곰처럼 덩치가 크고 매우 친절한 남성이었다. 그는 뭐라고 중얼거리면서 내 여권에 확인 도장을 찍어주더니 내가 영어로 인사하자 못 들은 척했다. 그렇게 하면 내 인사에 대답하지 않아도 되기 때문이었다.

　나는 최악의 잔혹 행위와 끔찍한 '인종 청소'가 벌어진 발칸 국가 보스니아 헤르체고비나에 입국하였다.

Ⅱ. 베로나 — 이스탄불

6. 지뢰를 조심하세요

보스니아 헤르체고비나. 인구는 380만 명이며 이슬람교도가 46퍼센트, 세르비아 정교 교도가 31퍼센트, 로마가톨릭교도는 15퍼센트이다. 1995년 데이턴 협정으로 독립했다. 유럽연합에 가입되어 있지 않은 비유로존. 화폐단위는 태환(兌換) 가능한 마르카, 수도는 사라예보다.

국경을 지나고 5킬로미터쯤 걸었을까, 이슬람교 사원 첨탑과 식당 간판이 눈에 들어왔다. 바늘처럼 가느다란 사원의 첨탑에는 승려가 굳이 맨 꼭대기까지 올라가지 않고도 하루에 다섯 번씩 기도하라고 알릴 수 있는 스피커가 달려 있었다. 배가 부르자 식곤증이 느닷없이 몰려왔다. 휴식도 취하고, 이슬에 젖은 상태로 아침부터 배낭 속에 처박혀 있는 캠핑 장비도 말려야 했다. 경사가 심한 비탈에 텐트와 침낭을 널어놓은 다음 잠을 좀 자려 했지만, 잔뜩 긴장하고 너무 피곤해서인지 잠이 영 오지 않았다.

무슨 일이 있어도 해가 저물기 전에 도착해야겠다는 각오로 다시 출발하여 한 시간에 6킬로미터 넘게 걸었다. 호기심 많고 호의적인 사람들이 서너 차례 어디에서 오고 어디로 가는지 물어서 잠시 걸음을 멈추었을 뿐이다. 하루 만에 고개를 세 개나 넘으며 열한 시간 동안 40여 킬로미터를 걸어 지칠 대로 지친 상태에서 비하치에 도착했을 때, 나는 가끔 내 나이가 일흔여섯 살이라는 사실을 상기하는 게 좋겠다고 생각했다. 베네딕트와 만나기로 한 비하치 다리로 걸어가고 있는데, 마주 보이는 인도에서 그녀의 목소리가 들려왔다. 나를 맞으러 오는 길이었다. 우리는 뛸 듯이 기뻐하며 열정적으로 포옹했다. 포옹이 끝나자마자 그녀는 혹시 걷다가 건염이 재발하더라도 꼭 다시 떠나고 싶다고 말했다. 아무것도 안 하고 가만 있는 건 견딜 수 없다는 것이었다. 그렇지만 내가 배터리를 충전해야 하는 데다 왼쪽 허벅지의 고질적인 통증이 재발하는 바람에 한참 스트레칭을 하느라 그녀는 스물네 시간을 더 기다려야 했다.

베네딕트가 매우 친절한 할머니의 집에 방을 빌려놓았다. 집주인은 내가 도착하자마자 커피와 튀김 요리를 내왔다. 그리고 그 다음 날도 커피와 튀김 요리를 내왔다. 하지만 우리가 출발할 때 그녀는 '이것저것 추가 서비스'에 대한 청구서를 내밀었다. 하도 어이가 없어서 피식 웃고 말았다. 세상에 공짜는 없는 법이다. 특히 돈이 좀 있어 보이는 유럽 사람들에게는.

밤에는 2014년도 비하치 페스티벌의 일환인 콘서트가 열렸다. 지역색이 짙게 풍기는 콘서트였다. 사전 행사에 지역의 유력 인사들이 등장하여 한 시간 동안 장광설을 늘어놓았다. 물론 우리는 한마디도 알아들을 수 없었다. 무대 앞에 죽 늘어서 있는 일곱 대의 아코디언 소리가 분위기를 압도하는 바람에 뒤에 자리한 현악기 소리는 아예 들리지도 않았다. 대여섯 명의 가수가 순서를 이어갔다. 모든 가수들은 중년에 접어들었고 두 사람은 노인에 가까웠다. 관객들도 다 나이가 많아서 나도 그들 사이에서는 젊어 보일 정도였다. 젊은 사람들은 눈에 띄지 않았다. 젊은 사람들은 비로소 숙소로 돌아가는 길에서야 볼 수 있었다.

시민들의 60퍼센트가 이슬람교도인 비하치는 역사적으로 온갖 시련에 맞서왔다. 오스트리아와 헝가리는 이 도시를 굴복시키려 무려 한 달 동안이나 포위하고 공격했다. 1939년부터 1945년까지 벌어진 전쟁 때도 '비하치 공화국'은 한 차례 더 독일과 이탈리아 점령군에게 저항했다. 인종 청소가 이루어지는 동안 거의 20만 명의 이슬람교도들이 비하치로 몸을 피하고 세르비아인들의 공격을 잘 버텨냈다. 크로아티아 원군이 세르비아에 대한 반격을 시작하면서 그들은 포위 공격에서 벗어날 수 있었다. 우리는 이슬람 사원의 숫자로 보아 이곳에 이슬람교도들이 꽤 많이 산다는 사실을 알고 상당히 놀랐다.

하지만 길거리에서 어떻게 다른 시민들과 이슬람교도들을 구분할 수 있을까? 세르비아나 크로아티아, 혹은 보스니아의 저격수는 도대체 누가 이슬람교도인 줄 알고 총을 겨누고 방아쇠를 당길 수 있었을까? 어떻게 이웃은 서로를 죽일 수 있었을까? 그들의 조상은 같은 사람이고, 둘 중 한쪽이 그냥 개종을 했을 뿐인데 말이다. 개종은 점령군이 기독교를 믿느냐 이슬람교를 믿느냐에 따라 양방향으로 이루어졌으며, 새로운 정복자가 자신의 종교를 강요하면 또 종교를 바꾸어야만 했다.

8월 28일, 다시 함께 걷기 시작했다. 전날 우리는 부정확한 지도를 들여다보며 처음에 계획했던 비하치에서 보산스키 페트로박(Bosanski Petrovac)까지의 코스를 둘로 나누고 18킬로미터 떨어진 리파(Lipa)라는 아주 작은 마을에서 자기로 했다. 나는 너무 빨리 걷는 경향이 있기 때문에 베네딕트에게 내 앞에서 걷되 만일 무릎에 통증이 오면 속도를 줄이든지, 아니면 걷는 걸 멈추라고 당부했다.

어디를 가나 죽음의 신이 도사리고 있었다. 어느 마을엔 총탄투성이인 집 근처에 작은 위령탑이 서 있었다. 1992년 열두 명 사망, 1993년 세 명 사망, 1994년 두 명 사망. 이름을 보니 모두가 이슬람교도들이었다. 1996년에는 다섯 명이 죽었는데, 그중 세 명이 여성이었다. 평화를 강요하는 데이턴 협정이 체결된 것이 1995년 12월이었는데…….

출발하고 10킬로미터쯤 갔을 때, 우리는 지도에서 리파까지 가로질러 갈 수 있는 소로를 발견하고 가벼운 마음으로 그 길로 들어섰다. 주변에 집 한 채 없는 좁은 아스팔트 길이었다. 그럭저럭 걸을 만했다. 우리가 본의 아니게 떨어져 있을 때 있었던 일에 대해 얘기하며 즐거운 기분으로 걸었다. 오직 트럭 두 대만 우리가 갓길로 비켜서도록 만들었다.

4~5킬로미터쯤 갔을까. 고약한 냄새가 코를 찔렀다. 그것은 철조망이 둘러쳐진 거대한 노천 쓰레기 하치장이었다. 개들이 십여 마리씩 떼를 지어 쓰레기 더미를 뒤적이며 배회하고 있었다. 강아지들이 쓰다듬어주거나 먹을 걸 던져주기를 바라며 우리를 향해 쏜살같이 달려왔다. 우리는 깨끗한 공기를 들이마

시고자 걸음을 서둘렀다. 돌투성이 길이 잡초가 무성한 길로 바뀌더니 이윽고 두 갈래로 나뉘었다. 하나는 북쪽으로 향했고 또 하나는 동쪽으로 향했다. 동쪽으로 이어지는 오솔길로 접어들었다. 지도에 따르면 그 길은 목적지인 리파로 가는 도로로 데려다줄 것이다.

300~400미터쯤 갔을까. 온갖 들풀이 너무 무성하게 우거져 있어 더 이상 나아갈 수가 없었다. 나는 문득 두려움에 사로잡혔다. 보스니아 전역에는 지뢰를 설치해놓은 지역이 수백 헥타르에 달한다. 우리는 지뢰 지대의 위치를 알려주는 경고문을 이미 본 적이 있다. 이 죽음의 도구가 전선에 수도 없이 뿌려졌다. 지도상에 도로가 있는데 실제로 가보면 없는 경우는 지뢰가 부설되어 있기 때문일 것이다. 나는 위험한 짓을 한 것이다. 지역 주민이 괜찮다고 할 경우를 제외하고는 절대 도로를 벗어나면 안 된다고 신신당부하는 가이드북을 분명히 읽었다.

우리는 숲 속에 있었고, 우리에게 정보를 제공해줄 수 있는 사람은 아무도 없었다. 베네딕트를 향해 돌아선 나는 애써 두려움을 감추며 내 뒤에서 멀리, 최소한 20미터 이상 떨어져 걸으라고 말했다. 그녀는 그때 내 목소리가 평소답지 않았다고 나중에 말했다. 그녀는 내가 무슨 말을 하는지 정확히 이해하지는 못한 듯했지만, 어쨌든 내가 시키는 대로 했다. 앞으로 걸어가면 갈수록 불안감은 더 커져갔다. 언제 대인지뢰가 터져서 내 몸을 갈기갈기 찢어놓을지도 모른다고 생각하며 한 걸음 한 걸음 옮겼다. 어리석게도, 오던 길을 다시 돌아갈 수는 없다는 고집에 그렇게 계속 걸은 것이다. 우리를 도로로 데려다주는 길이 나타나야 할 텐데 생각하면서. 결국은 무성하게 자란 식물들이 나를 대신하여 결정을 내렸다. 길이 완전히 사라져버려서 지표로 삼을 만한 어떤 단초도 찾을 수 없었다. 낯을 들 수 없을 정도로 창피했지만, 오던 길을 다시 걸어가 넓은 도로로 돌아가야만 했다. 두렵기도 했지만 또 한편으로는 화도 나서 걸음을 멈추었다. 그리고 베네딕트 쪽으로 돌아섰다.

"분기점으로 돌아가야겠어. 지도에는 분명히 도로가 표시되어 있는데 실제로는 막다른 길이야."

"이 샛길은 길이가 얼마나 돼요?"

"4~5킬로미터쯤 되는 것 같아. 그래서 10킬로미터 이상 더 걸어야 될 것 같아."

그리하여 우리는 18킬로미터가 아닌 28킬로미터를 걸어야 했다. 그나마 짧은 코스라서 다행이었다. 누가 그런 돌발 상황을 예측할 수 있었겠는가. 지도는 정확했고, 도로는 종이 위에 잘 그려져 있었는데 말이다.

나중에 베네딕트가 물었다.

"그런데 그때 왜 멀찌감치 떨어져서 걸어오라고 한 거예요? 평소에는 안 그랬잖아요. 차들이 많이 다니는 도로에서 말고는……."

"지뢰가 매설되어 있을지도 모른다는 생각이 들어서……. 우리 두 사람 다 외다리가 될 필요는 없잖아?"

"뭐라고요? 아니, 그럼 당신 혼자 죽으려고 했던 거예요? 하

지만 죽어도 같이 죽고 살아도 같이 살자고 약속했잖아요. 당신,
그 약속 잊어버리면 안 돼요."

사실 나는 그 약속을 잊고 있었다. 이제 다신 잊지 않을 거다.

아무도 살지 않는 두보브스코(Dubovsko)에서는 혹시라도
짓다 만 집의 현관 지붕에 수상쩍은 폭탄이 숨겨져 있지는 않은
지 꼼꼼하게 확인한 다음 그 아래에 텐트를 쳤다. 버려진 집에
지뢰가 매설되어 있는 경우가 많으므로 집 안으로는 얼씬도 하
지 않았다. 희미한 전깃불 하나 없는 높다란 곳에 어둠이 내리자
하늘은 별들이 반짝이는 환상의 세계로 변했다.

브르토체(Vrtoče)는 인위적으로 조성해놓은 전통 마을이었
다. 사람들은 이곳에 대해 자랑을 늘어놓으며 제법 규모도 있고
서비스도 좋으므로 분명히 숙소를 찾을 수 있을 거라고 자신 있
게 말했다. 넓은 공간에 나무가 우거져 있고 그 안에 작은 빌라
들이 흩어져 있었다. 한가운데에는 전통 가옥이 있었다. 1층은
절단석을 쌓아 지었고, 2층에는 벽 하나에 여섯 개씩 모두 스물
네 개의 창문을 통해 빛이 들어오는 직사각형의 큰 방이 하나 있
었다. 그것은 내가 아시아, 특히 터키 중부에서 자주 보았던 석
조 텐트의 콘셉트로 지어졌다. 그런데 유감스럽게도 빈방이 없
었다. 나는 영어를 능숙하게 구사하는 종업원 에르미나와 가벼
운 대화를 나누면서 우리가 더 이상 걸을 수 없다는 사실을 이해
시키려고 했다. 두 사람 모두 고질적인 부상이 도져서 컨디션이
바닥인 상태로 이곳에 도착했다고 말이다. 해결책을 찾아보겠다

고 약속한 에르미나는 30분 후 한 청년을 데리고 나타났다. 주인 아들인 다비드였다.

그의 부모는 거기서 조금 떨어진 나무 밑에 작고 멋진 오두막집을 지어 그에게 물려주었다. 미국 서부의 개척자들이 집을 지으려고 하는데 가진 연장이 도끼밖에 없을 때 그랬던 것처럼 장부[목재와 돌, 철물 등의 두 부재를 접합할 때 한쪽의 부재에 만들어낸 돌기]와 장붓구멍을 이용하여 조립한 건물이었다. 다비드는 에르미나와 얘기를 나누더니 10유로를 받고 자신의 집을 빌려주었다. 우리는 가로 4미터, 세로 3미터의 오두막집에 짐을 풀었다. 그런 다음 석쇠에 구운 고기로 차려진 육류 위주의 식사를 했다. 보스니아는 이슬람교도들이 주로 사는 지역이냐, 아니면 기독교도들이 주로 사는 지역이냐에 따라 양고기나 돼지고기를 굽는 거대한 바비큐장이라고 말할 수 있다. 야채는 거의 안 먹고, 수프는 거들떠도 안 본다. 걷는 사람들에게 썩 맞는 음식은 아니지만, 그냥 참고 먹을 수밖에 없다.

우리가 식탁에 앉아 있는데 한 남자가 다가오더니 물었다. "프랑스 분들인가요?" 주킥은 프랑스어를 강한 억양으로 능숙하게 구사했다. 그는 반가워하며 자신이 살아온 얘기를 털어놓았다. 젊어서 그는 낭트로 일을 하러 갔다. 거기서 아주 잘 동화되었고, 회사에서 인기도 좋았다. 프랑스 여인과 결혼해서 딸을 두명 두었고, 이따금씩 그들을 만나러 가곤 한다. 은퇴 후 고향 마을로 돌아온 그는 금세 한 가지 사실을 확인했다. 프랑스에 계속 살았더라면 쥐꼬리만 한 연금으로 힘들게 살겠지만, 여기서는 큰 환율 차이 덕분에 풍족하게 살 수 있다는 것이었다. 그는 프랑스 아내와 이혼하고 지금은 보스니아 여인과 살고 있다.

다시 출발한 우리는 다리를 질질 끌며 느릿느릿 걸었다. 아름다운 풍경이 펼쳐졌다. 드넓은 숲, 둥근 언덕. 노랗게 변해가는 나뭇잎들이 가을을 예고하고 있었다.

앞서 걷던 베네딕트가 문득 걸음을 멈추더니 돌아서서 걱정 반 기대 반의 표정으로 물었다. "우리가 이스탄불까지 갈 수 있을 거라고 믿어요?" 뭐라고 대답해야 하나. 혼자 걸을 때는 이런 질문을 단 한 번도 나 자신에게 던져본 적이 없다. 고비사막을 통과하다가 쇠이유 협회에서 날아온 안 좋은 소식을 듣고 걷는 걸 중단하기로 결정한 그날을 제외하고는……. 나는 아침이 되면 힘이 다시 솟아나 계속 걸었다. 하지만 오늘은? 둘이서 걸으면 그만둘 위험도 두 배가 된다는 것은 분명한 사실이다. 그래서 베네딕트는 머나먼 길을 빨리 걷는 나에게 자신이 족쇄가 되지 않을까 두려워 걱정하고 있는 것이다. 그러나 그건 잘못된 생각이다. 그녀가 또다시 걷는 걸 중단해야 한다면 나 역시 그만두기로 결심했다. 꼭 끝까지 걸어야만 한다고 생각하진 않는다. 사랑하는 남자와의 여행을 꿈꾸고, 떠나고 싶은 욕구를 내게 불러일으킨 것은 바로 그녀다. 그녀가 아니었더라면 나는 이번 도보여행에 결코 나서지 못했으리라.

비록 베네딕트를 너무나 사랑하고, 그녀가 행복해하는 걸 보면 나도 행복해지지만, 둘이서 걷는 건 본디 내 취향이 아니다. 그녀가 걷는 걸 중단했던 일주일 동안 혼자 걸으면서 정말 좋았었다는 말을 나중에서야 그녀에게 했다. 지금으로부터 15년 전 나를 산티아고 데 콤포스텔라와 시안으로 데려갔던 감각과 즐거움이 되살아났었다. 그때 나는 혼자서 하는 여행이 만남(예를 들면 니콜라와 룸투리를 알게 된 것 같은)의 가능성을 높인다는 사실을 다시 한 번 확인했다. 영혼들이 서로를 어루만지고, 우정(우정은 일시적이지만, 어쩌면 일시적이기 때문에 여행에 동력을 불어넣는 연료가 될 수 있다)이 샘솟는 이 순간이 좋다. 리옹에서부터 나는 남녀가 함께 걸을 경우 지역 주민들과의 만남이 거의 불가능하다는 사실을 알았다. 그러나 그렇게 된 데는 우리 책임도 있다. 통과하는 나라들의 언어를 배우는 데 시간을 할애했어야 하는데, 그렇게 하지 못했던 것이다. 베네딕트가 "그 거리는 밤에 시끄러운가요?"라든가 "주유소가 어디쯤 있죠?"처럼 여행 가이드북에 등장하는 기초적인 표현을 활용하여 의사소통을 이어갔다. 나이가 들면서 기억력이 떨어진 나는 영어나 프랑스어, 그리고 여기 사람들은 거의 안 쓰는 스페인어를 할 줄 아는 사람들하고만 얘기를 나눌 수 있었다.

그러나 베네딕트만 자신의 건강을 걱정하는 건 아니었다. 과연 나는 내 몸을 이끌고 끝까지 힘을 낼 수 있을 것인가? 우리가 리옹에서 출발했을 때부터 나는 60대 이후 내 체력이 눈에 띄게 떨어졌다는 사실을 느낄 수 있었다. 원기를 회복하는 시간이 훨씬 더 길어졌고, 왼쪽 허벅지의 통증이 옛날에는 며칠 지나면 사라졌는데 이제는 도대체 완화될 기미가 보이지 않는다. 베네딕트와 합류하려고 하루에 35~40킬로미터까지 걸을 때는 정말

힘에 부쳤다. 예전에 아시아에 갔을 때는 하루에 최소한 그 정도
는 걸었는데 말이다. 하루 일정이 끝나갈 무렵이면 텐트보다는
침대를 꿈꾼다. 이제 몸이 녹슬고 부르주아화된 것이다.

우리는 과연 끝까지 갈 수 있을 것인가? 아직은 알 수 없다.

7. 증오 이후

　서유럽은 전쟁과 종교적 폭력, 빈곤을 겪은 이 발칸 사람들에게 번영과 행복을 가져다줄 수 있을까? 이 같은 의문은 한 달을 걷고 나서도 여전히 머릿속에서 사라지지 않았다. 물론 유럽연합과 카리타스[가톨릭교회의 국제개발협력기구] 같은 국제기구들의 지원을 받아 집을 짓고 있다는 게시판이 여기저기 서 있다. 하지만 영혼은 어떻게 위로할 것인가? 정치적 의지는 이떻게 발휘할 것인가?

　유럽연합은 이곳에서 벌어진 참혹한 전쟁을 중단하기 위해 적극적으로 나섰어야 하는데도 그러지 못했다. 우리가 걸어가는 길 어디든 양쪽에 희생자인 기독교도들의 무덤과 이슬람교도들의 무덤이 널려 있었다. 유럽연합은 이 가증스러운 인종 청소에 맞서기 위해 도대체 무엇을 했단 말인가? 평화를 강요하기 위해서 미국의 결단과 데이턴 협정, 그리고 북대서양조약기구의 군사력이 무엇보다 필요했다. 유럽은 기껏해야 부차적인 역할만 했을 뿐이다. 유럽의 통합이 단지 상업적이고 자유주의적이며 다분히 통화적인 것에 불과하다면, 갈등을 억제하고 증오를 진정시키는 건 앞으로도 영원히 불가능하리라는 사실을 발칸에 와보면 목도한다. 돈이 사람들을 결속시킨 적은 단 한 번도 없었다. 오히려 그것은 대부분 불화를 일으킬 뿐이다. 오직 진정한 정치적 통합과 교육으로 해결해야 한다.

유럽연합에 가입한 이후 이 권역 내에서는, 자유로이 왕래할 수 있게 되었다. 하지만 일체의 야만적 행위가 근절되기 위해서는 어느 한 나라가 유럽연합에 들어가는 걸로는 충분하지 않다. 언어와 문화, 종교, 풍습은 아직도 걸림돌로 작용한다. 증오심도 여전히 사라지지 않았다. 특히 크로아티아군과 세르비아군이 자기들끼리 싸우기보다는 비무장 민간인들을 죽이는 데 혈안이 되었다는 것은 이제 누구나 아는 사실이다. 사과한다고 해서 몸과 마음에 난 상처가 단번에 사라지는 것은 아니다.

8월 31일. 우리가 걸은 길은 지도상에 35킬로미터라고 표지됐지만 실제로는 41킬로미터나 되었다. 스릅스카 공화국과의 국경으로 이어지는 계곡이 내려다보이는 풀밭에서 점심을 먹고 낮잠을 잤더니 기운을 회복했다. 걷다 보니 밭에서 농부들이 낫으로 풀을 베어 쌓아 올린 다음 가늘고 긴 막대를 가운데에 박아 넣어 고정하고 있었다.

클루이(Cluj)에서는 낭트에서 살았던 보스니아 사람 주킥이 우리에게 추천해준 '붉은 사과 호텔'을 찾아보았다. 호텔은 없었다. 아니면, 더 이상 존재하지 않는지도 모른다. 길을 헤매고 있는데 거나하게 취한 남자가 비틀거리며 다가왔다. 우리는 독일어와 세르비아어, 크로아티아어를 뒤죽박죽 섞어가며 즐겁게 그와 의사소통을 하는 데 성공했다. 그가 제안했다. "나랑 같이 갑시다." 그는 취해서 비틀거렸고, 베네딕트와 나는 피곤에 절어 있었다. 그렇지만 우리 일행은 격의 없이 어깨를 흔들며 버스 터미널로 향했다. 그는 우리를 매력적인 안내원에게 소개해주었고, 그녀는 우리에게 작은 아파트를 빌려주었다. 이 여성은 천진난만하게 연신 미소를 지었다. 이 나라의 많은 부모들은 자식들이 참혹한 내전의 피해를 입지 않도록 스위스로 보냈다. 이 비극적인 시대에 여러 유럽 국가들이 발칸 난민들을 받아들였다. 이 안내원 역시 어렸을 때 스위스로 보내져 독일어를 배웠기 때문에 독일어가 능숙했다.

여전히 좋지 않은 베네딕트의 무릎 상태를 고려하여 다음 날 여정은 함께 버스를 타고 가기로 결정했다. 이번에도 나 혼자만 걸을 수는 없었다. 그날 아침, 버스 터미널에 인접한 광장에 많은 청소년들이 모여 있었다. 개학을 한 것이다. 맑은 초록색이나 파란색 눈을 가진 여학생들은 아름다웠고, 남학생들은 대부분 유행하는 스타일로 머리를 깎았다. 옆쪽은 싹 밀고, 위쪽에만 무성하게 머리를 남겨놓은 것이다. 도대체 어떻게 이슬람교도 보스니아인과 기독교도 보스니아인을 구분할 수 있을까 하는 의문이 또다시 꼬리를 물었다. 이 아이들을 구분 지을 수 있는 종교적 특징은 단 한 가지도 없다. 게다가 개성을 깔아뭉개는 헤어스타일 때문에 모두 흡사해 보인다. 거대한 이슬람교도 묘지만이 이곳에 알라신을 믿는 신자들이 많다는 사실을 확인시켜줄 뿐이다.

버스를 타고 가기로 한 결정은 옳았다. 장대비가 이어졌고, 베네딕트의 무릎 통증은 계속되었던 것이다. 버스가 클루이를 떠나자마자 장대비가 억수로 내리면서 이윽고 사방이 어두컴컴해졌다. 도로는 해발 800미터 이상 올라갔다. 우리가 버스를 타지 않았더라면 최소 세 시간은 얼음처럼 차가운 비를 맞으며 힘들게 진창길을 걸었을 것이다.

야이체(Jajce)의 '코드 아시마' 식당은 나무로 멋지게 실내를 장식해놓은 전통 가옥에 자리 잡고 있었다. 음식에 관한 한 모험이라는 걸 해볼 생각이 전혀 없는 나는 굴라시[헝가리식 쇠고기 스튜]를 주문했고, 베네딕트는 미식가의 손으로 메뉴판에서 한 번도 먹어본 적이 없는 요리를 가리켰다. 바잔키 로낙(bajanki lonak)은 고기와 야채를 푹 삶아서 도자기로 만든 접시에 내오는 맛있는 음식이었다. 우리는 꿀이 듬뿍 들어간 페르시아 과자를 마지막으로 식사를 끝냈다.

식당 밖으로 나가니 비는 여전히 내렸다. 비를 맞으며 얼음장 같은 곳에서 야영하는 대신 마을을 가로질러 흐르는 플리바 강가의 유스호스텔에서 따뜻하게 잠을 잤다. 조금 더 밑으로 내려가면 이 강은 시내 한가운데서 높이 30미터의 웅장한 폭포로 떨어진다. 그 다음 날도 비는 그치지 않았다. 우리는 장대비를 맞으며 45킬로미터를 걸어가기보다는 버스를 타고 트라브니크까지 가기로 결정했다. 중간에 숙소가 없으면 텐트에서라도 견염을 치료할 수 있을 거라고 베네딕트를 위로했지만 사실 나 자신도 그 말을 곧이곧대로 믿지는 않았다.

우리는 일상의 걱정거리를 모두 잊고 행복감을 만끽했다. 어느 식당이건 텔레비전이 있었지만 프랑스의 8월 날씨가 여기만큼이나 습하다는 뉴스를 제외하고는 한마디도 알아들을 수 없었다. 놀랍게도 와이파이가 어디든 설치되어 있고 게다가 무료였으니 휴대전화로 세계정세를 알아볼 수 있었다. 프랑스에서는 내각이 개편되었고, 스코틀랜드에서는 국민투표를 준비하고 있었다. 오, 이런! 이라크와 시리아에서 또 전쟁이 터졌다. 우리는 2010년에 이 경이로운 나라의 동부를 걷는 행운을 누렸다. 라마단을 지내던 주민들이 지극정성으로 친절하게 대해주던 기억이 아직도 머릿속에 남아 있는데, 참혹한 전투가 벌어지고 있다는 소식이 들려오다니! 한 가지 의문이 뇌리를 맴돌며 불안감이 엄습했다. 우리가 만났던 사람들은 과연 어떻게 되었을까?

야이체와 트라브니크는 오스만제국이 침략하기 전끼지만 해도 큰 도시였다. 그러다 오스트리아-헝가리인들이 이 지역을 점령했다. 물론 각 나라 군대는 자기네 종교를 끊임없이 강요했다. 제1차 세계대전이 끝나고 트라브니크는 원래의 모습을 되찾았으나, 도시가 커지면서 제2차 세계대전 때는 그만큼 많은 사람들이 죽었다. 나치에 대한 투쟁을 이끌었던 티토는 1943년에 이 도시에 잠시 머물렀다. 유고가 분열되었을 때 이 도시에는 보스니아-크로아티아인만큼 많은 이슬람교도들이 살았고, 오히려 보스니아-세르비아인들은 소수였다.

인종 전쟁은 계속되었다. 총탄 자국이 여기저기 나 있는 집들이 이를 증명해준다. 이슬람교 사원의 그림자 속에 서 있는 도시 한가운데의 위령탑에는 1992년과 1993년에 죽은 기독교도들의 이름이 200명 이상 새겨져 있다. 전쟁이 끝나자 보스니아-세르비아인들은 이 도시를 떠났다. 오직 죽은 자들만 남았다. 여기서 우리는 이슬람교도 묘지 두 개와 기독교도 묘지 한 개를 보았다.

만일 2008년에 루아르 강에서 표류하던 내가 온몸을 바들바들 떨며 카누에서 내리다가 베네딕트를 만나지 않았더라면 9월 3일은 여느 날이나 다름없는 날이었을 것이다. 다른 많은 사람들처럼 그녀도 나를 재워주겠다고 제안했다. 그 뒤로 채 1년이 안 되어 그녀는 노르망디로 올라와 내 집에서 나와 삶을 함께하기 시작했다. 6년 전부터 우리는 차분하면서도 열렬하게 사랑을 나누었다. 그 어떤 그림자도 없었다. 우리 사이는 꼭 이 여행과도 같다. 규칙적인 속도를 유지하며 단호하게 걸어나가는 것이다. 베네딕트와의 삶은 곧 충만함 속에 몸을 담그고 지내는 것이다. 처음 만났을 때부터 우리는 상대가 자신을 인정하게 하려고 애쓰는 대신 자신의 영혼을 가식 없이 있는 그대로 내보였다. 이 온화하고 다재다능한 여성은 매일같이 내게 놀라움을 안겨주었다. 여러 가지 감정을 표현하다 보니 일찍부터 주름이 생긴 그녀의 얼굴과 민첩한 노동자 같은 손, 그녀가 일을 할 때 발산하는 에너지가 좋다. 그녀의 자리는 내 옆에 있고, 내 자리는 당연히 그녀 옆에 있다. 그리고 우리는 아름다운 조화를 이루며 언제나 같은 보폭으로 걷는다.

트라브니크에서 스웨터를 샀다. 작년 8월에 장만한 얇고 가벼운 텐트를 치고 야영을 해야 하기 때문이다. 길을 가던 도중에 장비를 바꿀 수는 없는 노릇이다. 차가운 습기가 살을 파고드는 듯했다. 보스니아 북부에 엄청난 홍수가 나서 도로가 파헤쳐지고 산사태가 일어났다. 다시 길을 나서면서 날씨가 나빠질까 걱정했지만, 어려움은 다른 데서 나타났다. 사라예보는 물론이고 가장 큰 공업 도시인 제니카로도 이어지는 도로라 그런지 엄청나게 많은 자동차들이 다녔던 것이다. 인도는 좁았다. 앞뒤를 연신 살펴야 했고, 두 대의 트럭이 서로 엇갈릴 때는 걷는 걸 멈추고 옆으로 비켜서야 했다. 오늘 걸어야 할 거리는 25킬로미터였다. 베네딕트의 무릎이 견뎌낼 수 있을까? 20킬로미터쯤 걸었을 때 베네딕트의 통증이 시작되었다. 그러나 그녀는 견뎌낼 것이다.

우리는 부소바차(Busovača)라는 큰 마을에서 숙소를 찾을 수 있을 거라는 얘기를 듣고 왔다. 성말 어마어마한 규모의 숙소가 있었다. 공산주의 체제가 유독 좋아했을 법한 '티사' 호텔은 내가 중앙아시아에서 보았던 거대한 별장들과 비슷했다. 지방의 독재자들은 과시욕에 사로잡혀 호텔을 필요 이상으로 크게 지었다. 이곳에는 75개의 객실과 650명을 수용할 수 있는 식당이 있다. 그런데 우리가 유일한 손님이었다. 우리같이 하찮은 사람들을 위해 어마어마한 요리를 만들 필요는 없다고 판단한 듯했다. 시내의 한 식당에서 수프 한 그릇으로 요기를 하고 나니 컨디션이 나아졌다. 티사로 돌아가고 있는데 귀에 심한 통증이 찾아왔다. 영어를 능숙하게 하는 약사가 약국 문을 닫으려다 말고 내게 액상 주입기와 항생제, 진통제를 처방해주었다. 약사는 환자와 의사의 관계에 대해 얘기하면서 이렇게 말했다. "오직 당신 말에만 귀 기울이라."

호텔 욕실의 수도꼭지에서 거무튀튀한 물이 쏟아졌기에 샤워는 꿈도 못 꿨다. 아마도 홍수 때문인 듯했다.

우리가 갖고 있는 지도에는 사라예보까지 60킬로미터 남은 것으로 나와 있었다. 그런데 이 정보를 마냥 믿을 수 없는 게, 도로 표지판에는 사라예보까지 93킬로미터 남아 있다고 표시되어 있었던 것이다. 지도와 도로 표지판 중 어느 쪽을 믿어야 할까?

늘 그랬듯이 도로 주변에는 사망일이 표기된 무덤들이 즐비하게 늘어서 있었다. 처음에는 제2차 세계대전 때 죽은 사람들의 무덤이 나타나더니 이어서 1990년대에 일어난 인종 전쟁 때 죽은 사람들의 무덤들이 나타났다. 그러나 이제 보이는 건 도로에서 교통사고로 죽은 사람들의 무덤들이다. 사고가 날 때마다 하나 혹은 여러 명의 이름이 새겨진 비석과 조화, 작은 기념물 등으로 거의 영구적인 축조물을 세웠다. 길은 인종차별을 하지 않는다. 우리는 기독교도들만큼이나 많은 이슬람교도들의 이름을 보았다.

한 시간 전에 출발해서 키셀야크(Kiseljak)를 향해 걷고 있는데, 도로가 내려다보이는 언덕배기의 철공소에서 한 사람이 우리를 불러 세웠다. "카흐바(커피)?" 물론 우리는 커피를 사양하지 않는다. 우리를 초대한 남자는 키가 크고 넓적한 얼굴에 미소를 띠고 있었으며, 50대로 보였고, 황금색 머리칼이 듬성듬성 나 있었다. 끈으로 연결한 안경이 그의 빨간색 스웨터 위에 매달려 있었다. 그의 뒤편으로 철공소가 보였고, 건물 정면에는 메타렉스라는 간판이 붙어 있었다. 마당에서는 두 젊은이가 고철을 만지고 있었다.

남자는 허스머라고 이름을 대며 자기를 소개했다. 그는 율리시스를 내려놓고 따라오라고 하더니 직원과 함께 식탁과 의자 몇 개를 듬성듬성 철공소 앞에 배치했다. 굵은 스카치테이프로 이끼를 동여매서 만든 기이한 형태의 소파는 매우 안락했다. 우리를 초대한 주인은 머나먼 곳에서 온 이상한 사람들에게 커피를 대접하게 되어 너무나 기쁜 듯 시종 싱글벙글 웃음을 띤 채 친절을 베풀었다. 베네딕트는 커피 대신 차를 마시고 싶어 했다. 허스머 철공소에는 차도 준비돼 있었다. 그는 우리에게 독일어로 이런저런 질문을 던졌다. 이스탄불이 최종 목적지라고 밝히자 그는 큰 소리로 웃으며 두 팔을 하늘로 번쩍 들어 올렸다. 네 명의 직원들도 우리와 함께 커피를 마시기 위해 하던 일을 멈추고 이 소담한 축제에 참여했다. 커피는 비록 대단하진 않았지만 그 어떤 커피와도 비교할 수 없는 독특한 맛이 있었다. 그것은 다름 아닌 만남의 맛이었다.

유감스럽게도 우리가 알고 있는 독일어 단어들은 미미했다. 나는 더 구체적인 이야기, 즉 공작(工作)에 관한 이야기를 이어가고 싶었다. 나는 율리시스의 바퀴를 고정하고 있는 채를 허스머에게 보여주었다. 철사로 만들어진 그 채는 너무 긴 데다가 살짝 비틀어지기까지 해서 툭하면 장애물에 부딪쳤다. 그래서 짧게 줄여야 했다. 굳이 통역이 필요 없었다. 다섯 명의 기계공은 채를 보자마자 곧 상황을 파악했다. 허스머 팀은 곧장 작업에 뛰어들었다. 한 사람이 전선을 풀었고, 또 한 사람은 회전 연마기를 가져왔으며, 다른 사람들은 이상하게 생긴 우리의 짐수레를 상세히 관찰하면서 의견을 주고받더니 단 몇 분 만에 채를 자르고 줄질을 했다. 물론 허스머는 내가 수리비를 치르겠다고 하자 또 웃음을 터트렸다. 기념사진을 찍고 기름에 쩐 손들과 악수를 나눈 우리는 모두들 자신의 자리로 돌아가는 모습을 보며 표표히 길을 떠났다. 모두 함께 즐겁게 일하는 모습이 좋아 보였다. 기껏해야 30대인 젊은 직원들은 허스머의 회사에서 일을 배우게 되어 무척 행복한 듯 보였다.

비록 무거운 구름이 끊임없이 언덕의 사면에 부딪치곤 했지만, 허스머의 미소로 우리의 하루는 환하게 빛났다. 또 한 번의 아름다운 만남이 브레스토브스코(Brestovsko)라는 작은 마을에서 우리를 기다리고 있었다. "도바르 단"이라고 인사하자 답례하던 조세피나가 우리의 행색을 보고 놀라서 우리를 멈춰 세웠다. 그녀는 60대 정도로 보였고, 굉장히 큰 키에 풍만한 가슴, 어린애처럼 천진난만한 미소의 소유자였다. "어디서 오는 길이에요?" 그녀는 '프랑스'라는 단어를 몹시 마음에 들어 하면서 베네딕트와 내 나이, 우리가 결혼은 했는지, 아이는 있는지 등 많은 걸 알고 싶어 했다. 우리의 나이 차이가 스물여덟 살이라는 걸 알고 그녀는 대답을 할 때마다 눈웃음을 치며 '흥, 나쁜 인간 같으니' 정도로 해석되는 제스처를 취하곤 했다. 그녀는 우리를 근처 카페로 데려갔다. 프랑스어, 영어, 독일어, 그리고 보스니아어가 뒤섞인 어설픈 대화가 이어졌다. 예순한 살의 조세피나는 자식이 세 명인데, 세상을 떠난 남편처럼 모두가 당뇨병을 앓고 있었다.

은퇴한 그녀는 매달 200유로의 연금을 받고 있다. 그녀는 고집을 부려 커피값을 냈고, 우리에게 여러 음식을 대접하고 선물까지 주려 했지만 우리는 미안한 마음에 거듭 사양했다. 조세피나도 더 이상은 고집을 피우지 않고 베네딕트를 꼭 껴안았다. 그녀는 내 수첩에 자기 이름과 집 주소, 전화번호를 큰 글씨로 또박또박 써주었다. 허스머는 이슬람교도고 조세피나는 기독교도였다.

또다시 이슬람교도들의 마을과 기독교도들의 마을이 번갈아 나타났다. 이슬람교도들의 마을에 있는 사원은 텅 비어 있었고, 기독교도들의 마을에 있는 성당 문 앞에서는 잡초가 자라고 있었다. 이곳에서는 잔혹한 인종 청소가 철저히 이루어졌다. 이슬람교도들이 사는 마을에서는 몇몇 할머니들을 제외하고는 히잡은커녕 스카프를 쓴 여성조차 볼 수가 없었다. 많은 남자들이 인민의 아편인 도박에 빠져 헤어나지 못하고 있었다. 그들은 화면을 뚫어지게 쳐다보면서 얼마 안 있으면 바닥에 내버려질 종이 쪽지를 채워 넣고 있었다. 키셀야크에서는 컴퓨터 앞에 바짝 붙어 앉은 한 청년이 온몸을 심하게 움직이며 콩고 민주공화국의 한 회사를 위해 게임을 만드는 중이라고 설명해주었다. 그는 백 퍼센트 승률을 만들어주는 알고리즘을 조작하고 있었다. 나는 이 프로그램과 그 청년 중에서 과연 누가 더 미치광이일까 생각해보았다. 잔뜩 흥분한 말투 때문에 그는 더 이상해 보였다.

사라예보를 향해 가고 있는데 한 남자가 우정의 의미로 팔을 들어 올렸다. 그가 입고 있는 상의의 다른 쪽 소매가 텅 비어 있었다. 빗줄기가 한층 거세지자 앞이 안 보이는 자동차 운전자가 구덩이에 처박히지 않으려 와이퍼를 빠르게 작동하고 있었다.

큰 부상을 입긴 했지만 어려움에서 벗어나는 방법을 알고 있는 나라에 오신 것을, 증오가 문화를 가로막고 나선 이 전설적인 도시에 오신 것을 환영합니다.

야이체, 9월 2일
베네딕트 플라테

첫 번째 충격. 보스니아는 동양의 오베르뉴[Auvergne, 프랑스 중남부에 위치한 지방]였다. 이슬람교 사원의 첨탑과 세르비아 정교 교회의 구형 돔, 가톨릭 성당의 종탑이 숲으로 뒤덮인 멋진 풍경 속에서 모습을 나타냈다.

두 번째 충격. 꼭 어제 발사된 듯한 총탄과 포탄 자국들, 도시와 마을에 있는 수많은 건물의 외관을 보기 흉하게 만드는 구멍 뚫린 발코니들.

우리가 사라예보에 가려고 닷새 전부터 걷고 있는 도로에서 받은 세 번째 충격. 지뢰 지대, 1940년 전쟁과 1992년 전쟁에서 죽은 사람들을 기리는 위령탑, 수류탄이 터지고 불이 나서 폐허로 변한 게 분명한 집들의 위치를 알려주는 표지판들. 그 옆에서 겉칠을 하지 않고 가벼운 벽돌로 서둘러 지은 집 한 채를 볼 수 있었다. 무력함을 잊으라고 유럽이 준 선물일까?

마치 묘지 한가운데로 길이 나 있는 듯했고, 그 아름다운 풍경은 20년이 지난 지금까지도 전쟁이 완전히 끝나지 않았다는 사실을 이따금 잊게 해준다.

사흘 동안 자동차에서 잠을 자는 사람들 말고는 누구도 마주치지 못했다. 놀랄 만큼 맑은 밤하늘은 헤아릴 수 없이 많은 별들이 반짝이며 만들어내는 아름다운 경치를 우리에게 보여주었다. 그것은 별다른 생각 없이 침낭에서 빠져나와 오줌을 싸러 가기로 결심했을 때 받을 수 있는 밤의 선물이다. 하지만 별빛 아래 너무 오래 서 있다 보면 몸이 얼어붙기 시작하기 때문에 늑장을 부리면 안 된다.

이 나라 언어를 몰랐기 때문에 우리가 농부나 목동 들과 대화를 나눌 수는 없었지만, 그들이 우리의 "도바르 단" 하는 인사에 답하면서 짓는 솔직하고 투박하고 즐거운 미소는 우리에게 즐거움을 안겨주었다. 우리의 기묘한 행색을 보고 트럭 운전사들이 격려나 놀람의 의미로 내는 경적 소리도 마찬가지였다. 도시에서는 독일어와 영어, 그리고 현장에서 배운 세르비아어, 보스니아어, 크로아티아어 몇 단어를 뒤섞어가며 그럭저럭 얘기를 나눌 수 있었다. 세 가지 종교와 세 가지 문화로 나뉘어 있는 이 작은 나라의 국민들은 매력적이다. 그러나 그들은 여전히 경계의 눈길을 거두지 않는다. 3년 동안 계속된 전쟁이 끝나고 나서는 아주 작은 일에도 일단 의심하며 신경을 곤두세운다. 우리가 수통을 채우기 위해 물을 좀 달라고 부탁하면 우리를 현관에 그냥 세워두지만, 우리가 다시 떠나면 오랫동안 우리의 뒷모습을 지켜본다.

여기 남자들은 정말 다양한 얼굴을 하고 있다. 찌푸린 얼굴, 내성적인 얼굴, 납작한 얼굴, 네모난 얼굴, 털이 많은 얼굴, 무뚝뚝해 보이는 얼굴, 온갖 복잡다단한 감정이 뒤섞인 얼굴, 꼭 빗물받이 홈통처럼 코가 연신 흘러내리는 얼굴, 어느 집 난간처럼 생긴 턱. 이것 말고도 수없이 많은 얼굴이 있을 것이다.

갈퀴로 건초를 긁어모으며 밭일을 하느라 허리가 굽은 시골 여인들을 빼면 여자들은 대부분 몸매가 호리호리하다. 긴 머리를 풀어 헤치고 다니는 젊은 여성들은 살짝 바랜 청바지에 예쁜 다리와 팽팽한 엉덩이를 감추고 있다. 그들은 얌전하고 수줍음을 탄다. 무엇을 꿈꾸고 있는 것일까?

놀랍게도 여기서는 도로를 달리는 차들이 눈에 잘 안 띈다. 그래서 안전하다고 느껴진다. 그러나 포탄이 아직도 여기저기 굴러다니고 있었기 때문에 원래 걸으려고 계획했던 코스를 즉흥적으로 바꾼다는 건 매우 위험한 일이었고, 우리를 안내하는 구글맵스(만일 구글이 없다면 어떻게 살 수 있을까?)에 나오는 길이 실제로 가보면 가시덤불로 뒤덮여 있는 경우도 이따금 있어서 무작정 큰길을 따라 걸었다. 베르나르가 고집하는 샛길을 찾느라 골머리를 썩이지 않아도 되었다.

9월 1일 새벽부터 비가 내리기 시작해서 기온이 30도에서 14도로 떨어졌다.

베르나르가 이 도시에서 저 도시로 날아다니는 동안 리예카에서 여드레 동안 내 발을 묶어 우울하게 만들었던 무릎의 건염은 괜찮아진 것 같았다. 하지만 20킬로미터쯤 걸었더니 또다시 통증이 찾아왔다. 화가 났지만, 통증을 무시하고 그냥 걷기로 했다. 그럭저럭 걸을 만했다. 또 쉬었다가는 이스탄불에 영영 도착하지 못할 것 같았다. 대신 여정을 좀 줄이기로 했다.

베르나르는 왼쪽 허벅지의 통증을 아예 무시해버린다. 그는 늘 젊은 사람처럼 건강하다. 멋진 남자다! 나는 그 사실을 이미 알고 있으며, 독자 여러분도 알게 될 것이다. 내일이면 우리가 루아르 강가에서 처음 만난 지 6년째가 된다. 6년 전에 그가 추워서 몸을 바들바들 떨면서도 환하게 웃으며 카누에서 내리던 모습이 떠올랐다. 길 위에서의 시련은 늘 그랬듯이 우리를 한마음으로 묶어준다.

　　자, 우리 사라예보에서 다시 만나요!

8. 사라예보의 장미

우리는 그 어떤 시련도 극복해냈다. 9월 6일, 손을 맞잡고 걸어서 함께 사라예보에 들어가자는 약속을 지킨 걸 은근히 자랑스러워하며 이 도시에 입성했다.

이름만 들어도 가슴이 뭉클해지는 도시가 있다. 사라예보가 바로 그런 도시이며, 내게는 사마르칸트나 내가 자라난 도시도 그렇다. 사라예보는 역사와 기억의 도시일 뿐만 아니라 문화의 도시이기도 하다. 1914년에는 한 발의 총성으로 전 유럽을 전쟁의 도가니 속으로 밀어 넣었고, 1984년에는 올림픽이 열렸으며, 20여 년 전에는 대규모 포위 공격을 당해 순교의 도시가 되었다.

키셀야크에서 출발한 우리는 자동차들이 꼬리를 물고 달리는 6차선 도로를 통해 보스니아의 수도 근처에 도착했다. 투박한 신발을 신은 사람들이 위험을 무릅쓴 채 자동차들 사이를 걸을 것이라고 상상한 사람은 없었을 것이다. 율리시스의 바퀴가 굴러갈 수 있는 인도 비슷한 것도 없어서 어쩔 수 없었다. 율리시스가 도로에서 뒤집히거나 넘어지는 바람에 자동차에 깔려 산산조각 날까 봐 걱정되어 한 사람은 그걸 끌고 또 한 사람은 안 넘어지도록 붙잡고 있느라 위험에 조금 더 노출되었다. 세찬 비가 우리를 흠뻑 적시고, 도로를 한층 더 미끄럽게 만들어놓았다.

자동차들이 우리를 미처 못 보고 달려오다가 코앞에서 피해가곤
했다. 마치 핀 뽑힌 수류탄들이 데굴데굴 굴러다니는 것 같았다.
사라예보를 보고 안 보고의 문제가 아니었다. 죽느냐 사느냐의
문제였다. 우리는 한층 더 신중을 기했다. 한 식당의 종업원이
차가 덜 다니는 작은 도로를 알려준 덕에 살았다.

　'생명의 터널' 근처를 지나갔다. 1394일 동안 포위 공격을
당한 사라예보 시민들이 넉 달 동안 판 터널이다. 공항 밑을 지
나가는 800미터의 터널을 통해 식량을 반입할 수 있었고, 전화
선 덕분에 소식을 전 세계에 알릴 수 있었다. 이 터널을 뚫기 전
에는 가족이 먹을 식량을 찾기 위해 탁 트인 공항을 가로지르는
아버지나 형들을 저격수들이 조준하여 쓰러트렸다.

　보스니아에서 어느 방향으로 나갈지 결정하는 건 무척 어
려운 일이다. 사람들은 정말 친절하고, 모두가 당신을 돕기 위해
걸음을 멈춘다. 그러나 그들은 "아니요"라든가 "몰라요"라는 말
을 할 줄 모르기 때문에 어떤 방향을 손으로 가리키며 저쪽으로
조금만 더 가면 된다고 말한다. 비에 흠뻑 젖어 추위로 얼어붙은
우리는 이번에는 신중하게 예약해놓은 유스호스텔을 열심히 찾
아다녔지만 허사였다. 집으로 돌아가던 한 여성이 우리를 자기
가 사는 건물의 현관 아래로 데려가 비를 피하게 해주었다. 그녀
는 일부러 시간을 내어 휴대전화로 유스호스텔을 찾아보았다.
주소가 안 나오자 그녀는 남편에게 전화를 걸어 컴퓨터에서 위
치를 찾아보도록 하고는 내 메모지에 유스호스텔 약도를 정확하
게 그려주었다. 그러나 그곳에 도착하니 예약 내역이 남아 있지

않았다. 한 젊은 여성이 우리의 예약을 등록해놓아야 하는데 깜박 잊어버렸노라고 솔직히 털어놓았다. 어쨌든 빈방은 없었다. 맥이 풀리고 의기소침해진 우리는 이번에는 택시를 빌렸다. 전쟁 때 총을 들고 싸웠다는 45세의 보스니아인 운전사는 결국 '헛되이' 싸웠다며 씁쓸해했다. 그는 쥐꼬리만 한 월급을 받으며 하루에 12시간씩 일한다고 한다. 크게 낙심한 그는 이 도시를 증오하게 되었다. 여기가 유고슬라비아의 땅이었을 때, 사회주의의 지배를 받을 때는 목숨까지 바칠 각오로 사랑했던 이 도시를 말이다.

지금으로부터 20년 전 많은 피를 흘리게 한 위험한 민족주의가 이 도시 어디를 가도 기승을 부린다. 양봉가는 벌통을 국기 색깔로 칠한 다음 언덕의 사면에 줄지어 정렬한다. 스프레이로 낙서가 되어 있는 벽도 얼마든지 볼 수 있다. 그러나 "더 이상 이러지 말자"라는 글귀도 눈에 띈다. 우리는 "스레브레니차를 영원히 잊지 말자"라고 크게 쓰여 있는 벽 앞에서 걸음을 멈추었다.

호텔 방에 들어서자마자 내리 열 시간을 잤다. 공중화장실에 들어가 보면 안에서 걸어 잠글 수 있는 빗장이 없다. 우리는 이것이 이 나라 사람들이 타인을 존중한다는 사실을 보여주는 증거라고 생각하여 눈여겨보았다. 문이 열려 있고 화장실에 아무도 없든지, 아니면 문이 닫혀 있고 누군가가 화장실에 있든지 둘 중 하나다. 그러니 화장실에서 나올 때 습관적으로 문을 닫지 않도록 신경을 써야 한다. 그랬다가는 무슨 일이 일어날지 모른다.

빨리 이 도시의 역사 속으로 빠져들고 싶었다. 우리는 사라예보가 세르비아인들이 장악했던 높은 언덕에 에워싸이는 바람에 덫에 걸린 쥐 신세가 되고 말았다는 사실을 알게 되었다. 사라예보 방문은 파르쿠사(Parkusa) 공원에서부터 시작했다. 포위 공격을 당하는 동안 사라예보 사람들은 손바닥만 한 땅도 그냥 내버려두지 않고 채소를 심거나 죽은 사람들을 묻었다. 수많은 비석이 공원 여기저기에 세워져 있다. 사실 그것은 대부분 끝에 리본을 두른 화강암 말뚝이다. 죽음 옆에서 수많은 산책자들의 삶이 계속된다.

공원 기슭에는 3년 동안 죽은 1,600여 명의 아이들을 기리는 위령탑이 서 있다. 하루에 거의 한 명 이상 죽은 것이다. 조금 더 가면 만 명에 달하는 민간인 희생자들의 이름이 위령탑에 새겨져 있다. 여기도 역시 건물에 총탄 자국이 여기저기 나 있는데 대부분은 다 메워졌다. 그러나 전쟁이 끝나자 시민들은 건물 정면을 붉은색 그림(사라예보의 장미)으로 가득 채우거나 별로 바꾸어놓았다.

우리는 세르비아 정예 저격수들의 조준선이 있었던 넓은 '스나이퍼의 길'을 걸었다. 시민들은 가방을 꼭 움켜잡거나 아이를 안고 죽어라 뛰어 이곳을 통과했다. 죽음은 은밀하게 찾아왔다. 저격수에게서 멀리 떨어져 있던 희생자는 소리 없이 쓰러졌고, 폭발음은 총알이 발사되고 나서야 들려왔다. 가까이 있는 사람은 총알이 살에 구멍을 내고 뼈를 부숴놓는 소리밖에는 들을 수 없었을 것이다. 끔찍한 공포가 나를 사로잡았다.

보스니아 헤르체고비나 역사박물관은 조명도 시원찮고 배치도 엉성했지만 매우 흥미로웠다. 전쟁이 일어나기 전, 기승을 부리는 민족주의의 폭력에 맞서며 분연히 정치인들에게 평화를 지키라고 촉구했던 평화주의 시위를 찍은 사진처럼 말이다. 의지와 용기로 충만한 매혹적인 얼굴들을 찍은 흑백사진들도 흥미로웠다. 나는 심각한 표정으로 깊은 생각에 잠겨 있는 어린 소녀를 찍은 사진을 보고 눈물이 날 만큼 가슴이 저렸다. 소녀의 어깨에는 평화주의 슬로건이 쓰인 배지가 붙어 있었다. 그녀는 사라예보에서 죽은 1,600여 명의 청소년 중 한 명일까, 아니면 식인귀가 잡아먹은 다른 수천 명 중 한 명일까? 우리가 시리아를 걸을 때 사진에 담은 어린아이들이 즐거워하는 얼굴을 베네디트와 함께 보고 있으면 목구멍이 콱 막히는 듯하다. 이 지옥에서 그들의 운명은 어떻게 되었을까? 포탄을 맞아 온몸이 갈기갈기 찢겨 나갔을까, 아니면 문을 꽁꽁 걸어 잠근 유럽을 향해 유배의 길을 걷고 있을까? 전쟁은 남녀노소를 가리지 않고 죽인다.

한 탐방 기사는 증오와 절망으로 가득 찬 이 나날들이 얼마나 잔혹했었는지 짐작하게 해준다. 이 기사를 쓴 사람은 도시의 주요한 건물들이 포위 공격 중에는 어떤 모습이고, 공격이 끝난 뒤에는 어떤 모습인지를 똑같은 각도에서 사진으로 찍었다. 수많은 총알 자국, 불에 타서 거무스레해진 건물 외관, 반쯤 무너진 건물. 그 결과는 충격적이다. 전쟁은 돌만 부수어놓는 게 아니다. 다리가 찢겨 나간 아기나 두 손이 잘려 나간 청소년의 사진은 전 세계인들에게 가차 없는 비난의 눈길을 던지는 듯하다. 우리가 그들을 위해 할 수 있는 일은 아무것도 없다. 아니, 거의 없다. 할 수 있는 일이 있다 하더라도 너무 늦어버렸다.

창문을 날려버린 포탄에 의해 비틀리고 휘어진 아파트 발코니에 빨래를 너는 여인의 놀라운 용기. 포위 공격을 당하는 동안 종이와 전기가 부족한데도 매일같이 〈오슬로보드제Oslobođenje〉 신문을 펴낸 기자들의 용기. 그들은 때로 기사 내용을 종이에 직접 써서 나무에 압정으로 붙여놓기도 했다. 저항해야 했고, 먹어야 했고, 옷을 입어야 했다. 그리고 무엇보다도 살아남아야 했다. 파괴된 자동차의 부품을 재활용하여 강에 작은 발전기를 설치한 발명가처럼 말이다. 이 발전기는 매일같이 전기를 생산했다. 주머니칼로 나무를 잘라서 만든 개머리판에 파이프를 붙여 만든 총처럼 말이다. 살인자들은 높은 언덕을 점령하고 민간인들에게 총질을 해댔으나 이 전쟁에서 승리를 거두지 못했다. 그러기는커녕 그들은 이 수난의 도시를 전 세계가 놀라며 감탄하는 주인공으로 만들었다. 사라예보의 돌 하나하나는 저항과 용기를 기리는 거대한 기념물이나 다름없다.

이 같은 끈기는 하루 이틀 사이에 생긴 것이 아니다. 나는 밀야츠카(Miljacka) 강 근처에 있는 한 작은 식당에서 그 식당의 주인이었던 사람의 얘기를 들었다. 주인이 나이가 꽤 들었을 때 이 도시를 점령한 오스트리아-헝가리 제국이 그의 소유지를 몰수하여 제국의 위엄에 걸맞은 궁전을 지으려 했다고 한다. 그러나 평범하면서도 결단력 있는 이 노인이 워낙 완강하게 저항하고 나서자 결국 오스트리아-헝가리 제국은 이 계획을 포기하고 제국의 영광을 기리는 건물을 다른 곳에 세웠다고 한다.

파괴된 성상, 불에 탄 이슬람교 사원이나 가톨릭 성당. 증오
는 사람만 노리는 것이 아니다. 지금 시내 한가운데에는 이슬람
교 사원과 정교 교회, 가톨릭 성당, 유대교 사원(비록 이 유대교
사원의 문은 쇠를 씌운 다음 자물쇠를 네 개나 채워놓았지만)이
다닥다닥 붙어 있다. 기도의 장소들, 폭력의 장소들.

스레브레니차에 관한 전시회가 열리는 전시실은 잔혹한 집
단 학살을 상기시킨다. 놀랄 만큼 정확하게 쓰이고 촬영된 기록
들은 8,000여 명에 달하는 남자들과 청소년들을 분류하여 좁은
장소에 몰아넣어 치형힌 후 시신을 구덩이에 던져버린 다음 신
원을 파악하지 못하도록 불도저로 구덩이를 깔아뭉갠 과정을 기
술하고 있다. 또 여기서는 성폭행을 당한 여성들의 증언과 남편
과 아들이 학살당한 여성들의 증언도 들을 수 있다. 이 여성들
은 남편과 자식이 언제 어디서 죽었는지 알지 못한다. 기관총을
손에 들고 한 남자를 처형 장소로 데려가면서 "두렵나?"라고 묻
더니 그의 등에 대고 쏘아 갈기는 병사, 인질들을 처형하지 않
을 테니 북대서양조약기구 공군이 자신들의 진지를 폭격하지 말
기를 유엔군에게 요구한 살인자들의 우두머리 라트코 믈라디치
(Ratko Mladic). 이 요구가 관철되자 그는 대량 학살 명령을 내
렸다.

비록 사라예보에서의 휴식이 우리 몸의 피로는 풀어주었지
만 무력한 유엔군 병사들이 보는 앞에서 무고한 사람들이 학살

당한 참화에 큰 충격을 받은 우리의 정신은 쉽사리 휴식을 취하지 못했다. "이제부터 난 마흔 살 이상 먹은 세르비아 사람을 볼 때마다 과연 그가 학살에 가담했을지 안 했을지 생각해볼 것 같아요." 전시회를 보고 나오면서 베네딕트가 이렇게 말했다.

우리의 다음 여정은 스릅스카 공화국의 일부를 통과하는 것이다. 우리는 국경을 지날 때마다 새로운 나라의 이름이 쓰여 있는 표지판 앞에서 기념으로 셀카를 찍는다.

베네딕트는 스릅스카 공화국이라는 이름에 얼굴을 찡그렸다. 사실 이 나라는 크게 변하지 않았다. 전쟁 범죄와 집단 학살, 특히 사라예보 포위 공격과 스레브레니차 학살의 주범으로 기소된 라도반 카라지치(Radovan Karadžić)는 자기가 살던 도시를 떠나지 않고 무려 13년 동안 숨어 지낼 수 있었다. 평화가 찾아오자 그는 겉모습과 이름을 바꾼 뒤 정신과 의사라는 직업을 버리고 대체 의학에 손을 댔다. 140만 명이 넘는 스릅스카 공화국 국민이 다 그를 보호해주지는 않았을 것이다. 하지만 그들 중 일부는 그가 법정에 서지 않도록 손을 썼다. 내일이면 우리는 그가 살았던 땅에, 그가 살았던 팔레(Pale)라는 도시에 있게 될 것이다. 모두 11가지 항목의 범죄 혐의로 기소된 그는 헤이그에 있는 국제사법재판소 감방에 갇혀 재판을 기다렸다. 검사는 무기징역을 구형했다.

9. 터널 그리고 터널

스릅스카 공화국. 인구 140만 명. 보스니아 헤르체고비나를 이루고 있는 세르비아계 자치공화국으로, 독립국으로 인정받지 못한다. 유럽연합 비회원국이자 비유로권. 수도는 바냐루카이다.

보스니아 헤르체고비나가 퍼즐을 좋아하는 미치광이 징지인에 의해 만들어졌다는 얘기를 믿는다. 스릅스카 공화국은 사실 두 개의 블록으로 이루어져 있다. 사라예보의 북서쪽에는 바냐루카를 수도로 하는 구 크라이나(Krajina)가 있다. 반대쪽에는 동(東) 사라예보 지구를 가진 또 다른 실체가 있다. 사실 스릅스카 공화국의 모든 공공단체가 바냐루카에 위치해 있다. 현재 이 나라는 국제 무대에서 독립국이 아닌 실효적 국가로만 인정받는다. 우리는 이런 복잡한 상황을 이해하려고 애쓰면서 이 나라로 들어갔다.

첫 번째 숙박지는 팔레였다. 거기까지는 그냥 단순한 산책에 불과했다. 이틀 동안 휴식을 취했으니 지쳤을 리도 없었고, 거리도 18킬로미터밖에 안 되었던 것이다. 사실 사라예보의 매혹에서 벗어나기 위해서는 엄청난 정신적 노력이 필요할 뿐만 아니라 육체적 노력도 만만치 않게 따라야 한다. 이글이글 타오르는 태양 아래 해발 650미터의 고개를 넘어야 하기 때문이다. 그러나 뭐니 뭐니 해도 가장 큰 난관은 터널이다. 그 안으로 들어가야 한다는 말을 듣자 베네딕트는 난감한 표정을 지었다. 그래서 우리는 곧게 나 있지만 땅 밑으로 꽤 오래 가야 하는 터널 대신 돌아가는 길을 택했다. 어쩔 수 없는 일이었다.

'대사들의 길'부터 걷기 시작했다. 사라예보에서 근무한 모든 나라의 대사들을 위해서 이 거리에 그들의 이름과 나라를 새긴 작은 대리석을 세웠다. 우리가 큰길로 다시 돌아가자 등 뒤로 터널이 보였다. 베네딕트는 안심하고 한숨 돌렸으나 그것도 잠깐이었다. 거기서 5킬로미터를 더 갔더니 바위산이 앞을 가로막는 바람에 터널 말고는 지나갈 방법이 없었다. 문제는 그 터널의 길이가 얼마나 되는지 도대체 짐작할 수가 없다는 사실이었다. 터널 길이는 출구에만 표시되어 있었다. 게다가 도로 폭이 너무 좁아 자동차 두 대가 마주 지나갈 경우 율리시스를 위한 자리가 없어질 것이다.

터널 안에는 전등이 몇 개 안 되는 데다 벽에 달라붙어 있는 경유와 휘발유로 인해 발생한 그을음과 먼지로 덮여 있어서 어두컴컴했다. 우리는 이마에 두르는 헤드램프를 꺼냈다. 인도는 율리시스의 바퀴 하나 놓을 정도는 되었지만, 두 개 다 올려놓기에는 너무 좁았다. 20미터쯤 갔을까. 짐수레가 차도에 나 있는 구멍에 빠지면서 균형을 잃고 뱅그르르 돌아 바퀴를 하늘로 쳐든 채 길 한가운데 나자빠졌다. 우리는 율리시스를 잽싸게 움켜잡고 미친 듯이 달려오는 자동차들로부터 지켜냈다. 하마터면 큰일 날 뻔했다. 내가 율리시스를 끌고 갔고, 베네딕트는 상황이 위급해질 경우 그걸 들어 올릴 채비를 하고 한 손을 올려놓았다. 그러다 보니 몸이 차도 쪽으로 조금 튀어나올 수밖에 없었다. 트럭과 승용차가 엇갈려 지나갈 때마다 공포에 떨며 300미터쯤 가자 완전한 어둠이 우리를 둘러쌌다. 뒤쪽으로 멀리 보이는 터널 입구에 아주 작은 광점(光點) 하나가 보였다. 앞으로는 어둠뿐이었다. 조명등이 하나도 없었던 것이다. 헤드램프는 희미해서 고작 발밖에 안 보였다. 앞쪽에서 달려오는 자동차들은 눈도 못 뜨게 강한 빛으로 우리를 비추었다가 다시 어둠 속에 우리를 남겨놓고 떠나갔다. 선견지명이 있는 베네딕트기 밤에 길을 때 쓰려고 사놓았던 반사 띠를 배낭에서 꺼냈다. 그걸 두 팔과 두 발목에 둘러맸다. 우리는 터널이 똑바로 나 있는지, 아니면 굽었는지 알지 못한 채 더듬거리며 나아갔다.

베네딕트는 언제 위험한 일을 당할지도 모른다는 생각에 팽팽하게 당겨진 활처럼 잔뜩 긴장한 나머지 율리시스를 너무 세게 밀었다. 그 바람에 나는 하마터면 균형을 잃고 쓰러질 뻔했다. 율리시스를 너무 세게 밀지 말라고 소리쳤지만, 엔진의 요란한 소음이 벽에 반사되어 울리는 통에 그녀는 내가 외치는 소리를 듣지 못했다. 결국 200~300미터 정도 악몽을 더 겪다가 왼쪽으로 도니 희미한 빛이 얼핏 보였다. 드디어 출구가 나타난 것이다. 나는 율리시스를 세워놓은 다음 베네딕트를 껴안았다. 반쯤은 안도하며 웃고 또 반쯤은 그동안 쌓인 두려움을 토해내면서 그녀는 어둠과 소음 속에서는 할 수 없었던 말들을 알아듣기 힘들 정도로 두서없이 쏟아냈다. 일단 이 터널에서는 살아남았다.

터널이 두 개 더 나타났다. 이번에도 인도가 조금 전의 터널만큼 좁으며 콘크리트 판이 깔려 있었고, 그중 일부는 깨져 있었다. 이런 인도를 걷는다는 건 넘어져서 다칠지도 모르는 위험을 무릅쓴다는 걸 의미했기에 하는 수 없이 차도를 이용했다. 다행히 그다음 터널은 그다지 길지 않았다. 직선으로 150미터 정도밖에 안 되어 보였고 마침 차량 통행이 일시적으로 그쳤기에 처음부터 냅다 달리기 시작했다. 베네딕트는 그런 나를 보더니 처음에는 벙벙한 표정으로 망설이다가 이내 깔깔댔다. "당신, 미쳤어. 미쳤다고! 하지만 이런 당신이 좋아!"라고 소리치며 따라왔다. 나의 터무니없는 행동이 한순간 스트레스를 날려주었다. 그 뒤로 나타난 터널들은 별 어려움 없이 걸을 수 있었다. 해발 900미터가 넘는 곳에 위치한 스타불시츠 터널은 길이가 945미터에 달했다. 다행스럽게도 이 터널 안에서 만난 자동차는 단 네 대뿐이었다.

팔레는 규모가 좀 큰 마을에 불과했지만, 카라지치가 이곳을 '수도'로 정하자 많은 사람들의 입에 회자되며 북적였다. 그러나 그가 체포되자 팔레는 살육이 벌어지기 전의 그 활기 없는 무명의 도시로 다시 돌아갔다.

작은 도로로 접어들어 이 마을 저 마을을 지나갔고, 몇 명안 되는 주민들은 멀리서 우리를 관찰했다. 이런 상황에서 길을물어보는 건 쉬운 일이 아니었다. 포드그라브(Podgrab)라는 마을을 향해 걷고 있는데 한 남자가 다가오더니 맥주를 한 잔 건넸다. 라디슬라브 시모비츠는 사교성이 좋은 사람이었다. 그는 우리에게 이것저것 물었다. 우리의 여행 이야기에 놀라워하던 그는 지난봄에 눈이 녹으면서 근처 개울이 진흙탕 급류로 바뀌는 바람에 물에 잠겼던 자기 집으로 우리를 데려갔다. 그는 우리를 플라스틱 의자에 앉히더니 나무 그루터기를 도끼로 깎아낸 다음 낡은 반바지로 반들반들 윤을 낸 발 받침대에 발을 올려놓으라고 했다.

"전 세르비아 정교를 믿는답니다." 그는 자신의 종교를 미리 밝혀두는 게 좋겠다고 생각한 듯 이렇게 말했다. 그의 마을에 이슬람교도들이 사는지 묻자 그는 '귀찮은 인간들이 없어져 속이 다 시원하다'는 제스처를 취하며 저 높은 언덕에 있는 또 다른 마을을 가리켰다. 이곳에는 더 이상 '터키 놈들'의 흔적이 없다는 것이다. 세르비아인들은 이슬람교도들을 이렇게 부른다. 그에 의하면, 인종 청소를 선동했던 자들은 "지금으로부터 400년 전에 터키 놈들이 손에 무기를 들고 이곳에 왔다"라는 말을 몇 달, 아니 몇 년 동안 되풀이했다고 한다. 그렇다고 열다섯 세대가 지난 지금 그들의 후손들을 같은 방법으로 학살하는 게 정당한 일일까? 마치 우리를 안심시키려는 듯 "그놈들은 더 멀리 가야 볼 수 있을 겁니다"라고 말하는 순간, 굳어졌던 그의 얼굴이 다시 부드러워졌다. 손님 접대하는 걸 좋아하는 이 친절한 남자는 과연 전투에 참가했을까? 1992년에 그는 한창 나이인 40대였을 것이다. 그는 자기가 인종 청소의 이론적 근거였던 '대(大) 세르비아'의 주장에 동조했다고 주저 없이 털어놓았다. "1992년에서 1995년 사이에 일어난 전쟁에서 많은 사람이 죽었지만, 이제는 유럽과 평화롭게 지내야 합니다."

베네딕트는 라디슬라브 시모비츠와 내가 나란히 서 있는 모습을 사진으로 담았다. 그는 나보다 25센티미터 더 컸고, 체중은 적어도 두 배는 더 나갈 것이다. 우리는 꼭 로럴과 하디[스탠 로럴과 올리버 하디로 이루어진 20세기 초 무성영화 시대의 코미디언 콤비] 같아 보였다. 은퇴를 한 그는 이제 여행을 거의 하지 않는다. 교사인 아내와 아들 한 명은 사라예보에서 일하는데, 그는 이 도시에 세르비아인이나 크로아티아인들이 많이 살지 않는다고 아쉬워했다. 그의 또 다른 아들은 뉴욕에서 살고 있다. 라디슬라브의 집에서 나온 우리는 사람들의 얼굴에 의심과 다시 솟아나는 증오, 복수심이 아직도 어려 있는 것을 좀 더 분명히 느낄 수 있었다. 책임자들에 대한 응징이 이루어지지 않는 한 그들은 어느 때든지 기회만 되면 다시 모습을 나타낼 준비를 하고 숨어 지낼 것이다. 헤이그에 있는 국제사법재판소의 재판관들이 판결을 내리면 아마도 지속적인 평화가 정착되든지, 아니면 다시 전투가 벌어질 것이다.

레노비차(Renovica)는 숙박 시설이 없는 작은 촌락이다. 한 시간 동안 이 사람 저 사람에게 물어보며 헤맸지만 별 소득이 없어 막막하던 차에 두 명의 아리따운 여성이 탄 자동차가 멈추어 섰다.

"민박 찾으시죠?"

"그래요. 그런데 그걸 어떻게 알았지요?"

조금 전에 마주친 남자의 조카들이었다. 이 동네에 잠을 잘 만한 곳이 없냐는 얘기를 들은 그들의 삼촌이 이런 벌이 기회를 놓쳐서는 안 된다고 생각한 게 틀림없었다. 두 아가씨는 방보다 더 좋은 숙소, 즉 집을 갖고 있었다. 잠시 후 우리는 집 밖의 테이블에 앉아 아버지 술레이만과 어머니 네르마, 딸 에미나와 메르시다와 함께 튀긴 옥수수를 먹으며 차를 마시고 있었다. 얼마간 대화가 오간 후 두 아가씨는 지금은 네덜란드에 살고 있는 삼촌 소유의 이웃집으로 우리를 데려갔다. 그들은 20유로라는 저렴한 값으로 그 집을 우리에게 빌려주겠다고 제안했다. 우리는 기꺼이 받아들였다. 정말 멋진 저녁 시간을 보냈다. 술레이만이 온실에서 딴 싱싱한 토마토와 고추를 제공해준 덕에 푸짐한 저녁 식사를 해 먹었다.

라디슬라브의 말로는, 고라주데(Goražde)까지 가는 길은 두 개가 있는데, 하나는 벌판이고 다른 하나는 산길이라고 했다. 능수능란한 자동차 운전자인 그는 우리에게 평평한 길을 권유했으나 우리는 고지를 선택했다.

어떤 마을을 지나가는데 한 여인이 미소를 지으며 다가오더니 손을 내밀며 "안녕하세요"라고 말하고 나서 다시 문장 하나를 덧붙였다. 우리가 그 문장에서 알아들은 건 "카페"라는 단어 하나뿐이었다. 그래서 우리는 그녀가 우리에게 커피를 대접하려는가 보다 지레짐작했다. 우리는 기뻐하며 "예, 물론입니다"라고 대답했다. 그런데 놀랍게도 그녀는 미소를 짓더니 잘 가라고 손짓한 다음 돌아서는 게 아닌가. 처음에는 당황했으나, 결국은 그녀가 우리에게 커피 마실 거냐고 물어본 게 아니라 커피 마셨냐고 물어보았다는 사실을 알게 되었다. 우리가 "예"라고 대답하자 더 이상 권하지 않았던 것이다.

또 다른 마을에서는 한 여성이 집에서 나오더니 우리에게 인사를 한 뒤 몇 마디 나누고는 "당신들이 또다시 우리 마을을 지나가면 그때는 당신들을 재워주겠다"라고 약속한 다음 집으로 들어갔다. 그녀는 우리가 세계 일주를 하는 거라고 생각했던 것일까?

12시 반이 되어서야 해발 1,200미터의 고개에 도착하였다. 환상적인 전망이 눈앞에 펼쳐졌다. 하지만 먹구름 떼가 밀려오고 있었으며, 기압계의 작은 바늘이 제멋대로 춤을 추고 있었다. 고라주데까지는 아직 15킬로미터나 남아 있었다. 빠른 걸음으로 고개에서 내려간 우리는 길가에 앉아 정어리 통조림과 작은 빵 한 조각, 그리고 풋고추로 점심을 때웠다. 여전히 배 속에서는 배고프다고 난리였다. 우리가 찾는 호텔 겸 식당은 사실 '비옐레 보데(푸른 물)'라는 마을 이름을 딴 스키장이었다. 작은 리프트와 눈을 다지는 차가 눈이 내리기만을 기다리고 있었다. 이 정도의 고도면 머지않아 눈이 내릴 것이다.

비옐레 보데(Bijele Vode) 마을에는 특이한 게 한 가지 있다. 1971년에 이 마을에는 117명의 세르비아인과 단 한 명의 크로아티아인이 살았다. 그런데 2013년에 이르러서는 주민이 단 한 명도 남아 있지 않았다. 1991년과 1996년 사이에 모두 떠나버린 것이다. 지금 남아 있는 건 광천수를 병에 담는 공장과 호텔뿐이다. 몇 채 안 되는 집은 비어 있지만 잘 보존되어 있다. 아주 작은 십여 채의 별장이 잘 정비된 공터 여기저기에 서 있다. 아마도 이따금 찾아오곤 하는 옛날 집주인이나 스키장 직원들이 머물도록 말끔한 상태를 유지하고 있는 것 같다. 우리가 식탁에 앉자마자 뇌우가 계곡에 몰아쳤다. 비는 세차게 내리다가 저녁에서야 그쳤다.

다른 손님들은 다음 날 몰이사냥을 하려고 모인 사냥꾼들이었다. 그중 일부는 '큰 사냥감'을 잡고 싶어서 슬로베니아에서 왔다. 밤에 콘서트가 열리는데, 입장료를 따로 내지 않고 저녁 식사도 할 수 있을 거라고 주인이 알려주었다. 악단은 한없이 슬픈 표정의 매력적인 하프시코드 연주자와 얼굴에 그윽한 미소를 띠고 있는 아코디언 연주자, 그리고 앞으로 내밀고 있는 배만큼이나 자신감에 가득 찬 목소리의 가수로 이루어져 있었다. 악단은 볼륨을 최대한 높여놓고 무려 일곱 시간 동안 우렁찬 소리로 노래를 불렀다. 그들의 목소리는 국회의 토론을 재방송하는 대형 텔레비전 소리, 자신들의 전적을 자랑하는 사냥꾼들의 고함 소리와 섞여 더 크게 들렸다.

커다란 물 항아리와 야부카(Jabuka)라는 술이 흘러넘칠 듯 가득 담긴 항아리들이 테이블마다 놓였다. 그들은 이 독주를 우리에게 먹이고 싶어 했다. 이 술을 어떻게 만드는지 묻자 술만 덜 마시면 명사수가 될 것 같은 비쩍 마른 노인이 사과를 가리켰다. 그렇다면 이건 노르망디 지방의 유명한 술, 칼바도스(Calvados)와 다름없었다. 나는 입술만 적시고 마시지는 않았다. 오래 걷다 보면 술을 목구멍에 밀어 넣을 수조차 없게 된다. 포도주는 가끔 마셔도 독주는 전혀 좋아하지 않기에 앞으로도 한 방울도 입에 대지 않을 것이다.

술 항아리가 물 항아리보다 더 빨리 비워졌다. 손님들 목으로 넘어간 술의 양은 가히 어마어마했다. 무하마드가 우리를 자신의 테이블로 초대해서 술을 한 잔 대접했다. 그의 설명에 의하면, 보스니아 이슬람교도들은 술에 관한 한 코란의 계명을 전혀 지키지 않는다고 한다. 항아리에 담긴 야부카가 줄어들면 들수록 목소리는 점점 더 커져만 갔다. 기교가 매우 뛰어난 아코디언 연주자는 귀가 먹먹해지도록 볼륨을 높이며 이 테이블 저 테이블 돌아다녔다. 음악을 잘 들었다는 감사 표시를 하고 싶으면 아코디언의 풀무 속에 슬그머니 지폐를 집어넣으면 된다. 돈이 수북하게 쌓였고, 넘치려 하면 악사는 그걸 능숙한 솜씨로 빼내곤 했다. 악단은 손님이 원하는 발칸반도의 모든 곡들, 말하자면 마케도니아와 세르비아, 크로아티아, 보스니아의 곡들을 신청받아 연주했다. 우리는 누가 우리 술잔을 채우지 못하도록 신경을 곤두세우다가 결국은 손님들이 고래고래 소리를 질러가며 악다구니 써대는 이 술판을 떠났다. 무하마드는 자기가 살고 있는 고라주데에 그 다음 날 아침에 도착하면 전화하라고 우리에게 말했다.

고라주데에 가려면 흙길에 율리시스를 끌고 해발 1,200미터나 되는 고개까지 올라가야 했지만, 그 고행은 가치가 충분했

다. 왼쪽에는 1,600미터에 달하는 산 정상이 보였고 오른쪽으로
는 깊은 계곡이 끝없이 펼쳐져 있었다.

정말 아름다운 나라다! 앞으로 나는 발칸제국의 깊고 풍요
로운 숲을 보며 무한히 감탄하게 될 것이다. 만물의 정수가 숲
속에 존재하고 있었다. 주종을 이루는 것은 너도밤나무였다. 만
일 내게 선택권이 있다면, 일 년에 겨우 며칠 국화만 꽃을 피우는
묘지보다는 숲 속에 묻히고 싶다. 나는 나무 한 그루 한 그루와,
나뭇가지 하나하나와, 잎사귀 한 잎 한 잎과 소통한다고 느낀다.
나무들은 사시사철 나를 감동시킨다. 봄이 되면 숲은 수백억 리
터의 수액을 하늘을 향해 끌어 올리고, 여름이 되면 엽록소의 연
둣빛으로 풍경을 다시 그려놓는다. 가을이 되면 숲은 붉은색과
노란색, 토스트 빛깔로 타오르고, 겨울이 오면 헐벗은 채 눈에 뒤
덮인 나무들은 화창한 날이 팡파르를 울리며 등장할 때까지 뿌
리를 다독이며 참고 견딘다. 나무들은 삶의 타성과 기적을 의연
하고 끈질기게 구체화한다. 나무들은 우리 주변을 배회하는 죽
은 자들의 유령을 진정시킨다. 고개를 내려가는 두 시간 동안 우
리는 사고로 죽은 사람들을 기리는 제단이 1킬로미터에 하나씩
세워져 있다는 것을 확인하였다. 사진 속 얼굴은 대부분 젊었다.

고라주데를 빠져나오는데 이 도시에서 일어난 비극을 생생
하게 보여주는 현장이 한눈에 들어왔다. 고라주데가 훤히 내려
다보이는 발코니 난간 같은 곳에 설치된 녹슨 탱크와 기관총 두
대가 저 아래의 드리나(Drina) 강 양안에 사는 시민들을 겨누고
있는 것이었다. 사라예보처럼 고라주데도 포위당해 공격받았다.

전쟁이 일어나기 전에 주민의 3분의 1은 스릅스카 공화국 사람들이었고 3분의 2는 보스니아 이슬람교도들이었다. 전쟁이 시작되자 고라주데 주변에 살던 이슬람교도들은 집이 약탈당하도록 내버려두고 이곳으로 몸을 피했다. 보스니아 정교를 믿는 사람들은 이곳을 떠났다. 세르비아군과 민병대는 높은 산에 자리를 잡고 집중 공격을 개시했다.

시민들을 보호하려고 유엔평화유지군이 파견되었으나 압박이 너무 심해지자 철수했다. 이해가 안 되는 결정이었다. 어떻게 군인들이 무장하지 않은 사람들을 버려두고 그냥 떠날 수 있단 말인가. 이때부터 박격포와 탱크 포격이 끊이지 않고 계속되었다. 포위 공격을 당하자 주민들은 방공호에 숨어 지옥 같은 하루하루를 보냈다. 겨우 몇 주일 만에 700명 가까운 사람들이 죽고 2,000여 명이 부상을 입었다.

고라주데는 사라예보, 모스타르, 스레브레니차와 더불어 고난의 도시가 되었다. 고라주데 시민들은 유엔뿐만 아니라 언론에게도 버려졌다. 전 세계 언론이 이 잔혹한 범죄 현장에서 오직 사라예보와 스레브레니차에만 주목했기 때문이다. 데이턴 협정을 맺을 때 이슬람교를 믿는 고라주데 시민들은 스릅스카 공화국에 끼워 넣어진 이 도시에 그냥 살아도 좋다는 결정이 내려졌다. 시민들은 안전지대를 통해 보스니아 헤르체고비나의 다른 도시는 물론이고 사라예보에도 자유로이 갈 수 있게 되었다. 그러나 이 안전지대는 끝부분이 매우 좁기 때문에 전차 몇 대와 군인 몇 명만 있으면 봉쇄할 수 있다. 만일 그렇게 되면 이 도시는 단 몇 시간 만에 다시 포위당할 수 있을 것이다.

시내에서 무하마드를 우연히 만났다. 그는 여자 친구와 함께 테라스에 앉아 어젯밤에 야부카를 마구 들이키는 바람에 얻은 숙취를 광천수로 달래는 중이었다. 두 사람 모두 포위 공격을 당했을 당시의 고라주데에 대해 얘기해주었다. 건물마다 외상(外傷)을 감추려 갖은 애를 썼다. 회반죽으로 외관에 생긴 총탄 자국을 감추었지만, 돈이 부족해서 부분적 보수에 그쳤기에 건물은 꼭 인상주의나 점묘파 화가들에 의해 장식된 것처럼 보였다.

테라스에서는 보스니아의 독립을 선포한 이 나라 대통령의 이름을 딴 이제트베고비치(Izetbegović) 다리가 보였다. 이 인도교는 시민들의 약속 장소였다. 저녁이 되면 남녀노소 할 것 없이 다리 위를 성큼성큼 걷는다. 아래쪽에는 케이블 선으로 판자에 매달아놓은 일종의 육교가 있다. 부상자들은 바로 이 다리를 통해 강 건너편의 병원으로 이송되었다. 이제트베고비치 다리를 건너려고 했다가는 하늘에서 비 오듯 쏟아지는 총탄에 의해 온몸에 구멍이 뚫려 죽었기 때문이다. 사라예보의 터널, 고라주데의 비밀 육교……. 신과 살인자 들의 활동 무대인 하늘을 더 이상 올려다보지 않겠다고 마음먹은 사람들만 살아남을 수 있었다.

전쟁이 시작된 뒤로 사람들은 포화로부터 벗어난 몇 채의 집에 모여, 먹을 게 있으면 나누고 없으면 굶으면서 살아남았다. 무하마드처럼 지옥에서 도망친 사람들도 있었다. 그는 전쟁 초기에 가족과 함께 이 도시를 떠났고, 전쟁이 끝날 기미를 안 보이자 아예 덴마크의 유틀란트반도로 이주했다. 그는 덴마크 국적을 얻어 그곳에 정착했으며, 북유럽의 겨울에 대비하여 햇빛을 최대한 몸에 축적하기 위해 휴가 때만 고향에 돌아온다. 거의 백만 명이나 되는 보스니아 사람들은 다른 나라로 이주해서 다시는 돌아오지 않았다.

숙취로 아직 헤매고 있긴 하지만 본디 금욕적인 무하마드는 율리시스의 타이어를 교체할 수 있는 타이어 세트를 찾도록 도와준 귀한 안내자였다. 타이어는 완전히 닳아서 너덜너덜해졌다. 가게를 예닐곱 군데 돌고 나자 모든 게 분명해졌다. 규격에 맞는 타이어는 없었다. 결국 일반 바퀴를 살 수밖에 없었다. 규격이야 좀 안 맞으면 어떤가.

내 어린 시절에는 장난감 하나 갖는 것도 쉬운 일이 아니었다. 그러니 자전거를 갖는다는 건 더더욱 힘들었다. 자전거를 갖고 싶으면 별수 없이 여기저기서 찾아낸 부품들을 어설프게 조립하는 수밖에 없었다. 그러다 보니 번듯한 모양새 같은 건 생각할 겨를도 없었다. 어렸을 때부터 이것저것 직접 만들어서 쓰다 보니 손재주가 좋아진 것 같다. 처음 조립한 자전거의 튜브에는 둥글납작한 수선용 접착 고무가 다닥다닥 붙어 있었다. 거의 매일 수선했기 때문이다. 그러다 보니 솜씨가 늘었다.

우리는 타이어를 교체한 율리시스를 자랑스럽게 끌고 드리나 강에 걸쳐진 다리를 건너 이 도시를 떠났다. 그런데 이 다리에 세워진 한 충격적인 기념물이 발걸음을 멈춰 세웠다. 이 위령

탑은 포위 공격 당시 희생된 150명의 어린아이들을 기리기 위한
것이었다. 쇠를 잘라서 만든 강철판에는 서로 손을 잡고 있는 세
아이의 옆모습이 조각되어 있었고, 큼지막한 검은색 비석에는
아이들 이름이 새겨져 있었다. 태어난 날짜와 죽은 날짜가 함께
표시되어 있었다. 나이가 가장 많은 아이래야 열두 살에 불과했
다. 태어난 지 한 달도 안 되어 죽은 아이들도 있었다. 태어난 날
짜만 기록된 아이들의 이름도 눈에 띄었다. 엄마 배 속에서 죽은
것일까, 아니면 태어난 날 죽은 것일까?

도시에서 빠져나오는 길은 해발 350미터에서 갑자기 800미
터까지 오르게 되어 있어서 걷기가 무척 힘들었다. 어떤 집은 둥
근 모양의 벽돌이 이상하게 쌓이 올려져 있었다. 집주인은 그게
초대도 받지 않고 불청객으로 찾아온 포탄 때문이라고 설명해주
었다. 당장 구할 수 있는 자재로 구멍을 급히 메운 흔적이었다.
조금 더 멀리 가니 프랑스에서도 큰 회사에서나 비싼 광고를 할
때 사용하는 가로 4미터, 세로 6미터짜리 대형 광고판이 서 있
었고, 이 지역 지도가 그려져 있었다. 파란색으로 칠해진 부분이
대부분이었다. 빨간색 부분은 지뢰가 매설된 지역이었다. 그 지
역을 주민들에게 개방하기까지는 몇 년의 시간이 필요할 것이
다. 그렇다고 이 도시를 떠날 수는 없는 노릇이다.

도로변의 커브길에 '파리'라는 이름의 식당이 보였다. 간판
옆에는 에펠탑이 유치하게 그려져 있었다. 식당 주인의 아버지
가 파리에서 살고 있다는 것이다. 음식은 보잘것없었고, 화장실
에서는 악취가 풍겼다. 이러니 파리의 이미지가 좋아질 리 없었

다. 우리는 내리는 비를 맞으며 몬테네그로와의 국경 도시인 메탈리카(Metalica)를 향해 다시 길을 떠났다. 비가 세차게 와서 아주 작은 마을인 밀예노(Miljeno)의 어떤 집의 헛간에서 비를 피했다. 그때 이웃집에서 한 여인이 나오다가 우리를 보고 기겁하며 뭐라고 소리쳤다. 어조로 보아 "아니, 지금 우리 집에서 뭐하는 거죠?"라고 말하는 듯했다. 한 청년이 뒤질세라 뛰쳐나오더니 알아들을 수 없는 영어로 중얼거렸다. 나는 우리의 처지를 설명했다. 그러자 소낙비가 여름 햇살로 바뀌듯 말투가 돌연 부드러워졌다.

"들어오셔서 커피 한 잔 하고 가세요."

열일곱 살인 청년이 자기소개를 했다. 세르비아계 기독교도였다. 그는 이어서 자기 이름이 알렉산더라고 밝혔다. 어머니 혹은 할머니로 보이는 밀리차는 궁금한 게 떠오를 때마다 통역해달라고 그를 들볶았다. 과일 주스에 이어 '보스니아식(내가 보기에는 터키식인 것 같은)' 커피가 나왔다. 마을에 아직 이슬람교도들이 남아 있는지 묻자 그녀는 보스니아 정교의 성호를 긋더니 두 손을 맞잡으며 말을 이었다. "다 떠났답니다. 잘된 거죠, 뭐!" 그리고 마치 우리를 안심시키려는 듯 이렇게 덧붙였다. "국경까지 가는 동안 이슬람교도는 눈을 씻고 찾아보아도 찾아볼 수 없을 거예요."

해발 800미터 높이에 자리 잡은 차이니체(Čajniče)에 가까워지고 있을 때 여남은 살 되어 보이고 표정이 경직된 한 소녀를 만났다. 소녀는 우리가 이슬람교도라면 가던 길을 계속 가라는 뜻으로 성호를 그어 보였다. 의심에 사로잡힌 그 아이는 우리가 어떤 종교를 갖고 있는지 물었다. 우리는 그 말을 못 알아듣는 척했다. 보스니아의 세르비아인 중 일부는 모르는 사람을 만났을 때 우선 그 사람이 보스니아 정교를 믿는지 묻고, 그다음에는 세르비아 사람인지 묻는다. 그리고 그 사람이 이 두 가지 조건을 다 갖췄을 때만 그가 괜찮은 사람이라고 생각한다.

이 마을에 호텔이 있다고 알고 왔는데, 문이 닫혀 있었다. 지나가는 사람을 붙잡고 혹시 우리에게 방을 빌려줄 민박이 있는지 물었다. 한 중년 여성이 자기 집 2층의 방을 쓰라고 제안했다. 방값으로 20유로를 주자 그녀는 좋아서 얼굴을 붉혔다. 아침에 나는 그녀가 옷을 다 입은 채 1층의 소파에서 잤다는 사실을 알게 되었다. 여러 차례 노력을 했지만 결국 우리가 어떤 사람들이고, 무엇 때문에 걷고 있는지 그녀에게 알려주는 데에는 실패했다. 그 집을 나서는데 경찰 두 명이 나타나더니 그녀에게 이것저것 캐묻는 것 같았다. 조서를 작성하려고 하는 것일까, 아니면 20유로를 나눠 가지려는 것일까? 우리가 멀어지자 그녀는 문을 쾅 소리가 나게 닫았다.

마을의 가장 높은 곳에 자리 잡은 세르비아 정교 교회는 사회생활의 중심지였다. 아기 예수를 안고 있는 성모마리아의 성상 앞에 울고 있는 젊은 여성의 조각상이 세워져 있었다. 세르비아 정교의 의식에 익숙하지 않은 우리는 한 남자가 이 성스러운 장소에서 뒷걸음질쳐서 나오더니 성호를 그은(오른쪽 어깨, 왼쪽 어깨) 다음 왼쪽 문의 십자가에 입을 맞추고 다시 성호를 긋는 것을 지켜보았다. 그는 다시 오른쪽 문의 십자가에 입을 맞추고서야 자기 집으로 돌아갔다. 거기서 조금 떨어진 이슬람교 사원은 전화를 입었다가 복구되었다. 비어 있는 듯 보였지만, 샌들 한 짝이 놓인 걸로 보아 누가 안에서 문을 잠근 채 있는 것 같았다. 우리가 여기 머무는 동안 첨탑에 설치된 확성기에서는 기도를 하라는 외침이 단 한 번도 들려오지 않았다.

플레블라(Pljevlja)로 가는 길은 협곡 안에 있는 가파른 오르막이었다. 우리는 양쪽에 벽처럼 길게 늘어선 소나무 사이를 걸었다. 동료들과 함께 컨테이너 사무실에 앉아 있던 여자 세관원은 베네딕트의 여권을 보자 푸근한 웃음을 짓더니 혀를 굴려가며 말했다. "안녕하세요, 부인. 어떻게 지내세요?" 이것은 그녀가 젊었을 때 들었던 프랑스어 수업에서 유일하게 기억하고 있는 문장이었다. 그녀는 이렇게 말한 후 무척 자랑스러운 표정을 지었다.

안녕, 보스니아. 세관원의 웃음소리를 뒤로하고 우리는 쉽게 회복되지 않는 전화를 입어 후유증에 시달리는 보스니아를 떠났다. 이제 우리는 발칸제국 중에서 가장 작은 나라로 들어간다.

고라주데, 9월 12일

베네딕트 플라테

우리는 보통 인생의 제1막은 뭔가를 손에 쥐려고 애쓰며 보내고, 제2막은 그렇게 손에 쥔 걸 놓으려고 애쓰며 보낸다. 하지만 보스니아 사람들은 이 같은 딜레마를 신경 쓰지 않는다. 이 나라에서는 느림과 기다림이 너무나 당연하게 받아들여진다.

특히 카페에서 남자들은 침묵 속에서 감탄사가 절로 나올 만큼 느릿느릿 나오는 맥주나 커피를 마신다. 그들은 카운터에 팔꿈치를 괸 채, 길거리를 바라보고 있는 사람의 등짝을 멍한 눈길로 바라보며 담배를 쉴 새 없이 피워댄다. 궐련 한 갑이 50상팀[프랑스와 스위스, 벨기에의 화폐단위]이다. 여자들도 남자들 못지않게 담배를 많이 피운다.

그들은 어디에도 없는 신비로운 정류장에서 버스를 기다린다. 아니면, 누군가 폭스바겐 자동차를 타고 검은 구름에 휩싸여 산 위의 맑은 하늘에 검은색 반점으로 나타나기를 기다린다. 사람들은 전쟁이 끝나자 유럽에서 보내준 돈으로 다시 집을 짓기를, 혹은 집에 회칠이라도 할 수 있게 되기를 바라며 기다린다. 하지만 그 돈으로는 기껏해야 1층밖에 못 짓는다. 이 나라의 집 네 채 중 한 채는 폐허로 변했다. 게다가 나머지 세 채도 버려져 있거나, 팔려고 내놓았거나, 아직 완성되지 않은 상태다. 정말 가슴 아픈 광경이 아닐 수 없다.

불법이 아닌 합법적인 일을 기다리고, 더 좋은 조건의 은퇴
도 기다리고 있다. 어쩌면 틀니가 그들을 기다리고 있는지도 모
른다. 아직 나이가 쉰도 되지 않은 여성들이 우리의 인사에 답하
곤 했다. 그럴 때마다 그들의 매력적인 얼굴이 보기 흉하게 변하
곤 했다. 이가 다 빠져 하나도 없었던 것이다. 어쨌든 사람들은
더 나은 미래를 기다리고 있다.

사라예보(정말 아름답고 흥미로운 도시다)에서 이틀, 고라
주데에서 하루를 지낸 덕분에 우리는 전쟁이 계속되는 동안 타
인을 죽이고, 개종시키고, 쫓아내기 위해 민간인들에게 얼마나
잔혹한 행위가 저질러졌는지 짐작할 수 있었다. 사라예보와 고
라주데는 4년 동안 포위당해 공격을 받았다. 이 나라에서 수만
명이 죽었는데, 그중에서 8,000명의 남자들과 청소년들이 유엔
평화유지군이 손을 놓고 방관하는 가운데 스레브레니차에서 학
살당했다. 200만 명 이상이 다른 곳으로 이주해야 했다. 누군가
가 사라예보 국립도서관에 불을 지르는 바람에 백만 권 이상의
서적이 불타버렸고, 그중에는 15만 권에 달하는 희귀한 수고(手
稿)가 섞여 있었다. 20년이 지난 지금도 도처가 폐허다.

자기가 사는 집에 총탄이 여기저기 박혀 있는데 어찌 잊을
수 있겠는가. 대인지뢰가 매설되어 있는 장소가 표시된 지도나
게시판을 매일같이 봐야 하는데 어찌 잊을 수 있겠는가. 어떻게
용서할 수 없는 것을 용서할 수 있겠는가.

"하지 않아도 될 전쟁을 한 겁니다." 무하마드는 이 한마디

로 요약했다. 지워버리고 싶어도 지워지지 않는 전쟁의 흔적은 너무나 아름다운 이 나라를 천천히 통과하는 내내 뇌리에 머물면서 우리를 따라다닐 것이다.

그렇지만 사람들은 정말 친절하다. 경찰들도 나와 베르나르, 율리시스가 지나가면 우리를 검문하거나 도로를 이용하라고 윽박지르는 대신 그냥 미소만 씩 짓고 만다. 심지어는 개들도 안 짖는다. 버려지거나 야생인 개들은 거대한 자연 속에 쌓여 있어서 그만큼 더 흉해 보이는 쓰레기 더미를 따라 수백 마리씩 떼를 지어 어슬렁거린다. 때로는 그들 중 한 마리가(친구를 만났다는 생각에 너무 좋아서) 지나가는 사람의 옷자락을 붙잡고 안 놓아줄 때도 있는데, 도지히 뿌리칠 수기 없다. 히지만 쫓이버려야 한다. 그놈이 갈지자로 길을 걸어 다니도록 내버려두었다가는 우리까지 위험해지기 때문이다. 두 인간과 짐수레 한 대로 충분하다. 자동차의 표적을 또 하나 추가할 필요는 없는 것이다.

이 나라에서는 죽은 자들이 산 자들 가운데 있다. 혹은, 그 반대다. 이슬람교도들의 무덤이 어디에나 있다. 두 건물 사이에도 있고, 길가에도 있고, 밭에도 있다. 울타리도 없고, 포석도 없다. 터번을 쓰고 있는 것 같은 우아한 모양의 오벨리스크가 바로 무덤이다. 꼭 숲 속의 빈터에서 돈아난 것처럼 보이고, 왼쪽이나 오른쪽으로 기울어져 있다. 보스니아 정교도나 가톨릭교도들의 묘지도 대부분 거기서 멀지 않은 도시 외곽에 자리 잡고 있다. 사암으로 된 포석을 깔려면 더 많은 공간이 필요하기 때문이다.

죽은 자들도 종교가 같은 사람들끼리만 모여 있다.

이 같은 뒤섞임은 뜻밖에도 마음을 평온하고 부드럽게 해준다. 우리의 여행처럼 삶을 소중하게 만들어준다.

그것 말고는 꽤 재미있다! 늘 유쾌하고(어떤 바보 멍청이가 자기를 속여먹으려고 하면 불같이 화를 내며 따지고 들 때를 제외하고는) 노래도 잘 부르는 내 남자는 방향을 정해야 할 때 나를 능숙하게 이끌었다. 나는 우리의 목표를 발견하기 위해 몇 개모르는 세르비아어, 보스니아어, 크로아티아어 단어를 동원하여 사람들과 얘기를 나누었다. 쉬운 일이 아니었다. 독일어를 할 줄아는 사람은 거의 없었고, 영어를 할 줄 아는 사람은 그보다도 적었기 때문에 더더욱 그랬다. 그들의 언어를 할 줄 모른다는 것은 그야말로 엄청난 장벽이다. 앞으로 의사소통이 안 되는 나라는 가지 않기로 결심했다.

지표 없이 걷는 것이야말로 진짜 힘든 일이다. 하지만 나는 그날그날 이 일을 배우는 게 좋다. 걷기 좋은 길을 찾아야 하고, 식사를 할 곳과 잠을 잘 만한 곳, 물을 얻을 수 있는 곳, 소변을 볼 수 있는 곳(특히 나를 위해)을 찾아야 한다. 나는 내가 남자가 아닌 걸 처음으로 후회했다. 상업지역에서 바로 공업지구로 바뀌는 도시권에서는 소변을 볼 만한 작은 덤불숲을 발견할 희망이 없다. 버려진 공사장이나 엉덩이를 감출 수 있는 변압기를 하루 종일 찾아다녀야 한다. 내가 그러는 건 창피해서가 아니라 타인들을 존중해야 하기(특히 이슬람교 국가에서는) 때문이다. 그래서 늘 조심해야 하지만, 실제로 꼭 그렇게 되지는 않는다. 소변이 하루에도 스무 번은 마려웠기 때문에 더더욱 그랬다. 매일 마시는 4리터의 물을 몸 밖으로 배출해야 했던 것이다. 어느 날 아침, 나는 모래 더미 뒤에 몸을 잘 숨겼다고 생각하고 소변을 눈 다음 팬티를 올리면서 눈을 들었는데……. 다섯 명이나 되는 남자들이 건너편 집의 지붕에 앉아 내려다보며 히죽거리고 있는 게 아닌가.

내 마음은 높은 고개를 오랫동안 기어올라 이쪽 계곡에서 저쪽 계곡으로 천천히, 그러나 힘들게 건너간다. 거기서 나는 이 여행에서 내가 찾던 것을 맛보았다. 마리-엘렌 라퐁[6]이 너무나 잘 묘사해준 그것. "흩어졌던 니 자신을 다시 모아주는 느림."

II.
베로나 — 이스탄불

6. Marie-Hélène Lafon, 프랑스 작가. 대표작으로는 『개의 저녁』이 있다.

10. 평화의 나라

몬테네그로('검은 산'이라는 뜻). 인구는 62만 명으로, 여기에 분산된 민족 집단이 보태어진다. 2006년 독립했다. 유로를 일방적으로 공식 화폐로 채택하였다. 수도는 포드고리차.

인접한 두 나라의 세관은 지리적으로 가까운 게 일반적이다. 그러나 잘 웃는 세관원이 일하던 보스니아 세관에서 몬테네그로 국경까지 가기 위해서는 무려 세 시간이나 걸어 올라가야만 했다. 메탈리카에서는 두세 채의 집이 세관 건물 주위에 모여 있었다. 세관원들은 우리의 여행에 대해 이것저것 물어보더니 플레블라가 여기서 40킬로미터 떨어져 있다고 알려주었다. "거기까지 가는 동안 식당이나 호텔이 있나요?" "아뇨, 식당도 없고 호텔도 없어요." 금방이라도 비바람이 몰아칠 듯 검은 구름이 몰려오자 기분이 침울해졌다. 세관에서 200미터쯤 떨어진 곳에서 어설픈 식사를 하고 있는데 빗방울이 떨어지기 시작했다. 방금 세관에서 출발한 자동차 한 대가 멈추어 섰다. 한 여성이 차에서 내리더니 아무 말없이 우리에게 사과 두 개와 작은 과자 두 개를 내민 다음 마냥 웃기만 하면서 다시 자동차에 올라타고 떠났다. 몬테네그로에 오신 것을 환영합니다.

전쟁은 그 상흔과 함께 국경에서 멈추어 섰다. 색깔 있는 석회를 벽에 칠한 아름다운 집들은 관리가 아주 잘되어 말끔했다. 이 나라에는 버려진 집이 단 한 채도 없었다. 길을 가다 만난 몬테네그로 사람들은 하나같이 친절하고 온화했다. 평화란 얼마나 아름다운 것인가! 하지만 날씨는 그다지 아름답지 못해서 굵은 빗방울이 투두둑 쏟아져 내리더니 아스팔트 위에 검고 둥근 자국을 무수히 만들어냈다. 해발 1,200미터에서 야영을 한다는 건 전혀 내키지 않는 일이었다. "버스를 타지 그래요?" 한 남자가 이렇게 권했다. 우리는 트럭에 짐을 싣고 있는 두 명의 일꾼에게 몇 시에 출발할 건지 물었다. "네 시간쯤 뒤에나 출발할 겁니다. 하시만 플레블랴에 갈 거라면 기다릴 필요 없어요. 우리가 두 분을 태워다 줄 수 있고, 방도 찾아줄 수 있으니까요."

율리시스는 적재함 위로 단번에 끌어 올려졌다. 방수포로 덮인 적재함에는 작은 바퀴가 달린 안락의자 두 개와 긴 소파가 놓여 있었다. 계속 이어지는 커브길을 돌며 스릴 있게 달리다 보니 어느새 목적지에 도달했다. 트럭은 도로에 수없이 파인 구멍을 지나갈 때마다 엄청나게 흔들렸지만, 푹신한 방석이 충격을 완화해주었다. 트럭 운전사는 다른 데 들러 가구를 배달한 다음 시 외곽으로 차를 몰아 방을 빌려줄 자기 친구네 집 앞에 우리를 내려주었다. 바로 그 순간 천둥 번개를 동반한 폭풍우가 몰아쳤고, 풍경은 얼음처럼 차가운 폭우 속에 잠겨버렸다. 휴우, 우리를 지켜주시는 신께 감사를!

그날 밤, 우리는 숙의를 거듭했다. 이틀 후면 세르비아에 도

II.
베로나 — 이스탄불

착할 것이다. 사라예보와 스레브레니차, 고라주데에서 보고 들은 것 때문에 충격에서 헤어나지 못하고 있던 베네딕트는 더 이상 세르비아와 세르비아인들에 대한 얘기를 들으려고 하지 않았다. 하물며 거기 가는 것은 노골적으로 싫은 기색을 보였다. 하지만 나의 저널리스트로서의 체험은 그 반대의 결정을 내리도록 만들었다.

어떻게 해야 하는가? 일단 두고 보자. 기다리면서 지켜보자.

우표의 나라인 몬테네그로에서는 집 앞에 의자나 소파를 내놓고 거기 앉아 무엇인가를 바라보는 일이 흔한 일상이자 별개의 활동으로 인정받는다. 심지어는 버려진 집에서 곧 사라지게 될 의자를 보아도 한가한 유령들이 아직 앉아 있는 것 같은 생각이 든다. 해가 나자마자 주민들은 집 앞에 나와 편안하게 자리를 잡고 앉아 지나가는 자동차를 물끄러미 바라보기도 하고, 이따금 스치는 행인들을 무심하게 쳐다보기도 한다.

우리는 37킬로미터에 달하는 그날 여정이 해발 1,200미터의 고개에서 시작된다는 점을 감안하여 여유 있게 아침 8시가 돼서야 플레블라에서 출발했다. 도시를 빠져나오자 거대한 노천 갈탄 채석장이 내려다보였다. 품질이 낮은 이 석탄은 1982년에 건설된 가장 큰 발전소에 연료를 공급했으며, 여기서 생산된 전기는 대기를 더럽히지만 몬테네그로의 전체 전기 수요의 3분의 1을 담당한다. 거대한 벨트컨베이어가 이 공장에서 나오는 폐기물을 산꼭대기까지 실어 나르고 있었다. 풍경이 환히 내려다보이는 높은 곳에 산더미처럼 쌓인 검은색 폐기물 더미는 거대한 피라미드 같았다. 갈탄 채석장이 내려다보이는 길을 따라 걸어가고 있는데 갱에서 연속적으로 폭발음이 들렸다. 그러자 즉시 불도저들이 움직이기 시작하더니 덩치 큰 트럭에 석탄을 싣기 시작했다.

우리는 천천히 길을 내려갔다. 그때 에미르 쿠스트리차[7]의 영화에나 나올 만큼 우스꽝스럽게 생긴 사람들이 우리를 지나쳐 갔다. 텁수룩한 머리의 남자가 시끄러운 소리를 내는 소형 오토바이를 몰고 있었으며, 뒷자리에 탄 여자는 주물 난로를 꼭 껴안고 있었는데 난로 무게에 짓눌려 몸이 납작해졌다. 난로 연통이 꼭 잠수함의 잠망경처럼 두 사람 머리 위로 삐져나와 있었다. 남자는 과회전한 엔진을 식히기 위해 몇 미터 떨어진 곳에서 오토바이를 멈춰 세웠다. 그래서 우리는 당연히 이 거북이 경주에서 이길 거라 생각했지만, 오토바이는 한 차례 헛기침을 한 뒤 회색과 검은색 방귀를 뀌며 다시 출발했다. 그 장면을 사진으로 남겨야 했지만 걷느라 힘든 데다 햇살 눈부신 아침이 준 선물 같은 구경거리를 보며 웃느라 깜박했다. 하지만 상관없다. 우리는 이 기이한 장면을 오랫동안 간직할 것이다.

몬테네그로의 세관원들은 프랑스 사람들을 만난 게 너무 기뻤던지 우리를 열렬히 반겼다. 그렇지만 세르비아 쪽은 냉랭한 표정이었다. 젊은 세관원은 의심스러운 눈길로 우리를 아래위로 훑어보며 여권을 스캐너에 집어넣었다. 그게 자기 업무라는 듯 오만한 무관심을 노골적으로 드러내며 손에 들고 있던 여권에

---

7. 유고슬라비아 영화감독. 내전으로 얼룩진 조국의 역사를 주로 다룬다. 주요 작품으로는 〈돌리벨을 아시나요?〉 〈집시의 시간〉 〈언더그라운드〉 등이 있다.

스탬프를 쾅 하고 찍었다. 그 바람에 초록색 잉크 스탬프가 뭉개지면서 어느 나라 세관에서 찍었는지 알 수 없게 되어버렸다. 각국 세관의 스탬프를 수집하고 있는 내 입장에서 그건 도저히 용서할 수 없는 행동이었다.

하늘도 우리를 환영하고 싶지 않은 듯했다. 하얀 세르비아 정교 교회 건물이 나타날 때까지 오르막길이 계속 이어졌다. '코코'라는 이름의 식당은 때맞춰 나타난 대피소나 마찬가지였다. 거대한 폭풍우가 느닷없이 몰아닥치더니 우박을 동반한 소나기가 마치 양탄자처럼 지면을 뒤덮으며 국경에 쏟아지기 시작했다. 점심때가 한참 지나서인지 식당의 유일한 손님이었던 우리는 얼핏 스키장의 인공 눈처럼 보이는 소리 없는 순백의 망토를 물끄러미 바라보았다.

이제는 다음 경로를 어떻게 할 것인지 결정해야 했다. 나는 원래 모든 전쟁은 다 야만적인 것이라며 베네딕트를 설득하려 애썼다. 전투부대는 어느 진영에 속하든지 간에 비난의 대상이 될 수밖에 없다. 우리는 세르비아와 크로아티아, 보스니아 군대와 민병대의 잔혹 행위가 거의 대부분 민간인들을 대상으로 저질러졌다는 사실을 알게 되었다. 그들은 '다른 사람들'의 나라를 '청소해야' 한다는 명분을 내세웠다. 여성과 청소년, 노인, 그리고 심지어는 어린아이 들도 예외가 아니었다. 터무니없는 민족주의를 신봉하다 보니 수백 년에 걸쳐 이루어진 문화와 역사를 싹 지워버림으로써 평화를 되찾을 수 있을 것이라고, 퍼즐 조각들을 다 없애버리면 완전히 새로운 종교적 순수성을 만들어낼 수 있을 것이라고 믿었던 것일까.

나는 베네딕트가 내 말에 동의하지 않는다는 걸 분명히 알 수 있었다. 내키지도 않는데 마지못해 걸을 수는 없다. 그래서 우리는 '작은 이스탄불'이라고 불리는 노비 파자르(Novi Pazar)까지 버스를 타고 가기로 했다. 거기서부터는 다시 걷기 시작하여 나흘을 걸어야만 갈 수 있는 거리를 단번에 가로질러 코소보로 건너갈 계획이다. 장거리 트럭 운전사와 트랙터를 모는 농민들, 택시를 제외하면 보통은 걸으면서 반대 시위를 하지만, 우리는 자동차를 타고 가면서 이곳에서 저질러진 야만적인 인종 청소에 항의할 것이다.

II.
베로나
―
이스탄불

11. 작은 이스탄불

세르비아. 인구 716만 명. 2006년 독립했으며 2009년부터
유럽연합 후보국으로 아직 비유로존이다. 화폐단위는
디나르이며 수도는 베오그라드.

프리예폴레(Prijepolje)의 숙소 주인은 방값을 선불로 요구
했다. 자동차가 없는 사람들, 요컨대 돈을 낼 능력이 없어 보이
는 사람들은 믿지 못하겠다는 걸까? 방에 들어서는 순간, 우리는
주인이 왜 방값을 미리 받으려는지 진짜 이유를 알게 되었다. 사
람 사는 방이 그렇게까지 더럽고 지저분한 건 생전 처음 보았다.

프리예폴레는 음울한 분위기가 깔려 있는 가난한 소도시였
다. 파리에 은행과 부티크, 카페가 많은 것처럼, 이슬람교도들이
다수를 차지하는 모든 도시의 큰길에는 보석상이 눈에 많이 띈
다. 결혼하려면 신랑은 신부에게 보석을 사주어야 한다. 어떻게
보면 이혼할 경우에 대비해 들어놓는 보험이라고 할 수 있다. 그
것은 신랑이 신부에게 주는 지참금이며, 신부는 이혼할 경우 그
에 대한 소유권을 갖게 된다.

이 도시는 마치 말을 탈 때처럼 림(Lim) 강 양쪽에 걸터앉
은 모양새다. 거의 수직으로 치솟은 왼쪽 기슭에 흰 집들이 푸르

른 초목 속에 계단 모양으로 자리 잡았다. 율리시스를 해체해서 가방에 집어넣고 세르비아를 통과하게 될 버스를 기다리며 여기저기 돌아다녔다. 묘한 감정이 들었다. 그런 느낌은 처음이었다. 걷는 사람은 자기가 원할 때 걷기 시작하고, 자기가 원할 때 걸음을 멈춘다. 하지만 버스를 타고 가면 엔진이 나의 시간을 제어한다.

마흔 살이 안 된 거의 모든 남자들은 양쪽 머리를 박박 민 다음 가운데 남아 있는 머리에 포마드를 바른다. 이건 서방의 젊은이들 사이에서도 크게 유행했던 헤어스타일이다. 이 같은 헤어스타일의 혁신은 그들이 이루어낸 것일까, 아니면 우리가 먼저 시작한 것일까? 유행의 미스터리다.

율리시스를 버스에 실으려 기다리면서 이번 여행에 대해서 이런저런 생각을 했다. 나는 미처 몰랐던 여행의 미덕을 알게 되었다. 이번 여행 덕분에 함께 사는 여인에게 더욱더 가까이 다가갈 수 있게 된 것이다. 베네딕트와 내가 하루 스물네 시간을 꼬박 함께 보낸 건 정말 오랜만이었다. 그녀는 알고 보니 건실하고, 세심하며, 용기 있고, 눈이 부시도록 빛을 발하는 사람이었다. 우리가 현지인들과 얘기를 나눌 때 그들은 언제나 한 발짝 물러서서 관찰만 하는 나보다는 그녀에게 더 자주 말을 걸었다.

우리가 발칸반도에 대해 알고 있는 지식은 막연한 수준이었다. 우리는 평생 해도 못할 역사와 지리 공부를 길 위에서 다했다. 한 걸음 한 걸음 걷는 것보다 그 나라에 더 잘 동화되는 방법이 어디 있겠는가? 그 나라의 지리는 눈과 장딴지를 통해 몸속으로 스며들었다. 우리는 깊은 협곡을 떠나 나무가 **빽빽**이 우거진 지역으로 들어섰다. 길이 구불구불 이어졌고 높은 산을 힘들게 기어 올라갔다.

트리에스테에서부터 나는 이 지역 세 공동체 간의 단절이 얼마나 넓고 깊은지 체감했다. 사람들은 이슬람교 사원, 세르비아 정교 교회당, 그리고 가톨릭 성당의 종탑 아래서 서로를 죽였다. 전쟁은 언제 다시 일어날지 모른다. 그만큼 반목과 증오의 뿌리는 깊다.

전쟁. 이런 분위기 속에서 길을 가다 보니 먼 옛날의 기억이 떠올랐다. 연합군이 노르망디 상륙작전을 벌일 당시 나는 전쟁의 현장에 있었다. 여섯 살 때였다. 나는 공포에 질려 폭탄 터지는 소리를 들었고, 비 오듯 쏟아지는 총탄 사이를 뚫고 미친 듯이 도망쳤으며, 화염방사기에 새까맣게 그을린 시체도 보았다. 탱크나 비행기 엔진 소리만 들려오면 즉시 두려움에 휩싸였다. 평화가 돌아온 뒤에야 다시 평정심을 되찾았다. 오늘도 우리는 이따금 위협이 임박했다는 느낌에 사로잡힌다. 이런 느낌은 우리가 발칸전쟁에 대해 알던 흔적과 기억, 폭력에 의해 더욱 강렬해진다.

카페를 나서는데 수염이 덥수룩한 남자가 알고 있는 영어 단어 몇 개를 써먹을 수 있는 기회를 잡았다는 듯, 여기는 일자리가 변변찮은데 프랑스는 어떠냐고 물었다(처음 있는 일은 아니었다). 미흐티는 굴뚝 청소부였다. 여기 사람들은 다들 나무로 난방을 했다. 그러나 땔감 나무를 저장하여 말릴 창고가 있는 집은 극소수였다. 축축한 나무가 굴뚝을 그을음으로 더럽히는 바람에 대부분의 주민은 해마다 굴뚝 청소를 해주어야 한다. 미흐티 입장에서는 유감스럽게도, 보통은 가정에서 어설픈 장비로 직접 굴뚝을 청소한다. 나는 각 가정이 직접 굴뚝 청소하는 걸 금해야 한다는 주장을 펴라고 그에게 권유했다. 즉 굴뚝 청소 허가증 없이 청소하다가 불을 낼 경우에 보험회사에서 보상해주지 않는 것이다. 분위기가 무르익어 나는 어디 좋은 카페 있으면 가서 좀 더 편안하게 얘기를 나눠보자고 그에게 제안했다. 세르비아에서 이슬람교도와 가톨릭교도, 세르비아 정교도들 간의 관계에 대해 너 자세히 읽고 싶었던 것이다. 처음에는 내 제안을 흔쾌히 받아들여 외국인들과 함께 있는 자신의 모습을 과시할 수 있는 장소를 찾는 것 같더니 이내 생각이 달라졌는지 결국은 거절했다. 나는 작별 인사를 하려 손을 내밀었다. 베네딕트도 손을 내밀었다. 그러나 그는 흠칫 뒤로 물러나더니 오른손을 황급히 등 뒤로 감추며 말했다.

"난 이슬람교도라서 여자랑은 악수 안 합니다."

우리는 그 말을 듣고 놀라며 물었다.

"코란의 어느 구절에 이 간단하면서도 아주 인간적인 동작을 하지 말라고 나와 있나요?"

그가 큰 소리로 대답했다.

"그건 잘 모르겠지만, 여자와의 악수를 거부하는 건 내가 마땅히 누려야 할 권리라고요."

그리고 이렇게 덧붙였다.

"베네딕트가 가까운 친척이거나 여자 친구라면 모르지만, 외국 여자는 절대 안 돼요!"

그 다음 날, 셰니차(Sjenica)에서 우리는 한 젊은 여성과 얘기를 나누었다. 세르비아 말을 배우려고 여기 머무를 뿐 이 나라 사람은 아니라고 했다.

"그럼 어느 나라 사람인가요?"

"전 이슬람교도입니다."

우리는 그녀에 대해서 더 이상은 알 수가 없었다. 이 지역에서도 때로는 종교가 신원이 되었고 정체를 대변했다.

율리시스를 버스 트렁크에 집어넣고 노비 파자르를 향해 출발했다. 풍경이 너무나 아름다웠다. 숲이 우거진 산을 지나니 까마득한 고원이 나타났다. 우리는 수많은 소들이 풀을 뜯고 있는 걸 보고 그 고원에 '천 마리 소들의 천 미터 고원'이라는 이름을 붙여주었다.

그 젊은 이슬람교도 여성은 노비 파자르가 '작은 이스탄불' 같은 곳이라고 말했다. 20년 전만 해도 라슈카(Raška) 지방에 속하던 이 도시에는 엇비슷한 숫자의 이슬람교도들과 세르비아 정교도들이 살았다. 그러나 전쟁은, 특히 인근 코소보에서 일어난 참화는 이 균형을 무참히 깼다. 많은 세르비아인들이 떠나고 많은 코소보인들이 도착했으며, 지금은 이슬람교도들이 거의 80퍼센트를 차지한다. 어떤 이들은 이 지역에서 장차 전쟁이 일어날 가능성이 매우 높다고 생각한다. 밤이 이슥하자 젊은이들이 길거리를 배회했다. 작은 이스탄불의 분위기는 무거웠고, 여기서 우리는 환영받지 못한다고 느꼈다. 손님이 남자들밖에 없는 카페에 들어가자 그들이 베네딕트를 비난하고 나무라는 눈길로 쳐다보는 바람에 결국 우리는 거기서 서둘러 나와버렸다.

우리가 빌린 방은 1제곱미터 남짓한 욕실 겸 화장실까지 합쳐서 5제곱미터에 불과했으며, 벽이 어찌나 얇은지 옆방 사람들의 숨소리가 다 들릴 정도였다. 원래는 여기서 이틀 밤을 보낼 생각이었지만, 아침이 되자마자 아무 미련 없이 떠났다. 그리고 빨래방에 가서 옷을 빨았다.

세르비아는 우리 뒤에 있었다. 만나는 사람마다 우리에게 경계심을 늦추면 안 된다고 말했던 나라를 향해 걸었다. "마피아를 조심해야 합니다!"

12. 커피와 차의 경계선

코소보. 인구 170만 명. 2008년 독립했다. 알바니아인과
이슬람교도가 다수이고, 세르비아인이 소수다. 사용하는 언어는
알바니아어와 세르비아어다. 유엔평화유지군이 주둔 중이다.
화폐단위는 유로, 수도는 프리슈티나.

마지막 발칸전쟁은 코소보에서 벌어졌다. 코소보를 자기네
기독교 문화의 발상지로 간주하던 세르비아인들은 그들이 '대 세
르비아'라고 부르는 권역에 이 나라를 포함하려 했다. 러시아인
들도 우크라이나의 일부를 불안정하게 만들어 병합하려고 유사
한 논리를 내세울 것이다. 1990년 당시 이 나라에는 기독교를 믿
는 세르비아인들과, 이슬람교를 믿고 알바니아어를 사용하며 독
립을 선포하고 싶어 하는 다수가 공존하고 있었다. 1996년 UÇK
라고 부르는 코소보 해방군이 생겨났다. 슬로보단 밀로셰비치
(Slobodan Milošević)가 지휘하는 세르비아군이 이 나라를 점령
했다. 스레브레니차 학살 이후로 유엔은 또다시 인종 청소가 자
행될까 봐 두려워했다. 이번에도 별다른 대응 없이 방관할 수는
없었다. 1999년 유엔은 이 나라를 장악하고 탄압을 중단하도록
촉구하였다. 유엔의 호소에도 진전이 없자 북대서양조약기구가

대규모 폭격을 시작했고, 결국 밀로셰비치는 굴복했다.

평화가 다시 찾아왔다. 이제는 그 평화를 계속 유지하는 게 더 중요하다. 유엔은 평화유지군을 창설하여 두 종교 공동체가 다시 대립하지 않도록 감시하고 있다. 2008년에 코소보는 일방적으로 독립을 선포했다. 그러나 세르비아인과 알바니아인 간의 관계는 극도로 경색되어 있어서 미래는 전혀 보장되어 있지 않다. 세르비아인들은 아직도 '대 세르비아'를 꿈꾸고 있으며, 알바니아인들도 '대 알바니아' 수립에 호의적이다. 여전히 세르비아인들은 코소보의 독립을 인정하려 하지 않는다. 그들에게 이 국가는 자기 나라의 한 주(州)에 불과할 뿐이다. 그래서 세르비아에서 만든 지도에는 두 나라 사이의 국경이 표시되어 있지 않다. 걸으면서 만난 여러 명의 세르비아인들은 이슬람교도들이 파괴했다는 세르비아 정교 교회를 앞세워 자기들이 코소보에 대한 권리를 갖고 있다고 주장했다.

페르파림은 솔직해 보이는 인상에 체격이 호리호리한 남자였는데, 지나가는 외국인들과 얘기를 나눠보고 싶어 하는 표정이 역력했다. 영어를 완벽히 구사했기 때문에 우리는 긴 대화를 나눌 수 있었다. 그는 마흔네 살로, 코소보에서 태어나 열여덟 살 때 폭격을 피해 고향을 떠났다. 그는 프랑스에서 1년을 머물고 형이 사는 영국으로 건너가 7년 동안 살면서 아버지의 직업을 이어받아 빵을 만들다가 조국으로 돌아와 코소보 여자와 결혼했다. 어린 딸을 둔 그는 지금은 월급을 더 받을 수 있는 슬로바키아에서 일을 하고 있는데, 그 덕에 고향에 집을 한 채 지을 수 있

II. 베로나 — 이스탄불

었다.

그가 코소보에 대해 갖고 있는 이미지는 매우 부정적이었다. 마피아가 이 나라를 지배하고 있다. 그의 말에 따르면, 이 나라 인구는 200만 명에 불과한데 자동차는 무려 400만 대나 있고 이는 대부분 유럽에서 훔쳐 온 것이라고 한다. 비록 부패로 인해 국제 원조금 대부분이 빼돌려졌다는 소문이 있기 하지만 어쨌든 유럽과 미국은 이 나라를 원조하는 데 인색하게 굴지 않았다. 1998년에서 1999년까지 계속된 대규모 공습이 끝나자 폐허 위에 새로운 동네들이 들어섰다. 1980년대에는 세르비아 공동체와 알바니아 공동체가 균형을 이룬 반면 지금은 전체 인구의 80퍼센트가 이슬람교도다. 중요한 직위를 점했던 많은 세르비아인들이 떠나자 행정기관과 학교, 경찰, 군대를 서둘러 재건해야 했다.

어쨌든 페르파림은 자신이 이슬람교도라고 당당히 말했으며, 다음 번 인구조사 때도 똑같이 얘기할 것이다. 그러나 그는 이슬람교 사원에 들어간 적이 단 한 번도 없으며, 유일하게 하는 종교 활동은 1년에 한 번씩 이맘[Imam, 이슬람교 지도자]에게 2유로씩 주는 것뿐이다. 죽어서 무료로 묻히기 위해서다. 말하자면 상조 보험에 든 것이다. 그는 동시에 두 가지 일을 하면서 열심히 살았다. 결혼 비용을 마련하기 위해 25,000유로를 저금했던 것이다. 6,000유로는 약혼녀에게 금반지를 사주는 데 썼고, 나머지는 400명의 하객을 배불리 먹이는 데 썼다. 우리가 그것이 전제로 하는 불평등에 놀라워하자(결혼할 때 이 정도의 돈이 필요하다면, 가난한 사람들은 아예 결혼할 생각을 말아야 하는 것이다) 그는 어깨를 으쓱거렸다. 결혼할 때 최소한 이 정도는 써야지, 안 그러면 체면이 깎인다는 것이었다. 그는 자신의 사회적 지위와 체면 유지를 무엇보다도 중요하게 생각했다.

수도인 프리슈티나는 거대한 공사장이었다. 도로를 건설하는 중이었고, 색색의 대형 건물들이 세워질 예정이었으며, 집들이 땅에서 솟아오르고 있었다. 나라를 온통 다시 짓고 있는 것이다. 하지만 이 모든 게 도시계획에 따라 체계적으로 이루어지지 않는 게 분명했다. "일하고 싶은 생각만 있으면 무조건 일자리를 찾을 수 있어요." 페르파림은 말했다. 코소보는 독립할 때부터 유로를 채택했나. 노동사는 한 달에 400유토를 빌고, 교사는 600유로를 번다. 우리가 셋이서 먹은 점심값은 7유로였다.

택시 운전사가 우리를 도시 외곽의 '티라나' 호텔까지 태워다 주겠다고 제안했다. 그는 우리의 가이드가 될 것이다. 택시비는 3유로였다. 페르파림은 우리가 대화를 나누는 동안 그에게 기다리라고 했다. 운전사는 끈기 있게 우리를 기다렸다. 드디어 우리가 택시에 오르자 그는 첫 번째 주유소에 차를 세우더니 주행 도중에 기름이 떨어져 서버리면 안 되니 미리 기름을 넣어야 한다며 2유로를 요구했다. 결국 우리는 5유로를 주고 호텔까지 택시를 타고 간 셈이었다. 운전사 입장에서는 분명히 남는 장사였을 것이다.

"이곳에는 커피는 없고 오직 차뿐입니다, 손님." 9월 18일 우리가 아주 맛있는 아침을 먹었던 작은 식당 주인이 말했다. 어디

II 베로나 — 이스탄불

서나 마실 수 있었던 커피의 경계선을 방금 넘어 이스탄불과 중국까지 펼쳐져 있는 차의 왕국에 들어온 것이다.

도로에서 지옥을 경험했다. 코소보에 자동차가 400만 대 있다면, 우리는 그날 그중 200만 대와 마주친 게 틀림없다. 프리슈티나에서 나오는 길은 건물들과 콘크리트 벽에 끼어 있어 좁고 험했다. 왕복 4차선은 오가는 자동차를 피할 수 있는 최소한의 공간도 없었고 보행자 도로는 아예 없었다. 코앞에 와서야 우리를 본 운전자들은 다른 차선에서 질주하는 자동차와 충돌하지 않고 우리를 피해 가기 위해 겨우 30~40센티미터 움직였다. 그럴 때마다 소음은 또 어찌나 큰지 우리는 서로에게 무슨 말을 하고 싶어도 할 수가 없었다. 트럭 한 대는 두 번이나 급브레이크를 밟았다. 2킬로미터는 되는 것 같은 길이 끝나자 조금 여유가 생겼다. 하지만 위험이 사라진 건 아니었다. 지프 한 대가 멈추어 섰다. 영국 사람이었다. 그는 우리가 목숨을 잃을지도 모른다며 태워주겠다고 제안했다. 고마운 말이었지만 사양했다. 잔뜩 긴장한 상태에서 3~4킬로미터 정도 더 걷고 난 뒤에 드디어 도로와 평행하게 나 있는 소로를 발견하여 안전하게 걸을 수 있게 되었다. 우리는 엄청난 자동차 행렬 속에서 십여 대의 지프와 트럭, 기관총을 장착한 장갑차로 이루어진 유엔평화유지군 수송단이 지나가는 것을 여러 번 보았다.

그날 30킬로미터를 걷는 내내 이 나라에 경제적 활력이 되살아났다는 사실을 확인했다. 공장과 상가, 주차장, 창고가 계속 이어졌다. 새로 문을 연 알루미늄 창문 공장 앞에 서 있던 셀라미는 우리와 율리시스를 보고 놀라서 눈을 동그랗게 뜨더니 물이라도 한 잔 마시고 가라고 친절을 베풀었다. 우리는 기쁜 마음으로 그의 호의를 받아들여 공장 한가운데의 응접실 역할을 하는 자동차 좌석에 편안하게 앉았다. 셀라미는 일주일 전부터 유리창을 만들기 시작했다고 말했다. 스물일곱 살인 그는 두 명의 직원을 고용한 자기 회사의 미래를 낙관하고 있었다. 그의 공장 앞에는 세 나라의 국기가 나부끼고 있었는데, 하나는 미국 국기, 또 하나는 코소보 국기, 그리고 알바니아 국기였다. 그는 이슬람 교도였다. 프리슈티나나 페리자이 같이 큰 도시에서는 세르비아 인들이 잔혹 행위를 하지 않았지만, 작은 마을에서는 무장한 자들이 여자들과 아이들을 집에 가두고 무차별 총격을 가한 다음 불을 질렀다고 했다.

그날 밤 우리가 묵은 호텔 주인인 이스마엘이 그 얘기를 다시 한 번 확인해주었다. 그는 제네바에서 7년 동안(그중 6년은 불법체류를 했다) 일을 했기 때문에 프랑스어를 아주 잘했다. 그는 체류 허가 기한이 만료되어 돌아와야 했다. 그의 가족이나 친척 중에는 죽은 사람이 없지만, 친구들이나 같은 종교를 믿는 사람들은 전쟁 때 많이 희생됐다. 나는 물었다. "평화유지군은 떠났습니까?" 프랑스가 병사들을 철수하려는 계획을 추진하고 있었기 때문에 이 질문은 중립적이지 않았다. 그러자 이스마엘이 소리쳤다. "절대 안 됩니다. 평화유지군이 20년은 더 남아 있어야 해요. 안 그러면 코소보 사람들은 또 싸울 겁니다!"

부릉부릉거리는 자동차 엔진 소리를 뚫고 들려온 멋진 멜로

디가 우리 귀를 어루만져주었다. 그것은 열여덟 살 목동 아르단이 길가에서 염소 떼를 감시하며 가드레일에 앉아 부는 피리 소리였다. 그런 장소에서 아름다운 음악을 듣게 되어 깜짝 놀란 베네딕트는 녹음해도 되느냐고 물었다. 소년은 드디어 사람들이 자신의 음악에 관심을 갖게 된 걸 너무 기뻐하며 우리를 위해 진짜 연주회를 열었다.

몇 킬로미터를 더 걸어가자 '순교자들의 묘지'라고 이름 붙여진 코소보 해방군의 묘지가 도로를 내려다보고 있었다. 검은색 화강암으로 세운 무덤마다 사진이 한 장씩 끼워져 있었다. 여자가 다섯 명, 남자가 서른 명가량 되었다. 그중에 가장 어린 사람은 열여덟 살이었고, 나이가 가장 많은 사람은 쉰 살이었다. 알바니아 국기는 매일매일 모래 위에 다시 그려진다.

우리는 '베니' 식당에서 또 전쟁 얘기를 했다. 식당 주인 구리는 총알을 세 발 맞고 불구자가 되었다. 그는 코소보 사람들이 세르비아 군인들에게 무기를 샀다고 말했다. 나는 코소보 사람들이 사용한 무기 중에서 많은 숫자가 알바니아에서 왔다는 글을 읽은 적이 있다. 구리는 스위스에서 11년 동안 살다가 돌아와 식당을 열었다. 그는 전쟁이 4만 명의 주민들에게 미친 영향에 대해 연구했다. 그의 호텔 주변에 있던 집 687채가 세르비아인들에 의해 불탔고, 민간인 127명과 군인 87명이 목숨을 잃었다고 주장하며 열을 올렸다. 가까스로 살아남은 사람들은 독일과 스위스, 혹은 프랑스로 갔다. 전쟁이 끝나자 인도주의 단체들이 각 가정에 집을 다시 지으라며 지원금을 제공했다. "공산주의를 체험했던 사람들은 자본주의를 잘 이해하지 못하고 옛 시절을 그리워합니다."

코소보의 부패는 프랑스의 부패만큼 심하지는 않다고 한다. "우리에게는 발칸제국에서 가장 유능한 경찰이 있습니다. 하지만 누가 호텔을 짓기 시작하면 사람들은 부정한 돈으로 그걸 짓는 게 틀림없다고 생각하죠." 그는 자기 나라에서 학위를 돈으로 살 수 있다는 말도 믿지 않았다. 반대로 부동산 투기는 심하다고 한다. 예를 들면 돈이 있는 사람들은 마케도니아 노동자들에게 일을 시켜서 싼값에 집을 짓는다. 임금으로 하루에 고작 10유로를 준다. 집주인들은 3~4년 후면 집을 엄청난 값에 되팔 수 있을 거라 확신하고 있다. 하지만 구리에 따르면, 그건 무모힌 도박이다. 그는 프리슈티나에서 8층짜리 건물을 짓는 일도 해봤다. 공사는 3년 전에 끝났으나 지금까지 아파트는 단 한 채도 팔리지 않았다고 한다.

카차니크(Kačanik)에 도착을 앞두고 있을 때 지야가 도로변에서 우리를 기다리고 있었다. 어제 그는 아내와 함께 식사를 하고 있었고 바로 근처에서 우리도 밥을 먹고 있었다. 그들은 우리에게 말을 붙이지 않았지만 관심은 갖고 있었던 모양이다. 우리는 그의 집 바로 앞에 있는 '라 폰타나'라는 화려한 호텔에 묵기로 결정하고, 저녁에는 지야와 그의 친구들과 토론을 벌였다. 이 젊은이는 아버지와 함께 묘비 만드는 일을 하고 있었다. 다섯 살에서 열세 살까지 독일로 피난을 가 있었기 때문에 독일어를 완벽하게 구사했다. 영어도 제법 했다.

지야는 어떤 문제에 대해 에둘러 말하는 법이 없었다. 교육에 관해서 "공립학교 선생들은 모두 공산주의자다"라고 일갈했다. 그러면서 구리가 한 말을 되풀이했다. "여기서 학위를 돈 주고 사는 건 불가능합니다." 고등학교를 졸업하고 지난달에 결혼한 그의 젊은 아내는 학위를 받으려 열심히 공부하고 있었다. 전쟁에 관해서는 달랐다. 그는 전쟁을 겪어보지 않았으니 자신과는 그다지 큰 관련이 없다고 느낀다. 젊은이들 중 10퍼센트는 시리아로 성전을 하러 떠날 준비가 되어 있다. 어떤 젊은이들은 아내와 자식들을 버리고 싸우러 간다. 카차니크에서 이미 다섯 명이 죽었다. 그는 이라크로 가는 젊은이들은 소수인 반면 시리아에 가겠다는 젊은이들은 그렇게 많다는 사실에 놀라워했다. 월급쟁이들은 하루에 8시간, 일주일에 엿새씩 일하지만 월급은 400유로에 불과하다. 모든 가정들이 외국에서 돈을 보내주는 이민자들에게 의지하고 있다. 지야는 묘비 하나당 300~500유로에 팔아서 개당 100~200유로의 이윤을 남긴다. 그의 형제들도 이 가족 기업에서 일하고 있다. 이 나라 사람들은 큰 자동차를 살 수만 있다면 다른 건 없이 지낼 각오가 되어 있다.

우리가 얘기를 나누고 있는데 한 코소보 사람이 아프리카계 미국인 한 명과 함께 다가왔다. 나는 한 원조 단체의 대표라고 밝힌 미국인에게 이것저것 물었으나, 그는 정확히 어떤 단체에서 일하는지 말하지 않았다. 그는 마케도니아의 수도 스코페에 살고 있다는데, 아마도 이곳에는 사업차 온 것 같았다. 더 이상은 얘기하지 않았다. 코소보에서는 신중한 태도가 생명보험이

나 마찬가지다.

우연히 만난 지역 주민들과 이런저런 얘기를 나누는 건 언제나 유쾌한 일이다. 나는 운명이 서로 교차하는 시간을 즐긴다. 하지만 그것이 이 나라의 현실을 이해할 수 있는 가장 좋은 방법은 아니다. 돌아오는 길에 나는 법치국가를 도와주기 위해 코소보에 파견된 세 명의 고위직 유럽인들이 기소당했다는 사실을 알게 되었다. 판사와 검사인 이들은 정의의 저울이 중죄를 저지른 코소보인들에게 유리해지도록 조작해주고 뇌물을 받았다는 혐의를 받고 있다. 나쁜 세르비아인들은 집들을 불태웠다며 비난받고 있지만, 친절한 코소보인들은 유엔군이 지원을 위해 도착하기 전에 이미 80개의 세르비아 성당을 불태워버렸다. 전쟁에서 무고한 사람은 아무도 없다.

그 전날 밤에 만난 미국인은 카차니크를 떠나면서 도로가 좁으니 조심하라며 차들이 몰리기 전에 아침 일찍 출발하라고 조언해주었다. 또한 터널이 여러 개 있는데 모두 좁고 조명도 없어서 걸어가기에는 매우 위험하니 주의하라고 당부했다. 특히 그는 매우 소중한 정보를 우리에게 알려주었다. 첫 번째와 두 번째 터널의 경우, 산을 돌아가는 옛길이 있다는 것이었다. 첫 번째 터널의 입구에 도착해보니 정말 일부가 잡초에 덮여 있는 소로가 오른쪽으로 나 있기에 얼씨구나 좋다 하며 냅다 들어섰다. 기쁨도 잠시, 그 길은 고철과 폐기물뿐 아니라 짐승의 썩은 시체까지 산더미처럼 쌓여 있는 쓰레기장이나 다름없었다. 썩어가고 있는 말의 시체 근처를 지나던 우리는 악취 때문에 거의 질식할

지경이었다. 그냥 터널로 갈 걸 하는 후회까지 들었다. 우리가 두 번째 터널을 피하기 위해 접어든 좁은 길가에는 풍선처럼 부풀어 오른 채 버려져 있는 소의 시체에 구더기가 들끓었다. 설상 가상으로 피곤해 죽을 지경인데 율리시스의 타이어까지 터져버렸다.

몇 시간 뒤면 우리는 이제 더 이상 마케도니아라고 불릴 자격이 없으나 모든 사람들이 마케도니아라고 부르는 나라에 들어가게 된다.

13. 부패한 나라, 친절한 사람들

마케도니아라는 이름을 갖겠다고 주장하는 그리스와의
갈등 이후에 이 나라는 이름을 마케도니아 구 유고슬라비아
공화국(FYROM)으로 바꾸어야만 했다. 인구는 200만 명.
종교는 마케도니아 정교회 교도가 64퍼센트, 이슬람교도가
33퍼센트다. 언어는 마케도니아어를 사용한다. 1991년에
독립했고, 2004년부터 유럽연합 가입 후보국이 되었다.
화폐단위는 유로에 연동된 마케도니아 데나르다. 수도는
스코페.

이 나라의 인구는 180만 명으로 추정된다. 또 다른 출처에
의하면 210만 명이라고도 한다. 정확한 건 알 수 없다. 정부에서
는 일체의 인구조사를 거부하고, 그 때문에 선거 조작도 가능하
다. 야당에서는 유권자가 170만 명이라고 농담처럼 말한다. 심
지어는 아기들과 죽은 사람들도 투표를 한다는 것이다.
　수도인 스코페에는 인구의 3분의 1이 모여 산다. 이곳에서
방향을 잡는다는 건 불가능한 일이다. 방향을 분명히 알려주는
표지판이 일절 없기 때문이다. 꽤 오랫동안 비를 맞으며 힘들게
걷다가 어마어마하게 큰 미국 대사관의 직원이 도와준 덕분에

겨우 숙소에 도착했다.

그날은 일요일이었고 이 도시 사람들은 모두 길거리나 교회 안에 있었다. 보통 가톨릭 성당에는 여자들이 더 많이 보이는 데 반해 이곳 교회에서는 남자들이 더 많이 미사를 올리는 걸 보고 놀랐다. 이슬람교 사원에도 대기도회가 열리는 날인 금요일에는 남자들이 더 많았다. 마케도니아 정교 교회 입구에서 양초를 팔 던 여인이 이따금 가게를 비우고 사원을 한 바퀴 돌면서 성상 옆 에 놓여 있는 봉헌물을 수거해 가곤 했다. 밤이 되자 동양풍의 음악이 울려 퍼지는 식당들은 손님으로 미어터졌다.

마케도니아 역시 이웃 나라인 코소보만큼이나 부패했다. ‹쿠 리에 인터내셔널›지에 의하면, 정권과 밀착되어 있는 정치인들이 뇌물을 받았다는 사실이 도청에 의해 밝혀졌으며, 최저임금이 월 143유로에 불과한 국민들은 이 사실에 크게 분노하고 있다. 이곳 에서도 역시 기독교를 믿는 마케도니아인(64퍼센트)과 이슬람교 를 믿는 알바니아인(33퍼센트)의 공존이 중요한 문제다.

1963년에 어마어마한 규모의 지진이 일어나 수도를 지도에 서 지워버렸다. 주택의 80퍼센트가 파괴되었으며, 천 명 이상의 사망자가 생겼다. 이 나라를 재건할 때 그리스 고전주의나 소비 에트 스타일의 조각상 수백 개가 땅속에서 솟아올라 광장과 길 거리, 교량을 가득 메웠다. 그중 어떤 것들은 크기가 엄청났다. 이 조각상들은 결속이라든가 어린 시절, 모성 같은 주제를 상기 시키지만 무시무시한 자연재해라는 주제는 상기시키지 않는다. 겨우 힘겹게 살아가고 있는 국민들은 이 과시적인 지출을 크게 비난하고 나섰다.

스코페 현대 미술관은 전시품뿐만 아니라 대상의 숙소였던 건물 자체만으로도 한 번쯤 볼 만한 가치가 있다. 창문을 끼울 만한 공간이 없자 하늘의 빛이 높은 벽으로 둘러싸인 이 폐쇄적인 장소에 들이치도록 교묘하면서도 세련된 방법을 찾아낸 건축가들의 기술에 감탄했다. 우리는 걷기 시작한 이후 처음으로 대상의 숙소를 보았다. 그것은 옛 오스만제국이 이 도시에 큰 영향을 미쳤다는 걸 보여주는 증거였다.

마케도니아의 수도에 입성함으로써 베로나에서 이스탄불까지 이어지는 길을 절반 이상 걸은 셈이 되었다. 사흘만 더 걸으면 우리는 전쟁에 의해 오랫동인 갈기갈기 찢긴 구 유고슬라비아의 나라들을 떠나게 될 것이다. 서로 이질적이고 제대로 통합되지 않은 유럽은 이 증오로 얼룩진 과거를 지울 수 있을 것인가? 사람들이 흘린 핏자국을 말끔히 지울 수 있을 것인가? 쉽지 않을 것이다. 반쯤 잠들어 있는 히드라[그리스 신화에 나오는 머리가 여럿 달린 뱀. 근절되지 않는 악을 뜻한다]가 언제 깨어날지 모른다.

방향을 가르쳐주는 표지판이 없어서 스코페에 들어올 때 오랫동안 길을 헤매며 고생했던 우리는 빠져나갈 때는 아예 택시를 탔다. 원래 직업이 엔지니어였던 택시 운전사는 사장이 주는 스트레스를 견디기 힘들어 때려치웠다. 이제 그는 매일 아침 갓 자란 수염을 다듬은 다음 하고 싶을 때 일을 시작할 수 있다. 그는 이렇게 사는 게 행복하다고 말했다. 우리랑 얘기를 나누는 데 정신이 팔려서였을까, 아니면 도로 표지판을 읽는 것을 깜박 잊어버린 것일까? 그는 작은 고속도로의 연결 도로에 역방향으로 진입하는 실수를 저지르고 말았다. 트럭 한 대가 정면에서 달려왔다. 그러나 택시 운전사도, 트럭 운전사도 당황하지 않았다. 그가 차를 오른쪽으로 바짝 갖다 붙이고 트럭 운전사는 왼쪽 경사로에 트럭을 갖다 붙이면서 사고를 모면했다.

그는 해발 600미터까지 올라가는 가파른 비탈길 입구에 우리를 내려주었다. 우리는 거기서부터 율리시스를 밀며 두 시간 동안 땀을 뻘뻘 흘렸다. 스코페에서부터 10킬로미터 정도 되는 지점에서 나타난 거대한 쓰레기장에서 숨이 턱 하고 막힐 정도로 지독한 악취가 풍겼다. 가축들이 너무나 많이 유기되는 바람에 길옆에 내팽개쳐지거나 도로 위에 버려진 개나 고양이의 해골을 안 보고 지나가는 날이 하루도 없었다. 그들의 시체는 수많은 타이어에 치여 아스팔트 위에 털 묻은 한 점의 얼룩으로만 남았다.

하루가 다르게 모든 것이 바뀌고 있다. 어제 스코페에서는 사람들이 우리에게 세르보크로아트어(유고슬라비아의 공식 언어였다)로 말했다. 오늘 니쿠슈타크(Nikuštak)라는 작은 마을의 서로 마주 보고 있는 두 개의 술집에서는 사람들이 알바니아어로 얘기하고 있었다. 왼쪽에 있는 술집은 스위스에서 6년 동안 일하다가 돌아와 운송 일을 하려고 트럭을 산 남자가 운영하고 있었다. 그는 운송 일에 싫증이 나서 때려치우고 이 술집을 사서 장사를 하고 있는데, 손님들이랑 얘기를 나누는 게 행복하다고 했다. 여기 사람들은 다 이슬람교도들이었다. 10킬로미터를 더 가니 이번에는 온통 마케도니아 정교도들뿐이었고, 이슬람교 사원의 첨탑은 어디에도 보이지 않았다. 사람들이 모두 친절했다.

반투명한 푸른색 눈을 가진 한 남자가 차양 아래 앉아서 손님들을 기다리고 있었다. 늘 하던 대로 우리는 왜 이렇게 걷고 있는지에 대해 그에게 얘기해주었다. 그러자 그가 일어나더니 꽤 큰 수박 하나를 들고 와서 우리에게 내밀었다. 우리는 율리시스에 싣기에는 수박이 너무 크다고 최대한 정중하게 설명하고 사양했다. 오후 3시쯤 도착한 쿠마노보(Kumanovo)라는 마을에 있는 바에서는 우리가 차를 주문하자 손님들이 찻값을 서로 내겠다며 고집을 피웠다. 그들 중 한 명은 스위스에서 일하고 있었다. 한 대학생은 터키에는 실업이 없다며 터키로 갈 계획을 세우고 있었다.

크리바 팔란카(Kriva Palanka)라는 도시는 우리가 지나온 도시들에 비해 놀라울 만큼 깨끗했다. 쓰레기통도 곳곳에 있었다. 도착하자마자 우리는 한 남자를 붙잡고 숙소에 대한 정보를 물었다. 요란하게 제스처를 취해가며 마케도니아어와 알바니아어, 세르비아어, 크로아티아어를 섞어가며 설명하던 그는 우리가 못 알아듣겠다고 손짓해도 아랑곳하지 않고 계속해서 자기가 하려던 말만 했다. 다행히도 지나가던 대학생 두 명이 배운 독일어를 드디어 써먹게 되어 기쁘다며 도움을 주었다. 가게에서 우리를 지켜보고 있던 세 남자가 영어로 대화에 끼어들었다. 온갖 언어가 난무하는 난장판이 벌어졌다. 몇 분 뒤, 드디어 깔끔하게 정리를 했다. 물론 이곳에도 호텔은 있지만 1킬로미터 더 가서 불가리아와의 국경에 있는 요아킴 오소고브스키(Joakim Osogovski)라는 수도원에서 묵는 게 백배는 더 낫다는 얘기. 그래서 길을 떠났다.

그렇지만 거기까지 가려면 1킬로미터가 아니라 족히 6~7킬로미터는 더 걸어야 했다. 가파른 비탈길을 힘들게 올라가자 수직으로 치솟은 절벽에 매달려 있는 마케도니아 정교 교회와 예배당, 급류가 흐르는 협곡 위에 세워진 여러 채의 수도원 건물이 나타났다.

지난 이틀 동안 많은 비가 내리고 이제야 햇빛이 비치기 시작했기 때문에 수도원에서 내려다보이는 계곡의 전경은 한층 더 아름다웠다. 교회는 안팎을 막론하고 그림을 그릴 만한 빈 공간이 손톱만큼도 남아 있지 않았다. 성경에서 취한 장면들, 여기저기 날아다니는 숭고한 얼굴의 아기 천사들, 성인들의 성상뿐만 아니라 검이나 창으로 목이나 몸뚱이를 자르는 잔인한 그림도 그려져 있었다. 매혹적인 광경이었다. 마치 서부영화에서처럼 선인과 악인이 단번에 구분되었다. 살구색으로 그려진 선인들에게는 후광이 비치고 있었으며, 검은색으로 그려진 뿔 달린 악인들은 핏물 속에 몸을 담그고 있거나 지옥의 불길에 타고 있었다. 모든 글은 키릴어로 쓰여 있었다. 여기에 있는 '최후의 만찬' 그림에는 예수 주변에 제자가 일곱 명밖에 그려져 있지 않았다. 성상 벽에는 미카엘 성인의 그림 두 장이 반대로 그려져 있었지만, 악마는 없었다. 밖에 있는 회랑에는 영광의 신을 그려놓은 아름다운 그림이 있었다. 바로 이런 장소에서 우리는 과연 무엇이 성상의 개념을 거부하는 이슬람교도와 마케도니아 정교도를 갈라 놓는지 짐작할 수 있다.

우리가 받은 방은 가구의 간소함에서 수도원의 분위기가 느껴졌다. 교회와 계곡이 내려다보이는 멋진 전망, 흠잡을 데 없는 청결함, 물이 새지 않는 샤워실, 요리조리 연구해가며 설치한 듯한 조명. 이 평화로운 아름다움과 침묵이 우리의 원기를 즉시 회복시켜주었다. 그것은 우리가 발칸반도에 들어오고 나서 묵은 방 중에서 가장 아름다웠다. 게다가 방값도 한 사람당 10유로밖에 하지 않았다.

수도원 식당 문이 예고 없이 닫히는 바람에 우리는 방 안에서 동결 건조된 수프로 저녁을 때웠다. 이것만 먹고 그 다음 날 늦게까지 버텨내야 했다. 아침이 되자 축축하게 파고드는 강추위로부터 몸을 보호하기 위해 옷을 잔뜩 껴입고 빈 배를 움켜쥔 채 길을 떠났다. 두 군데 식당은 문이 닫혀 있었다. 그리고 두 시간 뒤에 우리는 몸을 덥히기 위해 햇빛이 비치는 도로 위에서 발을 동동 구르고 있는 릴레를 발견하고 뛸 듯이 기뻐했다. 그녀는 차도 가장자리에 식당을 차려놓았다. 캠핑 트레일러의 바퀴를 빼낸 다음 가게와 부엌으로 사용하고 있었다. 방수포를 치면 바람막이 테라스 역할도 한다. 벌써 세 시간 전부터 추위에 덜덜 떨면서 커피 한 잔 마시며 뭘 좀 먹으면 원이 없겠다 생각하던 우리에게는 천국이나 마찬가지였다. 릴레는 베네딕트 또래였지만, 외관상으로는 열 살은 더 들어 보였다. 그녀는 캘리포니아에서 자기보다 나은 삶을 살고 있는 스물여섯 살짜리 딸 얘기를 자랑스럽게 들려주었다. 추위가 닥쳐오고 있었다. 그녀는 자동차 여행자를 위한 이 대로변 식당을 접고 도시로 돌아가 겨울을 보낼 수 있는 잡일을 구해볼 계획이었다. 그녀의 눈길에서 깊은 피로감이 느껴졌다. 어차피 불가리아에서는 마케도니아 데나르를 쓸 수 없으니 나는 주머니에 들어 있는 걸 몽땅 털어 커피값을 치렀다. 그녀가 동전을 세면서 활짝 웃는 걸 보니 내가 낸 커피값이 하루 장사를 해야 벌 수 있는 돈과 맞먹는다는 걸 알 수 있었다. 우리는 그녀가 꼭 주고 싶다며 건넨 케이크를 들고 다시 출발했다. 고마워요, 릴레.

국경은 통과할 만한 가치가 있었다. 그것은 해발 1,200미터에 자리 잡고 있었다.

스코페, 9월 21일
베네딕트 플라테

세르비아인들은 우리 머리를 자르지 않았다. 게다가 우리가
세르비아에 도착해서 가장 먼저 방문한 '작은 이스탄불'이라는
별명의 도시에는 온통 이슬람교도들뿐이었다!

하지만 모든 게 순식간에 바뀌었다. 음산하고 불친절한 분
위기의 노비 파자르에서는 오래 머무르고 싶지 않았다. 모든 남
자들이 "아니, 저 여자가 지금 여기서 뭐하는 거야?"라고 말하는
듯한 표정으로 일제히 나를 쳐다보는 순간 나는 여자가 카페에
들어가면 전혀 환영받지 못한다는 사실을 알게 되었다.

그 전날 밤에 길거리에서 우리를 불러 세우더니 외국인에게
자기가 아는 영어를 써먹게 되어 너무 만족스러워하던 한 남자
는 코란에서 금했다는 핑계로 나와 악수하기를 거부했다. 아니,
빌어먹을. 내 몸에서 무슨 악취라도 풍긴다는 거야, 뭐야? 그들
을 이렇게 광신적으로 만든 게 종교인지 아니면 문화인지, 그건
잘 모르겠다. 하지만 이 나라에서 성평등은 아직 요원해 보인다.

우리는 코소보의 분위기가 유쾌하고 활력에 가득 차 있을
때 딱 맞춰 도착했다. 강도가 출몰하는 불쾌한 나라라는 얘기를
듣고 왔는데, 막상 와서 보니 사람들이 매력적이고 매우 친절하
며 다른 나라 사람들보다 훨씬 더 외향적이다. 오랫동안 이민 생

활을 했고, 젊은이들이 많아서 영어나 프랑스어를 구사할 수 있기 때문인 것 같다(스위스에서 돈을 번 사람들도 많다). 드디어 평화가 찾아오자 그들은 어서 빨리 행복하게 살려고 서두르는 것이다.

페르파림, 구리, 이스마엘, 셀라미, 지야, 그리고 다른 사람들은 그들의 나라와 그들의 열망, 그리고 그들이 겪은 전쟁에 관해 우리에게 오랫동안 얘기했다.

만 명이 죽었다. 북대서양조약기구가 행동에 나서야만 했다. 지금은 어디를 가나 평화유지군이 있다. 이제 그들은 실제로 더 나은 미래를 바랄 수 있게 되었다. 안전하기 때문이다. 쓰레기장을 갖춘 수백 채의 건물이 건설되면서 광활한 프리슈티나 평원을 끝이 안 보이는 쓰레기 하치장으로 바꿔놓는 걸 보면, 어쨌든 그들이 더 나은 미래를 향해나간다는 걸 알 수 있다.

인구는 200만 명, 자동차는 400만 대. 어디를 가나 자동차가 있다. 메르세데스가 가장 많고, 페라리도 있다. 교통량은 엄청나고, 부패는 만연해 있다. 청년 실업률은 50퍼센트에 달하고, 하루 12시간을 일해도 임금은 10유로에 불과하다. 그러나 그들은 메르세데스 자동차를 사기 위해서 굶을 수도 있으며, 2만 유로라는 큰돈을 펑펑 써가며 호화판 결혼식을 할 준비가 되어 있다. 어떡하겠는가. 이해해야지……

코소보는 그들이 병합되기를 간절히 원하는 알바니아의 지부(支部)나 마찬가지다. 자, 이제 보스니아어와 세르비아어, 크로아티아어는 벽장 속에 넣어두고 알바니아어를 꺼내야 한다. "도바르 반"은 이제 잊어버리고 "미르디타(안녕하세요)"라고 말하기 시작한다.

세르비아 남자들은 꼭 도끼로 다듬어놓은 듯 듬직한 체구를 갖고 있으며, 코는 거센 바닷바람과 싸우다가 뒤집힌 뱃머리 모양이다. 반면 코소보 남자들은 더 둥글고 더 부드럽고 더 짧다. 얼굴은 상냥하고 쾌활해 보이며, 눈은 반짝거린다. 다시 지중해로 돌아온 것 같은 느낌이 든다. 이곳을 지배하고 있는 낙관적 분위기는 유쾌하다. 부디 그들에게 미래가 보장되었으면 좋겠다.

코소보 사람들은 쾌적함에 대해 탁월한 감각을 갖고 있기 때문에 아주 지저분한 도로변의 테라스도 당신을 위해 쾌적한 곳으로 만들어놓을 수 있다. 특히 주유소 공간이 압권이다. 알록달록한 색깔의 푹신한 방석들, 키치 스타일의 급수장, 플라스틱으로 만든 나무들. 에쏘 석유 회사에서 세운 주유소에는 테라스가 있다. BP 석유 회사에서 설치해놓은 소파에서는 달콤한 낮잠을 즐길 수가 있다.

동양이 서서히 우리에게 영향을 미치기 시작했다. 여자들에 대해서는 할 말이 별로 없다. 도대체 어디 있는지 볼 수가 없기 때문이다. 카페에도 없고 식당에도 없다. 식당에서 음식을 나르는 것도 남자요, 팔려고 내놓은 자동차에 윤을 내는 것도 남자요, 더러운 공구를 손에 들고 있는 것도 남자다. 트럭이나 트랙터의 운전대를 잡고 있는 것도 남자고, 들판에서 일을 하는 것도 남자다. 여자들은 분명히 집 안에 있고, 우리는 밖에 있다. 그들이 보고 싶다.

인도(人道)를 걸으면 행복해진다! 대도시로 들어가거나 대도시에서 나오려면 반드시 이용해야 하는 그 저주받은 4차선 도로 중 하나가 지평선에 나타날 때 특히 그렇다. 그러다가 인도가 불현듯 사라져버리면 즐거움도 그와 동시에 사라진다. 겁이 난다. 하지만 숨을 깊이 들이쉰 다음 몸을 스칠 듯 지나가는 트럭들을 무시한 채 차도를 걷는다. 내가 앞에서 걷고, 베르나르는 율리시스를 끌며 뒤에서 걷는다. 만일 자동차와 부딪치기라도 하면 수리 자체가 불가능할 정도로 완전히 파손될 것이기 때문에 율리시스는 맨 뒤에 있어야 한다.

내가 이렇게 차도를 걷게 될 줄은 꿈에도 생각 못 했다. 하지만 베르나르와 함께라면 모든 게 가능하다. 심지어는 터널도 걸어 지나갈 수 있다. 왜냐하면 베르나르는 길의 왕이니까!

터널에서 인도는 목숨을 좌우할 만큼 대단히 중요하다. 인도는 결코 넓은 법이 없기 때문에 공중에 떠 있는 율리시스의 오른쪽 바퀴를 꼭 잡고 있어야 한다. 전구가 나가서 불이 안 들어오는 구간이 갑자기 나타나면 끔찍한 공포가 나를 사로잡는다. 사방이 어둡다. 칠흑처럼 어둡다. 정말 두렵다. 마지막 터널은 길이가 120미터밖에 안 되므로 베르나르는 자동차들 사이를 뛰어서 통과하기로 했다. 나는 깔깔대고 웃으며 간신히 그의 뒤를 따라갔다. 이 남자는 끊임없이 내게 놀라움을 안겨준다.

스코페에서 처음으로 펜네 파스타와 피로이키[고기나 야채 등을 넣고 구운 러시아식 만두], 요구르트를 먹었다.

14. 아름다운 목소리들

불가리아. 인구 720만 명. 종교는 불가리아 정교. 2007년부터
유럽연합 회원국이며 비유로존이다. 화폐단위는 레프(레바).
수도는 소피아.

우리는 율리시스를 끌고 네 시간 동안 갖은 애를 쓴 끝에 불
가리아 국경에 노착했나. 늘 그랬듯이 오드믹길에서 우리를 추
월해 간 트럭들이 세관을 통과하기 위해 자기 차례를 기다리고
있었다. 이번에는 우리가 고소하다는 표정을 지으며 줄지어 기
다리고 있는 모든 트럭들을 추월하여 당당하게 맨 앞에 가서 섰
다. 그런데도 운전사들은 호기심이 앞선 나머지 아무도 따지고
들지 않았다. 나는 우리 두 사람의 여권을 마케도니아 세관원에
게 보여주었다. 손에 두 개의 여권을 든 세관원은 베네딕트가 율
리시스를 32톤짜리 트럭 앞에 떡하니 가져다 놓는 모습을 입을
둥글게 내민 채 어리둥절한 표정으로 쳐다보고 있었다. 길을 걷
는 사람들은 이따금 이렇게 소소한 즐거움을 누릴 수 있다.

불가리아 세관원은 우리 여권보다는 짐수레에 더 큰 관심을
보였다. 율리시스를 바퀴부터 채까지 꼼꼼히 살펴보고 그는 내
게 여권을 내밀더니 지나가라고 손짓했다. 스탬프는? 스탬프를

원했던 나는 항의했다. 우리가 어디에서 오고 어디로 가는지 알게 된 그는 기꺼이 스탬프를 찍어주며 스스럼없이 우스갯소리를 늘어놓았다. 세관원들도 작고 소박한 즐거움을 누릴 권리가 있는 것이다.

우리는 샘에서 물을 충분히 비축한 다음 큐스텐딜(Kjust-endil)을 향해 내려가기 시작했다. 온천수와 광천수로 유명한 불가리아에는 샘이 600여 개나 있다고 한다. 두 시간 동안 길을 내려가던 나는 잠시 걸음을 멈추고 당나귀가 끄는 흰색 가구 같은 걸 타고 가는 농부를 찍었다. 그건 먼 옛날에나 볼 수 있었던 모습이었다. 그런데 사진을 찍고 돌아와 보니 베네딕트가 절망스런 표정을 짓고 있었다. 율리시스의 채가 부러진 것이었다. 이 파이프 모양의 채가 없으면 짐수레를 마음대로 조종할 수 없다. 내가 임시로 채를 고정해놓았지만, 10미터도 못 가서 다시 부러졌다. 용접을 해야만 했다. 자동차 정비 공장이 있는 곳까지 히치하이킹을 하는 것밖에는 달리 방법이 없었다. 하지만 그마저도 제대로 되지 않았다. 멈춰 서는 자동차가, 아니 멈춰 서는 척이라도 하는 자동차가 단 한 대도 없었던 것이다.

한 시골 여인에게 "택시?"라고 물었지만 그녀는 손짓 발짓하며 뭐라고 혼잣말을 하더니 등을 돌렸다. 나는 마당에서 뛰노는 털북숭이 적갈색 강아지를 보며 즐거워하던 한 남자에게 다가갔다. 그는 처음에는 "불쌍한 양반, 내가 당신을 위해 해줄 수 있는 일은 아무것도 없소" 정도로 해석되는 제스처를 취했다가 생각을 바꾼 듯 호주머니에서 휴대전화를 꺼냈다. 그는 "카흐바?"라고 말하며 우리에게 커피를 권했다. 우리가 커피를 사양할 리 있겠는가. 발렌틴의 집 문 위에는 "커피, 음료수 팝니다"라고 쓰인 간판이 붙어 있었다. 장사가 잘 안되어서 가게 문은 닫았지만, 그것 때문에 속앓이하지는 않는 듯 우리가 내미는 커피 값을 받지 않았다. 베네딕트와 서로 팔짱을 끼고 사진 한 장 찍는 걸로 충분하다는 것이었다.

얼마 안 있어 택시가 도착했다. 피아트 500이라서 우리 배낭과 율리시스를 다 실을 수 있을까 의심스러웠다. 성품이 온화하고 성격이 낙천적인 거구의 운전사 바씰은 매우 작은 자신의 자동차에 그걸 전부 다 싣고 나서 우리를 태웠다. 바씰은 레오나르노 나빈지가 태어난 나라에서 6년을 지냈기 때문에 이탈리아어를 능숙하게 구사했다. 베네딕트는 겨우 몇 개밖에 모르는 세르보크로아트어 단어를 동원해가며 머리를 쥐어짜지 않아도 되어 기뻐하며 그와 인사를 나누었다.

짐수레를 최대한 빨리 수리하기 위해 그에게 율리시스와 관련된 질문을 던졌다. 바씰은 자전거를 수리하는 한 친구 집 앞에 차를 세웠다. 하지만 이 사람은 율리시스를 위해 아무것도 할 수가 없어서 우리는 다시 보얀이라는 사람 집을 찾아갔다. 이 사람은 독일제 중형 자동차 밑에서 용접을 하는 중이었다. 율리시스에게 필요한 건 용접이었다. 베네딕트는 그날 밤에 묵을 호텔을 찾으러 바씰과 함께 다시 떠나고, 보얀은 율리시스가 리무진 자동차라도 되는 듯 작업대 위로 끌어 올린 다음 채를 수리했다. 그러면서 그는 자기 아들이 미국 사우스캐롤라이나 주에 있는 한 대학의 수학과 교수라고 말했다. 30분 뒤 율리시스는 얼마 안 되는 돈으로 젊음을 되찾았다.

그날 밤 우리는 우리가 국경을 넘음과 동시에 시간대도 넘었다는 사실을 확인했다. 나는 손목시계의 큰 바늘을 한 시간 앞당겼다.

카페와 테라스, 정원, 영화관, 극장이 양쪽에 늘어서 있는 꽤 넓은 보행자 전용 도로가 큐스텐딜이라는 도시를 관통한다. 큐스텐딜의 모든 길은 이 산책로와 만나게 되어 있다. 자동차들이 이 평화의 안식처(사람들이 휴식을 취하고, 이야기를 나누고, 커피를 마시는) 건너편으로 넘어갈 수 있게 해주는 길은 오직 하나뿐이다. 무더위가 가시고 사람들이 여기저기서 얘기를 나누기 시작하자 꼭 스페인의 어느 도시에 와 있는 듯한 느낌이 들었다.

원래는 그 다음 날 불가리아뿐만 아니라 발칸반도에서도 가장 유명한 릴라 수도원을 보러 가려고 했으나 취소했다. 도보 여행과 관광을 항상 병행할 수 있는 건 아니다. 명소를 보려면 안 걸어도 될 길을 오랫동안 걸어야 하기 때문이다. 그렇지만 사람들이 릴라 수도원에 대해 하는 얘기를 들으니 이번에 안 보면 두고두고 후회할 것 같았다. 그래서 버스를 타고 릴라 수도원에 가기로 했다. 걸어서 가면 족히 일주일은 걸릴 것 같아서였다.

해발 1,200미터에 위치한 릴라 수도원은 거대한 숲 한가운데 자리 잡고 있는 걸작품이다. 875년에 보리스 1세는 보고밀파[Bogomilism, 중세 불가리아에서 번성한 이원론 바탕의 기독교 종파]를 버렸다. 그것은 카타리(Cathari)파와 상당히 가까운 종파였다. 카타리파는 알비 십자군 원정 당시 프랑스의 가톨릭에 의해 매우 잔혹하게 진압되었다. 베지에(Béziers)를 포위 공격한 군대의 우두머리 아르노 아말릭(Arnaud Amalric)은 죄수들 중 일부가 자기는 가톨릭교도라고 주장한다는 얘기를 듣자 이렇게 대답한다. "한 명도 빠짐없이 다 죽여. 신께서는 누가 자기편인지 구분해내실 거니까." 기독교로 개종한 보리스 1세는 왕위를 물려주고 수도사가 되었다. 그러나 왕위를 이어받은 아들 블라디미르가 옛 종교로 돌아가려 한다는 걸 안 그는 블라디미르를 폐위시키고 두 눈을 파낸 다음 다른 아들에게 권력을 넘겨주었다.

13세기 초 한 은둔자가 '바위산을 침대 삼아, 하늘을 지붕 삼아' 이곳을 거저로 성하면서 불가리아 정교가 밀라에 자리 잡았다. 은둔자는 이곳에 수도원을 세웠다. 시간이 지나면서 수도원은 점차 커지고 높은 벽으로 둘러싸여 견고해졌다. 위험이 닥칠 경우 수도사들은 가운데 있는 네모진 탑 속으로 몸을 피했다. 이곳은 주변이 온통 이슬람교도들뿐인 이 나라에서 기독교의 보루가 되었고, 오스만제국이 멸망할 때까지 남아 있었다. 19세기에는 화재로 건물들이 불탔고, 똑같은 모양으로 다시 지어졌다. 이 건물들은 지금 유네스코 세계문화유산으로 등록되어 있다.

이곳까지 기도하러 올라오는 게 쉬운 일은 아니어서 인파로 붐비지는 않는다. 우리는 버스를 세 번이나 갈아탄 끝에 그야말로 성관(城館)의 정문처럼 웅장한 수도원 입구에 도착했다. 두께로 볼 때, 한 개 사단의 공격에도 끄떡없으리라는 건 분명했다. 포석이 깔린 직사각형 모양의 3층짜리 건물 주위에 키 큰 나무들이 심어져 있다. 각 층은 지붕 덮인 회랑을 통해 마당과 이어졌다. 한가운데에는 네 개의 둥근 지붕으로 덮인 교회와 탑이 우뚝 솟아 있었고, 숙소를 짓는 데 사용된 돌에는 검은색과 흰색이, 교회를 짓는 데 사용된 돌에는 검은색과 붉은색이 칠해져 있었다. 교회는 안팎으로 신자들을 교화하기 위한 강렬한 색깔의 그림들로 뒤덮여 있다. 하늘, 신, 새하얀 옷을 입고 있는 천사들, 박쥐의 날개가 달린 검은 악마들……. 이 악마들은 금이 가득 들어 있는 주머니를 흔들며 인간들을 유인하다가 갑자기 발을 잡아당겨 지옥으로 끌고 간다. 백조 날개를 단 순결하고 무표정한 얼굴의 천사들은 긴 창으로 악마들의 몸을 꿰찌른다.

교회 내부는 그 화려함으로 놀라움을 불러일으킨다. 수도사들은 영롱한 빛을 발하는 금으로 인간들을 유인하는 것일까? 샹들리에와 그걸 지탱하는 줄은 금이나 금도금된 쇠로 되어 있으며, 성인들의 후광은 순은으로 칠해져 있다. 사제들의 의상은 비단과 금으로 만들어졌다. 이 세상의 모든 재화를 일체 포기한 사람이 만든 수도원이 어떻게 이런 금고가 되었단 말인가? 금고라는 단어가 지나친 건 아니다. 날이 어두워지자마자 쇠를 입힌 육중한 정문이 완전히 닫혔기 때문이다. 우리는 신자들의 행동을 보고 또 놀랐다. 여기서는 입구에서 세 번 성호를 그은 다음 유리가 끼워진 성상 앞에서 다시 성호를 세 번 긋고 유리에 입술과 이마를 갖다 댄다. 그러고 나서 새로운 성상이 나타나면 다시 성호를 세 번 긋고 입술과 이마를 갖다 댄다. 신자들은 항상 불가리아 정교의 방식대로 오른쪽 어깨에 이어 왼쪽 어깨에 계속 성호를 그으며 뒷걸음질로 그 장소를 떠난다. 불가리아 정교는 성호와 금을 숭배하는 종교다.

우리가 도착하자 비단으로 된 베일을 후크 단추로 채운 챙 없는 검은 모자에 검은 수사복을 입은 수도사 한 사람이 나타나 밤을 보낼 작은 방을 빌려주었다. '빌려준다'라는 건 정확한 단어가 아니다. 이 성직자는 우리가 영적 여행을 하였으므로 좋은 호텔 방값에 해당하는 60레바(30유로)를 수도원에 기부해야 한다며 계약서에 서명하라고 말했다. 이 방은 물이 줄줄 새는 바람에 목욕탕으로 변해버렸다. 난방은 되지 않았지만, 대신 모포는 무더기로 쌓여 있었다. 정말 다행이었다. 왜냐하면 이 정도 높은 고도에서는 여름철에도 방 온도가 5도 수준이기 때문이다. 스물네 시간이 지나도록 마주친 수도사가 세 명에 불과한 걸 보니 불가리아 정교 교회에도 구인 위기가 닥친 모양이었다.

이른 아침에 릴라 수도원을 떠나는데 꼭 예수 그리스도처럼 생긴 미국인 조가 자기는 유럽을 한 바퀴 도는 중이라고 말했다. 암을 연구하는 그는 프랑스에 가서 언어를 배운 다음 국경없는 의사회와 함께 일을 해보고 싶다고 했다. 그는 프랑스 남부의 르라방두라는 마을에 머무르며 자원봉사자로 일하면서 우핑[농장에서 자원봉사를 하는 대신 숙식을 무료로 제공받으면서 할 수 있는 여행]을 해볼 계획이었다.

지나가는 마을마다 길 양쪽의 작은 집 앞에 설치된 시렁에 포도송이가 주렁주렁 매달려 있어서 나도 모르게 입 안에 침이 고였다. 작은 마을 사모코프(Samokov)는 해발 950미터에 자리 잡고 있었고, 주변의 산꼭대기는 벌써 눈으로 덮여 있었다. 이 지역은 해발 2,000미터와 1,500미터 사이에 계단 모양으로 층을 이루고 있는 '일곱 개의 호수'로 널리 알려져 있다. 여름에는 수많은 하이킹 족들이 몰려든다. 본격적인 추위가 시작되었다. 지금 당장은 그게 문제다. 우리 입장에서는 터키의 평원에 도착할 때까지 계속될 추위로부터 우리를 보호하는 게 중요하다. 우리는 챙 없는 모자와 장갑을 호주머니에 집어넣은 채 도시를 구경했다.

옛날에는 이 도시에 열두 개의 이슬람교 사원이 있었다. 그러나 지금은 한 개밖에 남아 있지 않고, 그나마 이것도 문이 닫혀 있다. 우리는 '소나타' 호텔에 피워놓은 장작불 옆에서 저녁 식사를 했다. 여자 주인은 프랑스어 단어를 몇 개 알고 있었으며, 남자 주인은 영어를 어름어름 말했다. 아침 식사를 할 때 베네딕트는 영국 남자와 결혼해서 2개 국어를 완벽하게 구사하는 종업원 페티아에게 불가리아와 영어를 비교해가며 배웠다. 그들과 헤어지면서 우리는 이 호텔을 트리에스테에서부터 묵은 숙소 중에서 가장 훌륭한 숙소로 선정했다.

해발 1,200미터가 넘는 곳까지 올라갔다가 깊은 계곡으로 다시 내려가면서 사모코프에서 코스테네츠(Kostenets)까지 울퉁불퉁한 도로를 38킬로미터나 걸었다. '디아니' 호텔에서 저녁 식사를 하면서 우리는 인터넷 강의와 텔레비전으로 배운 영어를 실제로 써먹을 기회가 와서 무척 들뜬 종업원과 이런저런 얘기를 나누었다. 베네딕트는 자기가 세계적으로도 유명한 불가리아 여성 합창단을 숭배하다시피 한다는 사실을 그녀에게 털어놓고 혹시 우리가 걷게 될 코스 중에 연주회가 열리는 곳이 있느냐고 물었다. 그러자 그녀는 함박웃음을 지었다. 마치 숨을 쉬는 것처럼 자연스럽고 편안하게 노래하는 단원들은 다름 아닌 이웃들로, 하루도 빠짐없이 마주친다는 것이다. 바로 오늘 밤에도 무료 음악회가 있어 들을 수 있다고 했다.

음악회는 호텔에서 200미터도 떨어지지 않은 곳에서 열리고, 막 시작되는 참이었다. 지금 디저트가 나오기를 기다리고 있을 때가 아니었다. 베네딕트는 녹음기를 찾으러 갔다. 그로부터 10분 뒤, 우리는 연주회장에 자리 잡았다. 그것은 경이 그 자체였다. 전통 의상을 입은 여성들은 자신들의 목소리를 뒤섞는 매우 독특한 방법을 알고 있었다. 생기 넘치는 수십 마리의 나이팅게일들이 즐거운 분위기 속에서 서로의 마음을 터놓고 화성을 하늘로 끌어 올리는 듯했다. 우리의 영혼은 그들의 옷자락에 매달려 황홀경에 빠져들었다. 베네딕트는 눈물이 나도록 감동했다. 안타깝게도 음악회는 거의 끝나가고 있었다. 우리는 감동에 전율하며 아쉬움을 달래는 수밖에 없었다. 너무도 아름다운 음악에 마음을 진정할 수 없었던 우리는 단원 중 한 명인 랄리차를 붙들고 놔주지 않았고, 그녀는 합창단 공연이 우리가 아침에 떠나 온 도시 사모코프에서 10월 1일에 있을 것이라고 알려주었다. 베네딕트는 몹시 애석해했다. 그날은 9월 27일이었다. 부득이한 경우라면 하루 이틀 정도 허비하는 거야 상관없지만, 아무것도 하지 않고 한 장소에서 닷새나 머무를 수는 없는 노릇이었다. 계속 가야만 한다. 우리는 이 놀라운 행운을 누렸다는 것에 만족하며 잠자리에 들었다.

다음 날, 48킬로미터에 달하는 아주 긴 코스를 걷기 시작했다. 비록 통증이 이따금 우리를 괴롭히긴 했지만, 근육이 단련되었으므로 우리가 끝까지 갈 수 있다고 믿었다. 날씨도 우리 편이었다. 하늘에는 구름이 드리워졌고, 기온도 너무 높거나 낮지 않고 적당했으며, 지면도 평평하지는 않지만 그래도 지나온 산맥보다는 훨씬 덜 울퉁불퉁했다. 베네딕트가 건염에 걸리는 바람에 어쩔 수 없이 휴식을 취한 뒤로 우리는 극도로 합리적인 사람들이 되었다. 짧게 걷고, 물을 최대한 많이 마셨으며, 규칙적으로 휴식을 취했다.

자, 우리 안전 검사 한번 해봐야 되는 거 아니에요? 음악회 이후로 마음이 붕 떠 있는 베네딕트가 놀리듯 물었다. 그녀는 33회전 LP판으로 음악을 듣던 아주 오래전에 처음으로 불가리아 합창곡을 들었다고 얘기해주었다. 이 곡에 매료된 그녀는 천상의 새들이 녹음한 합창곡을 닥치는 대로 사들였으며, 이 다성(多聲) 음악의 걸작을 자기 목소리를 포함한 두 사람의 목소리를 위한 곡으로 편곡하기도 했다. 사모코프에서 열린다는 음악회가 우리 머릿속을 떠나지 않았다. 돌아가서 음악회를 볼 경우 늦어질 일정을 만회하기 위한 계획을 짜는 데는 오랜 시간이 필요하지 않았다. 나는 사모코프 호텔로 전화를 걸어 페티아를 바꿔달라고 부탁했다. 그녀는 10월 1일에 음악회가 열린다는 사실을 재차 확인해주었다. 두 자리를 예약해달라고 부탁하자 그녀는 선뜻 들어주었고, 입장료도 나중에 받기로 하고 우선 내주었다. 원래 하루 휴식을 취하기로 했던 불가리아 제2의 도시 플로브디프까지 계속 걸을 것이다. 플로브디프에서 버스를 타고 사모코프로 돌아가서 10월 1일에 열리는 음악회를 보면 일정이 많이 늦어지지는 않을 것이다. 내친 김에 우리의 신뢰를 얻은 소나타 호텔도 예약했다. 베네딕트는 자신의 우상들을 다시 볼 수 있다는 생각에 뛸 듯이 기뻐하며 거의 날다시피 가벼운 발걸음으로 길을 걸었다.

아침 7시에 출발한 우리는 해가 뉘엿뉘엿 넘어가는 오후 7시쯤 극도로 피곤한 상태에서 빠사트시크에 노착했다. 율리시스의 왼쪽 바퀴가 두 번 터졌지만, 내게 비상용 튜브가 있었기 때문에 그 자리에서 바로 수리했다. 이제 비상용 튜브는 하나밖에 없었다. 내가 노인이라는 사실을 깨우쳐주려는 듯 허벅지에 통증이 여러 번 찾아왔지만, 엔도르핀 덕분에 그다지 힘들지 않게 걸을 수 있었다. 베네딕트 역시 시련을 잘 극복해냈다. 우리는 사흘 동안 125킬로미터를 걸었다. 편치 않은 몸으로 꽤 많이 걸은 셈이다. 플로브디프까지는 37킬로미터가 남았다.

그러나 이날 워낙 많이 걷는 바람에 다음 날은 출발하기가 힘들었다. 우리 모두 걷기 시작하자마자 다리에 통증이 왔다. 게다가 도로도 매우 위험했다. 도로는 대부분 2차선이지만 불가리아 운전자들은 꼭 그게 3차선인 것처럼 차를 본다. 그리고 도로변에서 포도를 파는 사람들로 인해 위험은 현저히 증가한다. 불가리아에서는 매년 가을만 되면 불법 노점상들이 판을 친다. 사과나 포도에 설탕을 넣고 60도짜리 라이키라는 술을 만드는 것이다. 농민들은 50킬로그램짜리 과일 부대를 도로 이곳저곳에 쌓아놓고, 고객들은 그걸 자동차 트렁크에 싣는다. 이 부정행위는 굳이 남의 눈을 피할 필요조차 없이 일반화되어 있다. 당국에서 눈을 감아주는 것인지도 모른다.

잡목림 뒤로 약간 들어간 곳에 서 있던 포도 파는 사람들을 발견한 자동차 운전자가 연쇄 충돌의 위험을 무릅쓴 채 급브레이크를 밟으면 우리 같은 사람이 먼저 희생될 수밖에 없다. 만일 우리가 이 평평한 직선 도로에서 사고를 당하더라도 최초의 희생자는 아니다. 자기네 딸이나 아들, 남편, 아버지를 위해 세운 작은 제단들이 있는 걸로 보아 족히 열두어 명의 생명이 거기서 막을 내렸음에 틀림없었다. 죽은 사람의 친구나 가족이 돈이 많으냐 적으냐에 따라, 혹은 어떤 종교를 믿느냐에 따라 제단의 모양이나 크기가 달랐다. 돌에 박아 넣은 사진(같은 판에 일가족 세 명의 사진이 붙어 있기도 했다), 영원히 타오르는 불꽃, 여러 가지 모양의 십자가, 정원, 테이블과 벤치, 시멘트로 된 가장자리 장식…… 붉은색 독일제 자동차의 보닛 위에 자랑스럽게 앉아 있는 잘생긴 청년의 사진처럼, 사진으로 설명되는 비극적 이야기들이 거기 기록되어 있었다. 그리고 길 옆의 풀밭에는 그를 죽인 진홍색 자동차의 비틀린 잔해가 놓여 있었다. 핸들이나 바퀴가 놓여 있기도 했다. 그러나 사후에 세워진 이 기념물들은 전혀 효과를 발휘하지 못해서 운전자들은 약속 시간에 늦지 않으려고, 혹은 삶의 종말을 앞당기고 싶어서 우리 앞에서 과감하게 액셀을 밟았다.

시청 도로과에서는 약 10킬로미터에 이르는 도로 양편에 호두나무와 버드나무, 자작나무, 보리수, 플라타너스 등 다양한 나무들을 수종별로 심는다는 썩 괜찮은 생각을 해냈다. 하지만 이 나무들을 관리하는 건 잊어버렸다. 그 바람에 소관목들이 도로 쪽으로 자라났고, 도로에 너무 가까워질 경우 지나가는 자동차에 절단되곤 했다. 나뭇가지는 트럭에 의해 잘려 나갔다. 차들이 지나갈 때마다 가볍게 흔들리는 이 나무의 장막 속에 꼭 초록색 모자를 조각해놓은 것 같다. 몸을 피할 인도가 없어서 잔뜩 긴장히고 있는 우리 두 사림이 이 모사 아래에 있나. 코앞까지 와서야 우리를 보게 될 과속 차량을 마주 보며 도로 위를 걷고 있다. 그러나 그보다 더 위험한 일도 일어난다. 반대편 차선에서 우리를 향해 달려오는 차량들 사이에 조금만 틈이 생기면 성질 급한 운전자들이 그 틈을 이용해 추월하는 것이다. 우리는 등 뒤에서 달려오는 자동차들을 볼 수 없다. 우리를 추월한 자동차가 시속 100킬로미터 넘는 속도로 스치듯 지나간 적이 한두 번이 아니었다. 트럭 한 대가 내 팔꿈치를 건드리다시피 질주하자 우리는 숨을 고르려고 애쓰면서 몇 분 동안 침묵을 지켰다. 이제 우리가 도로변의 저 제단 중 하나의 주인공이 될 차례인가.

도로는 시장(市場)이었다. 마을에서는 농부와 집시 들이 수박을 판다. 벽에는 고추와 양파, 부추, 초록색 참외, 노란 파프리카와 빨간 파프리카가 걸려 있다. 집 앞에는 이제 곧 시작될 겨올에 필요한 장작을 쌓아놓았다. 사거리에서 경찰들이 우리를 멀찌감치서 지켜보고 있었다. 그 세 명의 경찰은 꼭 바리케이드를 친 것처럼 줄지어 선 채 무질서한 차량 통행은 본 척 만 척 우리만 뚫어지게 쳐다보고 있었다. 드디어 처음으로 검문을 받는 것인가? 우리가 가까이 다가가자 그들 중 한 사람이 경찰차 트렁크를 향해 달려가더니 시원한 광천수 물병 두 개를 꺼냈다. 세 명의 경찰은 환한 미소를 지으며 그 물병을 우리에게 건네주었다.

플로브디프까지 가는 건 정말 힘든 일이었다. 율리시스도 우리처럼 이 오래된 도시의 둥글게 부풀어 오른 포장도로를 싫어했다. 사람들 말에 따르면 유스호스텔은 3년 전에 문을 닫았다고 한다. 그 옆의 펜션을 운영하는 매력적인 주인이 우리에게 방을 하나 빌려주면서 빨래도 해주겠다고 말했다. 나는 접착 고무를 구하러 나섰다. 율리시스의 바퀴 공기가 다 빠져서 위험한 상태가 되었는데, 내게는 대체할 부품이 없었던 것이다. 한 노인이 잡동사니를 넣어두는 창고 안쪽에서 접착 고무 50개가 든 박스 하나를 찾아내어 팔았다. 푸근한 날씨였는데도 우리는 칼로리를 다 소진해버리는 바람에 식탁에 앉아 바들바들 몸을 떨었다. 하지만 맛있는 수프를 먹고 뜨거운 물로 샤워를 한 다음 아침 8시 반까지 푹 잤더니 컨디션이 회복되었다.

플로브디프는 아름답고 깨끗했다. 수많은 여성 노동자들이 이른 아침에 나와 길거리를 빗자루로 쓸었고, 자기 집 문 앞도 깨끗하게 청소했다. 이 도시에도 역시 불가리아 정교 교회가 이슬람교 사원 옆에 자리 잡고 있었다. 이슬람교 사원 중 한 곳은 오스만 왕조 시절에 발칸반도에서 가장 컸다고 한다. 집들의 벽이 목조 뼈대로 세워져 있고, 2층 이상의 층들은 돌출되어 있는 이 오래된 도시는 정말 아름다웠다. 집들은 강렬하고 선명한 색깔로 칠해져 있었다. 이곳에는 라마르틴(Alphonse de Lamartine)이 '동방 여행'을 했을 때 머물렀던 집이 있다. 가파른 언덕에 계단 모양으로 늘어서 있는 집들은 놀랄만큼 잘 보존된 로마 시대 원형극장의 무대 배경 역할을 해낸다. 조금 더 내려가면 길이가 114미터에 달하고 수천 명의 관객을 수용할 수 있었던 고대 원형경기장이 나타난다.

드넓은 중앙 광장에서 우리는 엔지니어 출신 은퇴자 페드코를 알게 되었다. 그는 자주 파리에 가서 1구에서 5구까지 지칠 줄 모르고 걸어 다니곤 했다고 한다. 저널리스트인 그의 딸 마르티나는 파리에서 일을 했었다. 그녀는 지금 불가리아에서 두 번째로 큰 텔레비전 채널의 뉴욕 주재 특파원으로 일하고 있으며, 그는 이 사실을 매우 자랑스러워하고 있었다. 그의 아들은 화가이고 공부를 다 마쳤다. 우리는 그의 아들이 다른 십여 명의 예술가들과 함께 전시 중인 전시장을 방문했다. 페트코의 말에 따르면, 이곳은 불가리아에서 가장 많은 화가들이 살고 있는 도시인데, 이런 전시장에서 전시를 하려면 돈이 꽤 든다고 한다.

알렉산더 1세 거리에서는 지중해 분위기가 물씬 풍겼다. 오후 6시부터 그곳은 다른 사람들 앞에서 자신을 과시하는 장소이자 친구들을 만나는 장소가 되었다. 아름다운 여성들이 긴 생머리에 청바지를 입고 가슴을 드러낸 채 걸어 다녔다. 악사들과 댄서들의 공연도 열렸다. 운동하는 사람들과 사랑을 나누는 사람들, 어린아이들이 지난 세기에 어느 스위스 건축가가 설계했다는 공원으로 몰려들었다. 사흘 뒤에 국회의원 선거가 치러지기 때문에 옆에 붙어 있는 광장에서 각 정당들이 텐트를 쳐놓고 공약을 선전하고 있었다. 우리가 보기에는, 반(反)공산주의만큼은 성공을 거두고 있는 것 같았다. 사람들은 각자의 테라스에서 열심히 세상을 만들어가고 있었다.

이 도시는 다 같이 한 몸이 되어 도시를 위한 프로그램들을 열고 있는 것 같다. 국회의원들과 시민들은 플로브디프가 2019년도 유럽 문화의 수도로 선정되도록 열심히 활동하고 있었다. 젊은 자원봉사자들이 영어로 이 도시를 안내해주었다. 원칙적으로는 무료지만, 관광객들은 다양한 문화 프로그램에 도움이 되도록 기부금을 내주었으면 좋겠다는 권유를 받았다.

구시가지에서 우리는 한 바이올리니스트의 조각상 앞에서 걸음을 멈추었다. 공산주의 시절에 유명했던 이 바이올리니스트는 자기가 체제를 비판해도 괜찮을 거라고 생각했다. 며칠 뒤 그는 체포되었다. 그 뒤로 사람들은 그에 관한 어떤 얘기도 듣지 못했다. 그의 친구들이 돈을 모아 이 기념상을 세웠다. 날씨가 따뜻했던 이날 밤, 어둠이 내리기 시작하자 소년 소녀들은 아래가 훤히 내려다보이는 언덕으로 올라가 3000년의 역사를 자랑하는 이 도시가 환하게 빛나는 것을 바라보았다.

30년 전쯤 시 당국은 항상 인파로 붐비는 사거리에 지하 통로를 파기로 결정했다. 굴착기가 몇 번 흙을 퍼내자 고대의 전설적인 장식품들이 나타났다. 굴착기는 퇴장하고 과학자들이 입장했다. 과학자들은 로마 시대에 지어진 화려한 저택을 발굴해냈는데, 여기서 가장 귀중한 유물은 이 집에 살던 이렌느라는 여성의 모자이크 초상화다. 그리하여 사거리 바로 밑에 트락카르트 박물관을 세우기로 결정되었다. 이제 자동차들은 우회하여 지나다닐 수밖에 없다. 이렌느의 집은 이 도시가 알렉산더 대왕의 아버지의 이름을 차용한 필리포폴리스로 불리던 기원 후 2세기경에 지어졌다. 박물관은 또한 땅과 하늘, 지혜, 불, 그리고 방위기점을 표현한 투명한 유리 제품 컬렉션을 전시하고 있으며, 이 훌륭한 컬렉션은 전 세계를 통틀어 유일하다. 이 제품들은 4세기나 5세기에 만들어졌으며, 그리스나 불가리아의 무덤 속에서 발견되었다.

베네딕트는 이제 차분히 앉아서 긴 글을 쓰곤 한다. 이따금 그녀가 침묵 속에서 정신을 집중하는 모습을 보고 있노라면 기분이 좋아진다. 우리가 프랑스로 돌아가면 우리 친구들은 그녀의 글을 정말 재미있게 읽었노라고 말할 것이다. 그들은 분명 작가인 내가 자기들에게 엽서를 보낼 것이라는 기대는 아예 하지 않을 것이다.

10월 1일. 우리는 짐을 펜션에 맡겨놓고 배낭 하나만 꾸려서 불가리아 국립 전통음악 극단의 공연을 보기 위해 사모코프행 버스를 탔다. 코스테네츠뿐만 아니라 거대한 종이 공장이 있는 신기한 마을 벨로바(Belova)도 다시 지나갔다. 이 마을 주민들은 수지를 맞추기 위해 엄청난 양의 화장지를 사서 지나가는 자동차 운전자들에게 소매로 되판다. 어떤 건물은 산처럼 쌓여 있는 두루마리 화장지와 키친타월에 가려 거의 보이지 않았다.

다른 유럽 국가에서는 현대음악의 물결에 휩쓸려 전통이 사라져버린 반면 불가리아에서는 아직 강인한 생명력을 자랑하고 있다. 각 마을마다 너무나 독특한 전통음악을 보존하고 있다. 여러 불가리아 합창단이 초대를 받아 전 세계를 돌아다닌다. 놀랍도록 아름다운 목소리들이 색다른 화음을 이루어 전통적이면서도 세련된 다성 음악을 노래한다.

우리는 공연장 좌석이 4분의 1밖에 차지 않은 걸 보고 깜짝 놀랐다. 하지만 곧 그 이유를 알게 되었다. 그날 밤엔 불가리아 축구팀과 레알 마드리드의 경기가 있었다. 강력한 상대와 붙게 된 것이다. 하지만 녹음하기 가장 좋은 자리를 고른 베네딕트로서는 오히려 잘된 일이었다. 그녀가 좋아하는 모습을 보고 있노라니, 그녀는 오직 이날 밤만을 위해서 여행을 할 수도 있었을 거라는 확신이 들었다.

10월 3일. 플로브디프를 떠날 때 공기는 얼음처럼 차가웠고, 일기예보는 오후에 비가 내릴 거라고 알렸다. 우리가 알고 있는 건 단 한 가지, 우리가 밤을 보내려고 생각하는 마을에 호텔이 없다는 사실이었다. 정오경에는 꼭 성관처럼 보이는 더러운 식당에서 터무니없이 비싼 수프와 오믈렛으로 점심 식사를 했다.

나는 너무 비싸서 놀랐지만, 종업원은 내가 놀라는 걸 보고 놀랐다. 그녀가 내게 말했다. "두 분이 유일한 손님이세요." 그래서 나는 우리가 그녀와 그녀의 여동생, 그녀의 남편까지 세 명의 뚱보가 먹고살 수 있도록 돈을 지불해야 한다는 사실을 받아들여야 했다. 굳이 그래야 한다면 뭐……. 조금 더 가서 나타난 카페의 종업원이 거기서 20킬로미터만 가면 호텔이 있다고 알려주었다. 보송보송한 곳에서 잠을 자고 싶으면 걷자. 걸어야 한다.

자동차 한 대가 비상등에 불을 켜고 멈추어 섰다. 한 남자가 차에서 내리더니 걸어가 나무를 껴안았다. 걸어가면서 보니 나무둥치에 사진이 압정으로 박혀 있었다. 남자가 사진에 입을 맞추었다 나무 밑동에 꽃다발이 놓여 있었다. 우리는 걸음을 멈추었다. 남자는 누구라도 붙잡고 자신의 심정을 털어놓고 싶었던 듯 입을 열었다. "프랑스인이신가요? 제 아들이 베르사유에서 일한 적이 있는데, 저도 한 번 가보았지요. 아들이 몰던 자동차가 구덩이 속으로 구르다가 이 나무를 박은 다음 저 밭에서 멈추어 섰습니다. 그 애는 소르본 대학을 다녔지요. 원래 머리가 좋은 아이인 데다가 여러 언어를 구사할 줄 알아서 일등으로 상급 학년에 올라갔답니다." 게시문을 보니 아들의 나이는 스물아홉 살이었고, 정확히 3개월 전에 자동차 사고로 죽었다. 같은 나무 옆에는 글자가 새겨진 대리석이 두 개 박혀 있었다. 하나는 1968년에 태어난 청년을 기리는 것이고, 또 하나는 2012년에 여기서 사고로 목숨을 잃은 또 다른 청년을 기리고 있었다. 아버지는 자신의 감정을 추스르기 힘들어했다. 닭살 같은 것이 그의 얼굴에 돋

아났다. 그는 아들 사진에 다시 한 번 입을 맞추더니 아무 말없이 자동차에 올라타 자기가 사는 플로브디프 쪽으로 향했다.

우리는 죽은 자들 사이를 걸었다. 오랫동안 걷느라 허약한 상태인데도 이따금은 우리가 앞으로도 잘 버텨낼 것이라는 생각이 들었다.

우리를 추월했던 자동차가 200미터쯤 더 가서 멈춰 서더니 우호적인 신호를 보냈다. 한 남자가 차에서 내리더니 자동차 지붕에 밧줄로 동여매 고정해둔 자전거 핸들을 움켜잡았다. 그는 우리가 가까이 올 때까지 기다리다가 어디서 오는 길이냐고 물었다.

"프랑스에서 오는 길입니다만."

"프랑스에서 오셨다고요? 전 파리에 삽니다. 연극배우고요."

그러자 베네딕트가 말했다.

"저도 연극배우예요."

"저는 아비뇽 페스티벌을 마치고 돌아왔습니다."

"저도요."

기가 막힌 우연이다! 게라씸이라는 이름의 이 남자는 9월 초에 자전거를 타고 파리에서 출발하여 고향인 스빌렌그라드(Svilengrad)로 가는 중이었다. 그가 말했다.

"지금 저는 스무 살 때 무언극을 하는 마르소와 함께 강의를 듣기 위해 프랑스를 향해 갔던 길을 거꾸로 가고 있는 겁니다. 가는 길에 들르는 도시에서 공연을 하지요. 어젯밤에는 플로브디프에서 공연을 했고, 10월 9일에는 스빌렌그라드에서 다시 무대에 올라갑니다."

그는 자전거에 올라타더니 출발했고, 그의 여동생 네베나가 자동차를 몰고 그 뒤를 따라갔다.

그날따라 자동차가 유난히 많이 다녀 짜증이 난 우리는 도로에서 벗어났다. 소로를 따라 걸어갔더니 마을이 나타났다. 여기서 우리는 하마터면 큰 봉변을 당할 뻔했다. 우리를 둘러싼 열 대여섯 명의 젊은이들은 전혀 호의적이지 않았다. 그들 중 한 명이 우리에게 마피아냐고 물었다. 그들의 얼굴에 나타난 표정은 좋은 말로 하면 불신이고 나쁜 말로 하면 적대감이었다. 함정에 빠졌다는 생각이 들기 시작했다. 이곳의 극심한 빈곤, 움푹 파인 도로, 적의 어린 눈길, 이 모든 것으로 보아 우리가 위험에 치했다는 건 분명한 사실이었다. 유럽인이라면 영국 왕의 왕관에 다는 보석을 호주머니에 갖고 다닌다고 생각하는 사람들이 사는 아시아 마을을 여러 군데 지난 적이 있다. 공격을 당해 가진 걸 다 뺏길지도 모르는 위험이 실제로 닥친 것이다.

40대로 보이는 남자가 자동차를 타고 나타나서는 청년들에게 이것저것 물어보고 나서 완벽한 영어로 우리에게 말했다. "오던 길로 돌아 나가세요." 국도로 안 가려고 여기까지 온 건데 국도로 돌아가라니, 말도 안 되는 소리였다. 남자는 머리를 긁어대더니 우리를 둘러싼 채 공포 분위기를 조성하고 있는 청년들더러 뒤로 물러서라고 명령했다. 대여섯 명은 꼼짝 않고 그 자리에 서 있었지만 나머지는 뿔뿔이 흩어졌다. 림보(이것이 그의 이름이었다)는 우리에게 커다란 종이를 한 장 달라고 하더니 우리가 가야 할 길을 그려주었다. 굉장히 가파른 흙길만 있을 뿐 도로도 없고 표지판도 없다고 알려주었다. 그러더니 우리가 매일같이 사격 훈련이 벌어지는 군부대를 따라가게 될 것이라는 말을 덧붙여서 불안하게 만들었다. 그는 젊은이들 쪽으로 고개를 돌려 뭔가 묻고 나서 말했다. "오늘은 일요일이니까 사격을 안 할지도 모르겠네요."

우리는 그가 가르쳐준 대로 아스팔트가 깔린 길로 접어들었다. 이 길은 얼마 지나지 않아 깊은 구멍이 여기저기 뚫린 자갈길로 변했다가 다시 언덕을 가로지르는 비포장도로가 되었다. 아까 그 청년들이 우리를 따라오지는 않는지 확인해보려고 두세 번 고개를 돌렸다. 바퀴가 덜컹거리는 율리시스를 끌고 낑낑거리며 비탈길을 올라가다 보니 추운 날씨였는데도 땀이 비오듯 흘렀다. 드디어 산꼭대기에 도착했다. 말 그대로 선경(仙境)이었다. 우리는 풀밭에 앉아 그 원시적인 아름다움을 즐겼다. 길은 두 갈래로 나뉘었다가, 구부러졌다가, 사라졌다가, 다시 나타났다.

아래쪽에 보이던 건물 앞을 지나갔다. 군인 한 사람이 부리나케 초소에서 나오더니 망원경으로 우리를 관찰했다. 모미나라는 작은 마을에는 폐허로 변하지 않은 집이 서너 채밖에 남아 있지 않았다. 어떤 길을 택할 것인가? 마을에서 벗어나는 길이 서너 개 있었지만, 도로 표지판이 눈에 띄지 않았다. 또 길을 잃어버린 것이다.

나는 정보를 얻기 위해 어느 집 문을 두드렸다. 집시 가족의 가장이 나오더니 나를 보자마자 거금을 주면 목적지인 하르만리까지 차로 태워다 주겠다고 제안했다. 환한 색깔의 눈을 가진 그의 딸은 열두어 살쯤 되어 보였는데, 엄지손가락을 집게손가락 위로 슬그머니 밀면서 내게 손을 내밀었다. 내가 또 금덩어리로 보이나 보다. 나는 불가리아 정교 교회에서 본 대로 뒷걸음질을 쳐서 그 집을 떠났다. 덜 적대적인 사람들을 만나기도 하고 실수도 저지르면서 온갖 우여곡절을 겪은 끝에 결국 우리는 하르만리에서 수 킬로미터 떨어진 곳에 있는 '랄리차'라는 호텔에 기진맥진한 상태로 도착했다. 비록 멀리 돌아오긴 했지만, 그나마 자동차의 소음에서 벗어나 멋진 경치를 감상하며 올 수 있어서 다행이었다. 그렇긴 해도 우리가 오늘 걸은 거리는 38킬로미터가 넘는다. 이건 합리적이지 않다. 그리고 모든 상황을 고려해 볼 때, 자동차들이 요란한 소음을 내며 쌩쌩 달리는 도로가 어쩌면 시골길보다 덜 위험할지도 모른다.

아침 7시. 하르만리는 정말 음울한 도시였다. 공장은 폐허로 변했고, 호텔은 문이 닫힌 채 잡초만 무성하고, 길거리에는 인적이 끊겼다. 현대판 인민의 아편인 방송 채널을 최대한 많이 포착하기 위해 집집마다 안테나가 비죽비죽 솟아 있다. 허름한 식당에서 아침을 먹었는데, 주인 말로는 불가리아 화폐단위인 레바로 표시된 가격이 유로로도 같은 가격이라고 했다. 말하자면 원래 레바로 표시된 가격의 두 배가 되는 것이었다. 그래 봐야 얼마 안 나왔기에, 그가 나를 완전히 바보 멍청이 취급을 하는 게 분명한데도 그냥 넘어갔다.

우리는 물론 실크로드 위에 있다. 여기서는 실크로드를 '스빌라'라고 하고, 도시나 마을을 '그라드'라고 한다. 스빌렌그라드와 그 주변 마을은 많은 누에고치를 생산하여 이탈리아와 프랑스로 수출했다. 그러나 누에고치에 병이 돌아 이 산업을 무너뜨렸다. 그래도 스빌렌그라드가 터키에 이르는 교통축에 위치한 덕분에 경제적 균형을 어느 정도 유지했다. 우리는 커다란 표지판에 유럽연합이 1200만 유로를 들여 건설했다고 쓰여 있는 도로를 통해 이 도시에 도착했다. 너무나 다행스럽게도 고속도로가 이 도로와 나란히 건설되었다. 우리가 걷고 있는 차도에는 차량이 거의 눈에 띄지 않았다. 그 뒤로 우리의 몸 상태는 꽤 많이 나아졌다. 하루에 35~40킬로미터만 걸었다. 물론 통증은 여전하지만 그래도 견딜 만하다.

해 질 무렵, 늘 그랬듯이 호텔을 찾아 넓은 스빌렌그라드 광장을 가로질러 가고 있는데, 시청으로 보이는 건물 정면의 창문이 열렸다. 그리고 게라씸이 나타났다. 그는 며칠 전에 자전거를 타고 이곳에 도착해서 젊은이들에게 공연 준비를 시키고 있었다. 그의 어머니가 우리를 저녁 식사에 초대했다. 슬라바 디크리에바는 프랑스어를 완벽하게 구사하는 매력적인 여성이었다. 그녀는 평생 프랑스어를 가르쳤다. 게라씸은 어머니를 통해 프랑스 문화를 흡수했기 때문에 프랑스로 이주했을 것이다. 날씨가 쌀쌀했지만 우리는 그녀의 집 정원에 장작불을 피워놓고 그 옆에서 식사를 했다. 그녀는 일 년 중 몇 달은 스빌렌그라드에서 살고, 나머지 몇 달은 수도인 소피아에서 산다고 한다. 그녀가 미트볼에 치즈를 집어넣고 달콤한 소스를 바른 뒤 빨간 고추를 곁들여 내왔다. 정말 맛있었다. 우리는 얼마 전에 치러진 국회의원 선거 얘기를 꺼냈다. 소수에 불과했지만 열심히 선거운동을 했던 터키당은 의석의 15퍼센트라는 훌륭한 성적을 거둔 반면 각자 뿔뿔이 흩어져서 스무 명이나 되는 후보를 냈던 기독당은 매우 부진해서, 우리를 식사에 초대한 주인 말에 따르면 과연 이런 상태로 정부를 구성할 수 있을지 걱정이라는 것이었다. 우리는 문학에 대해서도 조금 얘기했다. 나는 슬라바에게 내가 얼마 전에 『세상을 자기 손에 쥐고 있는 로사 이야기』라는 소설을 출판했다고 알려주고 프랑스로 돌아가면 바로 한 권 보내주겠다고 약속했다.

이른 아침에 게라씸이 호텔에 들러 우리를 차에 태우고 자기네 사이클 팀 코치인 미트코 페트로프에게 데려갔다. 이 사람은 언제 터질지 모르는 율리시스의 타이어를 새걸로 교체해주겠다고 제안했다. 우리가 커피를 한 잔 마시는 동안 미트코가 타이어를 새걸로 바꾸고는 머뭇거리며 청구서를 내게 내밀었는데, 16레바, 그러니까 8유로였다. 8유로가 너무 많다고 생각하여 미안했는지 그는 비상용 튜브를 하나 선물로 주었다.

정오가 지난 시간에 우리는 열여섯 개의 아치가 있는 아름다운 무스타파 파샤 다리를 걸어 마리차 강을 건넜다. 그것은 가장 유명한 터키 건축가이며 이슬람교 사원 건축술을 혁신시켰던 미마르 시난(Mimar Sinan)의 초기 작품 중 하나다.

터키 제1의 도시인 에디르네는 고속도로로 가면 28킬로미터에 불과하지만 대신 통행량이 어마어마해서 분명히 지옥을 체험하게 될 것이다. 그러니 고속도로를 이용한다는 건 자살행위나 마찬가지였다. 신경과 귀를 보호하고 귀중한 목숨도 아끼기 위해 우리는 그리스를 통해 54킬로미터를 돌아 가기로 결정했다. 세관을 통과하고 나면 우리에서 안성맞춤인 도로가 다시 등장한다. 이 도로는 유럽연합의 지원으로 건설됐지만 이용하는 자동차는 거의 없다. 몇 킬로미터 더 걸어갔더니 국경 건너편으로 스빌렌그라드와 에디르네를 직통으로 잇는 고속도로가 눈에 들어왔다. 수백 대의 승용차와 트럭이 한꺼번에 몰려들어 미친 듯이 질주하는 바람에 우리를 공포에 빠트렸던 바로 그 도로다. 자동차가 안 보이는 새 도로가 우리에게 불러일으킨 행복감은 그다지 오래가지 않았다. 지나칠 정도로 잘 보호된 이 도로의 포로가 되어버렸다는 사실을 금세 깨달았기 때문이다. 동물들이 보도까지 나오지 못하도록 쌓은 높은 철제 울타리 때문에 이 도로를 걷는 사람들 역시 도로변 마을로 들어갈 수가 없었던 것이다. 도로가 한없이 이어지면서 갈증이 심해졌다. 가지고 있던 물은 이미 다 마셔버려서 물을 새로 구해야 했다. 오후 5시경, 결국 우리는 출구를 찾아내 건축자재를 쌓아두고 담을 두른 곳에서 일하는 노동자들에게 물을 좀 달라고 부탁했다.

목화를 심어놓은 지역은 늪지대였고, 무더위가 시작되자마자 내가 싫어하는 모기들이 공격을 시작했다. 모기 쫓는 약을 발랐는데도 이 고약한 곤충은 피부에 접근할 수 있는 방법을 기어코 찾아내어 흡관(吸管)을 꽂았다. 우리는 밤을 보낼 만한 장소를

열심히 찾았다. 아까 그 노동자들의 말에 따르면 인근에는 호텔
이 단 한 군데도 없다고 하니 호텔 찾을 생각은 아예 안 하는 게
좋을 성싶었다.

　새 도로와 나란히 나 있는 소로에서 기적이 일어났다. 완전
히 고립되어 있는 동방정교 교회의 문이 활짝 열려 있었다. 앞에
는 꽃이 만발한 작은 광장이 있었고, 수도꼭지도 있었다. 율리시
스를 한쪽에 세워놓은 다음 우리도 자리를 잡았다. 작은 교회 건
물은 두 부분으로 나뉘어 있었다. 한 부분은 3~4제곱미터쯤 되
어 보이는 공용 홀로서 탁자 위에 보드게임이 놓여 있었다. 또
다른 부분은 성상과 양초가 있는 걸로 보아 훨씬 더 종교적인 공
간이었다. 이웃 마을인 디케아에서 걸어왔다는 두 여인이 나타
나자 우리는 쫓겨날까 봐 걱정했다. 그러나 그렇지 않았다. 그들
은 매일 그랬듯이 밤이 되어 교회 문을 닫으러 온 것이었다. 우
리의 상황을 설명해주자 그들은 자기들끼리 얘기를 나누었고,
그중 한 사람이 우리를 여기서 재워주자고 다른 사람을 설득했
다. 그들은 자기들이 켜놓은 양초 불빛 아래서 좋은 꿈을 꾸라고
말한 다음 환한 미소를 지으며 떠났다.

　아침에 출발할 준비를 하고 있는데, 소형 트럭이 멈추어 서
더니 한 남자가 내려 마당의 수도꼭지에서 손을 씻었다. 베네딕
트가 그리스어는 모르기 때문에 불가리아어로 그 남자에게 인사
했다. 그러자 그가 자동차로 돌아가더니 빵이랑 포도가 들어간
케이크를 들고 와서 내미는 것이었다. 그가 설명하기를, 자기는
불가리아 사람인데 그리스에 빵을 팔러 왔다는 것이었다. 베네

II. 베로나 — 이스탄불

261

딕트가 이 뜻밖의 선물에 놀라 멀거니 입만 벌리고 있느라 미처 고맙다는 인사도 못 했는데 트럭이 떠나버렸다.

플로브디프, 10월 2일

베네딕트 플라테

아홉 번째 세관, 네 번째 언어, 다섯 번째 화폐. 이슬람교 사원의 첨탑과 둥근 지붕이 계속 나타나면서 풍경 속에 뒤엉켰다. 누가 누군지, 누가 무슨 말을 하는지, 누가 누구를 믿는지, 누가 무엇 때문에 돈을 내는지, 더 이상 모르겠다. 현기증이 난다.

발이 우리를 계속해서 동쪽으로 데려간다. 우리는 발이 우리를 인도하도록 내버려둔다. 태양은 정오까지 오랫동안 눈 속에 머물러 있다. 그러고 나서는 비가 온다. 자주 온다.

마케도니아에서는 메르세데스와 리무진은 더 이상 보기 힘들고 대신 색이 엷게 바랜 붉은색 유고[1980~2008년 유고슬라비아와 세르비아 자동차 회사인 자스타바가 만든 자동차]와 툭하면 고장 나는 라다[러시아산 소형 승용차]를 흔하게 볼 수 있다.

코소보에서처럼 여기서도 삶은 평온하게 이어진다. 삶에서 이기려고 아등바등하다 보면 오히려 그걸 잃어버리게 되는데, 여기서는 그렇지 않다. 하루하루가 물처럼 흘러갈 것이다.

친절한 사람들을 길 위에서 많이 만났다. 어떤 사람은 미소를 띤 채 우리에게 수박을 먹으라고 주었고, 또 어떤 사람은 우리와 함께 사진을 찍으려고 급브레이크를 밟았다.

강판으로 잘게 갈아놓은 듯한 모습의 낮은 산들로 이루어진 건조한 마케도니아 북부 지방은 코르시카 섬과 흡사했다. 하지만 코르시카의 DDE[관청의 개발 담당 부서]도 이 지역 DDE보다는 일을 더 빨리, 더 잘한다. 여기선 흙 치우러 가는 데도 네 명이 삽 하나와 물병 하나를 들고 나간다. 삽은 흙을 치우는 사람을 위한 것이고, 물병은 물을 마시는 사람들을 위한 것이다.

도로 표지판도 마찬가지다. 스코페(그래도 이 나라의 수도다) 같은 경우에는 들어갈 때 표지판이 없어서 엄청 고생을 했기 때문에 나올 때는 아예 택시를 탔다. 4차선 연결 도로에 역방향으로 진입하고도 태연한 표정이었던 엔지니어 출신 택시 운전사는 우리에게 10년 뒤에 다시 오면 도로 표지판이 제대로 설치되어 있을 거라고 말했다. 하지만 다시는 올 것 같지 않다. 스코페는 너무 더럽다.

늘 그랬듯이 한 나라에서 다른 나라로 넘어가는 건 최고로 높은 지점에서 이루어진다. 우리는 계속 올라가다가(보스니아에서는 몬테네그로로 넘어가기 위해 해발 1,400미터까지 올라가야 했다) 다음 도시를 향해 한참 다시 내려가야 한다는 사실을 이제 알고 있다.

세관은 내 신경을 날카롭게 만든다. 나는 구소련령(領) 유럽의 세관에 대해 최악의 기억이 있는데, 동독의 세관원이 단지 우리를 난처한 상황에 빠트리기 위해 트럭에서 무대 장치를 내렸다가 다시 싣게 했던 것이다. 이 세관원은 그렇게 할 권력을 갖고 있었으며, 자신의 행동을 부끄러워하지 않았다. 솅겐 조약이 생긴 덕분에 이제는 각 나라를 자유롭게 왕래하는 데 매우 익숙해져 있다.

　슬로베키아에서부터는 좋은 세관원들만 만났다. 그들은 때로는 알게코라는 회사에서 만든 흔들거리는 컨테이너 하우스를 축소해놓은 듯한 작은 국경 초소(그렇지만 소파와 텔레비전은 있는) 안에서 사건을 꾸며낸다.

　초소 밖에서 근무하는 세관원이 이상하게 생긴 자전거를 끌고 다니는 프랑스 사람들이 있다고 상관에게 보고한다. 상관이 초소에서 나오더니 부하의 손에서 여권을 받아 들고 세관장에게 보고하며, 소파에 누워 있던 세관장은 그 얘기를 듣고 도대체 무슨 일인가 싶어 초소 밖으로 나온다. 요컨대 세관에 근무하는 사람들이 모두 나와서 깜단스럽다거나 믿을 수 없다는 표정을 지으며 영어나 프랑스어로 한마디씩 해대는 것이다. 그들은 우리에게 가까운 카페나 샘의 위치를 가르쳐주고 다시 초소 안으로 들어가거나 초소 밖에서 근무를 계속한다.

　역시 세관(이번에는 아시아 쪽 세관이다)에 대해 안 좋은 기억을 갖고 있는 베르나르는 스탬프를 찍어달라고 요구한다. 스탬프 찍는 걸 잊어버리거나, 스탬프를 잘 알아볼 수 있도록 또렷하게 찍지 않는 세관원은 가만 두지 않는다. 베르나르는 여권에 스탬프가 찍히지 않으면 출발하지 않는다. 처음 몇 번은 내가 그의 옷소매를 잡아당기며 속삭이곤 했다. "그냥 가요. 그냥 가자고요!" 그러다가 나는 세관원들도 우리에게 '기념으로' 스탬프를 찍어주며 즐거워한다는 사실을 알게 되었다. 그리하여 지금 우리 여권에는 수많은 스탬프가 찍혀 있다.

불가리아에서는 좋은 일도 있었고 안 좋은 일도 있었다. 세관을 지나고 10킬로미터쯤 갔을까, 시골 한가운데에서 율리시스의 채가 부러져 걷는 걸 중단해야 했다.

그러나 한편으로 그 덕분에 우리는 좋은 사람들을 만날 수 있었다. 발렌틴은 우리를 위해 택시를 불러주었고(히치하이킹은 실패했다), 다행히도 이탈리아어를 할 줄 아는 바씰은 우리를 곧장 보얀의 집으로 데려다주었다. 연한 색깔의 눈을 가진 온화한 성격의 이 남자는 구멍을 뚫고 톱으로 자르고 용접해서 율리시스를 소생시켜주었다. 이 와중에 지도를 잃어버렸고, 재수가 없으려니 구글맵스도 우리를 잃어버렸다. 백색 지대라서 그런 건지 아니면 블랙홀이라 그런 건지는 모르겠지만, 우리가 있는 지역이 '서비스 불가'라는 것이었다. 왜인지는 나중에 알게 되겠지. 아무튼 그래서 우리는 지도를 구해야 했다.

라틴어 자모가 완전히 사라졌다. 이제는 키릴어 자모에 익숙해져야 한다. 베르나르는 실크로드를 걸을 때 접했던 러시아어의 기억을 되살려가며 머리를 쥐어짰고, 나는 새로운 경어와 생존을 위한 표현들을 빠르게 익혔다.

불가리아 남자는 코소보 남자보다 덜 유쾌하고 교활하며, 더 짧고 통통하다. 정신적으로 하자가 있는 자들이 운전 중 스칠락 말락 추월해가면서 욕까지 퍼부어대는 도로에서는 페어플레이가 힘들다. 그건 정말이지 불쾌한 일이다. 드디어 주먹감자를 먹일 기회가 내게 찾아왔다. 아아…….

불가리아는 포도나무 시렁과 포도주, 수도원(가히 엄청난 예술품이라 할 수 있는 수도원들이 산속에 숨어 있다), 동물의 창자를 넣고 끓인 수프, 암양 치즈(흐으음)의 나라이기도 하지만, 특히 합창의 나라이기도 하다. 지금으로부터 20년도 더 전에 나는 그 유명한 합창을 듣고 내 삶에서 가장 큰 음악적 감동을 받았다.

상황과 날짜가 절묘하게 맞아떨어지고, 좋은 사람들을 만난 덕분에 나는 불가리아 클럽 팀과 레알 마드리드의 축구 경기가 있는 날 밤에 산속에 자리한 어느 작은 도시의 축제에서 이 불가리아의 합창을 들을 수 있었다. 축제에는 사람이 많지 않았다. 역시 축구 경기를 보고 싶은 유혹을 이겨내기란 쉽지 않은 것이다.

감동이 해일처럼 밀려들었다. 너무 감동했던 나머지 머리끝부터 발끝까지 온몸에 전율이 왔다. 목소리가 오직 나만을 위해 노래하고 있는 것처럼 느껴졌다. 어쨌든 나는 그 목소리를 듣기 위해 2,400킬로미터를 걸어왔다!

율리시스의 안전 검사. 48킬로미터를 오는 동안 바퀴가 두 번 터졌는데, 두 번째는 하루가 끝나가고 묵을 만한 방을 찾아야 하는 중요한 시간인 오후 6시경에 터졌다. 꼭 다급하게 서두를 때 터진다. 베르나르가 접착 고무를 붙여서 튜브를 전광석화처럼 교체했다는 말을 여러분께 해야겠다. 이것이 발칸반도의 24시다.

좋다. 우리가 그 다음 날 플로브디프까지 35킬로미터를 걸어간 것은 다른 사람의 주목을 받기 위한 게 아니었다.

흔히 우리는 자기가 팀을 이끌어가는 우두머리라고 생각하지 않지만, 시간이 지나다 보면 필요가 법칙을 만드는 법이어서 우두머리 노릇을 하게 되고, 어느 순간 자기가 우두머리라는 사실을 깨닫는다.

몸이 단련되고, 지구력이 생긴다. 한 걸음 두 걸음 내딛는 게 쉬워지고, 건염은 이제 거의 나은 듯하다.

지구력은 베르나르의 존재를 이루는 중요한 요소다. 어렸을 때 그는 꼭 오벨릭스[고시니와 우데르조의 만화 〈아스테릭스〉에 등장하는 주인공. 착하고 우둔하지만 힘이 세다]처럼 가벼운 동상을 입은 발에 나무로 만든 깔창을 댄 구두를 신고 하루에 12킬로미터씩 걸어 학교에 다녔다. 10년 이상 마라톤을 하고, 60대의 나이에 12,000킬로미터를 걸으면 누구나 장딴지가 튼튼해진다.

우리는 잘 버텨내고 있다. 두 달 동안 설사 한 번 안 했다. 지금 먹고 있는 음식들이 입과 위에 잘 맞는다는 걸 정말 맛없는 냉동 피자를 먹게 되었을 때 깨달았다. 그래도 그런 일은 딱 한 번밖에 일어나지 않았다. 그 점에 관한 한, 프랑스 식당들은 문 닫고 그만두는 게 나을지도 모른다.

그동안 우리는 서로 스케줄이 맞지 않아 시간을 같이 보낼 기회가 자주 없었는데, 이번에는 벌써 두 달째 하루 스물네 시간 붙어서 함께 길을 걷고 있다. 해결해야 될 문제들도 생기고, 회의가 들기도 하고, 피곤하기도 하고, 아침이면 눈 밑에 다크서클이 생기는데도 말다툼 같은 건 하지 않았다.

과연 율리시스는 이스탄불에 도착할 때까지 버텨낼 수 있을
것인가. 다음 에피소드에서 알게 될 것이다.

II.
베로나 ─ 이스탄불

하르만리, 10월 5일
베네딕트 플라테

우리가 크로아티아에서부터 따라왔던 발칸반도의 거대한 습곡은 플로브디프에서부터는 주름을 펴 납작한 상태를 유지하다가 결국은 흑해에 집어삼켜졌다. 소피아와 이스탄불 사이에는 똑바르고 평평한 간선도로가 건설되었으며, 이스탄불에서부터는 고속도로가 이를 이어받는다. 그건 다시 말해서 이 저주받은 8번 도로에 우리 두 사람만 있는 게 아니라는 얘기다. 잠시 멈춰서서 숨을 돌릴 만한 갓길도 없는 도로 위에서 끊임없이 들려오는 자동차 소리를 들으며 이틀을 걷고 나니 나는 거의 초주검이 되었다.

게다가 하스코보에서 간신히 잡은 호텔 1층이 나이트클럽이며 마침 숙박일이 토요일이라는 사실을 아는 순간 나는 망치로 머리를 한 대 얻어맞은 듯 머릿속이 새하얘졌다. 누가 옆에서 아무리 떠들어도 잘만 자는 놀라운 능력의 소유자 베르나르도 나와 똑같은 반응을 보였다. 우리는 길을 헤맬 위험을 감수한 채 소로를 이용하기로 결정했다. 만일 목동이나 트럭을 만나지 않았더라면 엄청 헤맸을 것이다. 곧게 난 길을 가다 보면 항상 갈림길이 나오기 때문이다. 만일 지평선에 양떼밖에 없다면, 동전을 던져야만 한다.

그런 짓을 다시는 되풀이하지 않을 것이다. 위험이 너무 크다. 목가적인 것은 비싼 대가를 요구한다. 내리쬐는 햇살을 받으며 조용히 불가리아의 시골길을 걷다 보면 기분이 한없이 좋아지지만, 마을이 황폐화되어 사람이 살지 않기 때문에 길을 가르쳐줄 수 있는 이를 만날 수 없다는 사실을 생각해보면 항상 즐거운 건 아니다.

도로변에는 별의별 게 다 있다. 산더미처럼 쌓여 있는 플라스틱 병, 온갖 종류의 포장지, 음료수 캔(레드불 만세!), 우산, 팬티, 카트리지, 귀걸이, 나사못 수백 개(철물점을 열어도 될 정도였다), 자동차 부품, 고양이 사체, 개, 여우, 뱀, 고슴도치, 새, 들쥐, 족제비. 도로 위에서 죽은 사람들을 기리는 작은 제단은 이탈리아에서부터 지금까지 계속 보인다.

불가리아의 제단은 다른 나라 것보다 더 기교를 부렸다. 지붕이 있는 불가리아 정교 교회 건물을 미니어처로 만들어놓은 것, 대리석으로 만든 작은 무덤, 다양한 방법으로 만든 비석, 나무에 압정으로 꽂아놓은 고인의 사진, 그리고 때로는 장래가 유망한 젊은이를 죽인 빨간색 BMW의 문짝처럼 엉뚱한 물건. 희생자와 그를 죽인 살인자…….

다행스럽게도 우리는 살아 있는 사람들을 더 자주 만났다. 여기에는 유명한 라이키 술을 만들 수 있는 포도나 하늘에서 떨어진 듯한 수백 톤의 호박을 바구니에 담아 파는 사람들, 그리고 말이 끄는 짐수레 안에서 몸이 이리저리 흔들리도록 내버려두고 앉아 있는 사람들, 너무 오래되어서 움직이기는 할까 싶은 작은 오토바이에 올라탄 채 호기심 어린 얼굴에 환한 미소를 띠고 우리에게 손짓하는 떠돌이 집시들이 많다. 이들과 달리기 경주를 하지만 비탈길이 나타나면 번번이 지고 만다.

바퀴 달린 물건을 끌고 걸어오던 그들은 깜짝 놀란 표정을 지으며 즉시 율리시스 앞에 멈추어 선다. 그리고 어떻게 해서든지 우리와 말을 섞어보려고 애쓰지만, 똑같은 언어를 사용하지 않는 탓에…… 우리와 헤어지기 전에 그들은 우리 몸을 세 번 손으로 두드린다. 걸어서 가든, 두 바퀴 수레를 타고 가든 밤이 되면 사람들과 똑같이 배불리 저녁을 먹은 다음 침대에서 깨끗한 이불을 덮고 잠을 잔다.

크로아티아 이후로 우리는 두 가지 종류의 호텔을 발견했다.
A. 장사가 안되는 호텔
B. 장사가 되는 호텔

범주 A에 드는 호텔은 두 가지 하위 범주로 나뉜다.
A1. 잘될 수도 있을 호텔
A2. 결코 잘될 수가 없는 호텔

250개의 객실이 있고, 두 명의 손님에게 250제곱미터 크기의 식당이 제공되는 하위 범주 A1의 호텔에는 러시아식 숙박 유형이 들어간다. 객실에 설치된 여섯 개의 전구 중 세 개는 불이 안 들어오고, 욕실에서는 물이 줄줄 샌다. 급수 장치가 부서졌으면 다른 방으로 옮겨준다. 분위기가 음침하고 얼음처럼 차갑다.

하위 범주 A2에는 더럽기 짝이 없는 모텔이 속한다. 욕실에서는 모든 게 다 샌다. 화장실은 티토가 죽은 이후로는 누가 청소하는 걸 못 봤다. 냉전 시대에 끼워 넣은 전구들은 불이 안 들어온다. 그 대신 흔들거리는 네온을 설치해놓았다. 뭐든지 만지기만 하면 부서진다. 매트리스는 사실 소파에서 빼낸 밑판이며, 당신은 잠도 못 자고 이른 아침까지 스프링의 숫자를 세게 될지도 모른다. 꼭 저속한 술집에 들어와 있는 것 같은 기분이 든다.

범주 B에도 역시 두 가지 하위 범주가 포함된다.

B1. 장사가 그럭저럭 되는 호텔

B2. 장사가 잘되는 호텔

하위 범주 B1의 호텔에서는 욕실에서 물이 아주 조금씩 새서 눈에 잘 안 띈다. 여자들이 볼일을 볼 경우 변기 뚜껑이 등짝을 때릴지도 모른다. 남자들이 소변을 볼 때는 변기 뚜껑이 어디로 떨어질까? 차마 말하고 싶지 않다. 전등은 여섯 개 중에 다섯 개가 불이 들어온다.

하위 범주 B2의 호텔에서는 모든 전구에 불이 들어오고, 물이 단 한 방울도 안 새며, 아침 식사 때는 토스터를 사용할 수 있고, 복도에는 컴퓨터가 설치되어 있어서 인터넷에 접속할 수 있으며, 분위기는 푸근하고 화기애애하다. 게다가 호텔의 위치까지 잘 표시되어 있기 때문에 못 찾고 헤맬 염려가 없다. 이 범주의 호텔은 사모코프의 산속에 있는 소나타 호텔 한 곳뿐이었다.

주민들 집이나 수도원, 유스호스텔에 방을 얻을 수도 있고, 텐트를 치고 야영을 해도 되며, 정 안되면 예배당 안에서 잘 수도 있다. 사실 하루 종일 걷고 나면 밤에는 너무 피곤해서 아무 데서나 잘 수 있게 된다. 몸을 눕힐 침대와 샤워장, 빨래를 할 수 있는 수도꼭지를 찾아냈다는 것에 항상 감사한다.

모든 것이 불확실하고, 시간을 쫓아가는 것이 아니라 시간이 흘러가도록 내버려두는 이런 나라에서 과연 살아갈 수 있을까 하는 생각도 들었다.

베르나르는 자신이 '작동되지 않는' 모든 것을 수리하지 않을 수 없으리라는 걸 알고 있으며, 나는 내가 발칸반도의 모든 갓길과 쓰레기장을 청소하지 않을 수 없으리라는 걸 알고 있다. 하지만 자, 그냥 내버려두자. 사람이 그렇게 쉽게 바뀌지는 않는 법이니까.

걷는 사람의 몸은 베르나르가 아주 오래전부터 얘기했듯이 근사한 기계임에 틀림없다. 내 선골(仙骨) 속에는 작은 모터가 들어 있고, 바로 이 모터가 앞으로 걸어나가게 한다. 굉장한 일이다! 그러나 모터가 돌아가도록 하려면 내게는 한 달의 시간이 필요하다. 느림과 끈기를 배우는 시간이다.

율리시스의 타이어 두 개가 또 터져버렸다. 새 타이어를 스빌렌그라드에 사는 미트코라는 사람에게서 샀다.

터키로 이어지는 유일한 도로를 피하기 위해 이틀 동안 그리스 길을 걸을 것이다. 우리는 아드리아해로 몰려드는 휴가객들을 견뎌냈다. 그리고 보스니아의 지뢰와 세르비아의 연쇄살인범들, 코소보의 악당들을 피했고, 불가리아에서는 폭설을 만나지 않았다.

그런데 소음은? 이겨낼 수 있을까?

15. 두 시대와 두 세계

터키. 인구는 8000만 명. 국부인 아타튀르크(Atatürk)의 뜻에
따라 세속 국가가 되었다. 인구의 대부분이 이슬람교도다.
터키노동당(PKK)이 대표하는 쿠르드족은 소수이며, 그
우두머리인 오잘란(Abdullah Öcalan)은 무기징역을 받아
수감되어 있다. 28년 전부터 유럽연합에 가입하려고 협상
중이다. 화폐단위는 터키 리라, 수도는 앙카라. 앙카라보다 더
큰 도시는 이스탄불이다.

나는 그리스와 터키가 견원지간이라는 사실을 잠시 잊고 있
었다. 리옹을 떠난 이후 처음으로 우리는 세관에서 기관총을 어
깨에서 허리로 비스듬히 메고 무장한 군인들을 보았다. 그때까
지만 해도 우리는 각 나라의 국명이 표시되어 있는 입간판 앞에
서 셀카를 찍곤 했다. 2014년 10월 8일, 우리는 열한 번째 국경
을 통과했다. 터키의 국경 초소 앞에서 우리의 의식을 치르려고
하는데, 군인이 위협적으로 총을 흔들어대며 못 하게 막는 것이
었다. 입간판에 분명히 터키라고 쓰여 있는데, 그걸 사진으로 찍
는 건 안 된다니. 우리는 살짝 실망한 채로 터키에 첫걸음을 내
디뎠다. 그리고 군인들이 볼 수 없는 위치에 '터키'라고 쓰여 있

는 도로 표지판이 있어서 그 앞에서 사진을 찍었다.

처음 나타난 마을의 테라스에서 세 노인이 얘기를 나누고 있었다. 그들은 우리를 보자마자 손을 열심히 흔들며 외쳤다. "겔, 차이(이리 와서 차 한 잔 하세요)!" 마음을 터놓고 유쾌하게 웃는 세 사람 모두 치아가 열 개도 안 남아 있었다. 그들은 조금도 주저하지 않고 베네딕트와 악수를 나누었다. 찻집 주인이 튤립 모양의 작은 찻잔에 차를 넘치도록 가득 따라 가지고 나타났다. 찻잔은 허리가 잘록하고 목이 나팔 모양으로 벌어져 있는 게 꼭 학처럼 생겼다. 터키 사람들은 아침부터 밤까지 찻잔을 비운다. 노인들은 우리 이야기를 들려달라고 청했다. 우리는 터키에서의 이 첫 번째 만남에 몹시 즐거워하며(우리들뿐만 아니라 그들도) 그들과 작별 인사를 나누었다. 그리고 에디르네를 향해 길을 떠났다.

비잔틴이 콘스탄티노플로 바뀌고 다시 이스탄불이 된 것처럼, 에디르네도 14세기에서 15세기까지는 오스만제국의 수도였으며 아드리아노플로 불렸다. 역사가 이 도시를 뒤흔들어놓았다. 1913년 5월에 이 도시는 더 이상 터키 도시가 아니라 불가리아 도시가 되었지만, 3개월 뒤에는 다시 터키 도시가 되었다. 그랬다가 1920년에는 그리스 도시가 되어 아드리아노플이라는 이름을 되찾았다. 그러나 다시 1923년에 터키 도시가 되면서 이름이 또 바뀌었다.

이처럼 복잡한 역사를 가진 에디르네는 아름다운 도시다. 위키피디아를 보면, 19세기에 이 도시에는 이슬람교도가 3만 명,

그리스인이 25,000명, 유대인이 12,000명 살았다고 한다. 우리가 플로브디프에 이어 스빌렌그라드에서 보았던 마리차 강이 이 도시를 가로지른다. 도시 한가운데에는 넓은 사라클라르 거리가 자리 잡고 있다. 이 거리에는 동양적인 옷감과 과일들, 그리고 싱싱하다는 걸 보여주기 위해 진홍색 아가미를 뒤집어놓은 생선들이 반짝이고 있다. 바로 옆에서는 세 명의 젊은이가 열심히 생선을 굽고 있었으며, 손님들은 이걸 사서 인도에 죽 늘어서 있는 식탁에 올려놓고 먹었다. 소매상들도 성업 중이었다. 가게가 없는 장사꾼들은 물건을 수레에 펼쳐놓고 팔았으며, 수레가 없는 장사꾼들은 물건을 네모진 바구니에 넣어 목에 걸거나 머리에 이고 팔러 다녔다.

따뜻하고 푸근한 분위기가 나를 실크로드의 세계 속으로, 결코 비워지지 않는 찻잔을 앞에 두고 느긋한 척하며 사업 얘기를 하는 '낙타 궁전'의 세계 속으로 다시 데려갔다. 사람들은 팔걸이 없는 쿠션이나 의자에 앉아서, 혹은 크기가 2제곱미터 정도 되는 방에서 협상을 벌인다. 터키의 상업 문화는 풍성함을 전제 조건으로 한다. 말린 야채를 넣은 부대가 넘쳐나고, 보석상의 진열창은 금으로 반짝거리며, 디저트 가게에서는 꿀을 넣은 과자들이 부드럽게 빛난다. 사람들은 우리가 멀리서 걸어오는 것을 지켜보다가 관광객 요금을 적용했다. 요금은 게시되어 있지 않았다. 항상 협상의 관습을 지켜야 한다. 동양에서 협상은 거래를 성사하는 요인이요 동력이랄 수 있다.

교복을 입은 여학생 두 명과 마주쳤다. 세속 국가인 터키에서는 평등을 의미하는 교복을 의무로 입어야 한다. 그리고 학교에서는 히잡을 쓰는 것이 금지되어 있다. 핫팬츠를 입고 많은 사람들 사이를 활보하는 젊은 여성의 모습 또한 볼 수 있었다. 그거리를 걸어가는 모든 남자들의 반짝이는 시선이 마치 자석에 이끌리듯 그녀의 등 아래쪽에 집중되어 있었다. 소음도 배경의 일부다. 가게나 카페에서는 조용조용 얘기를 나누지만, 길거리에서는 젊은 사람들이 큰 소리로 서로를 부른다. 유럽식으로 옷을 차려입은 젊은 여성들이 젊은 남성들과 어울려 떠들썩하게 논다. 에디르네에는 두 시대와 두 세계가 존재한다. 동양의 향기를 풍기는 가루가 진열되어 있는 작은 향신료 가게들이 컴퓨터 가세 옆에 붙어 있다.

셀리미예 이슬람교 사원 앞에는 정원과 벤치, 그리고 침묵이 자리 잡고 있었다. 여기서 사람들은 평온의 거품 속에 몸을 담근다. 무스타파 파샤 다리를 건설한 터키의 유명 건축가 시난이 세계문화유산에 등록된 이 건축물을 지었다. 이 사원의 첨탑네 개는 이슬람 세계에서 가장 높다. 내부는 무척 넓고 선은 매우 세련되었으며 빛은 환상적이었다. 우리는 너무 감탄스러워서 입을 떡 벌리고 쳐다보기만 했다. 해가 뉘엿뉘엿 넘어가는 이 시간에 둥근 지붕에서 떨어져 내리는 빛은 말 그대로 마술이었다. 아이들은 큰 소리로 떠들며 놀고, 관광객들은 사진을 찍었으며, 시장에서 장을 보고 돌아오던 노인들은 장바구니를 발밑에 내려놓고 잡담을 나누었다. 털이 긴 양탄자가 바닥에 깔려 있어서 발자국 소리가 울리지 않았다. 이 지역에서 사원은 물론 기도를 하는 장소이기도 하지만 또한 삶의 장소이기도 해서 분위기가 오직 미사를 드리는 장소로만 쓰이는 우리 교회의 부자연스럽고 어색한 분위기와는 전혀 다르다.

　나는 구두 수선공을 찾아 길거리를 돌아다녔다. 벌써 한 번 플로브디프에서 대충 수선한 적이 있는 내 구두 뒤축이 또다시 떨어져 나가려고 했던 것이다. 이제 250킬로미터가량 더 걸으면 된다. 운이 조금만 따라준다면 끝까지 버텨줄 것이다.

뮐레부르가즈, 10월 13일
베네딕트 플라테

  그리스로 돌아서 오기를 참 잘했다. 대부분의 자동차와 트럭이 수 킬로미터 북쪽의 불가리아에 있는 고속도로로 다니기 때문에 텅 비어 있다시피 한 도로를 걸었다. 우리는 전혀 긴급한 상황이 아닌데도(물이 떨어지는 바람에 급하기는 했지만) 비상도로를 걸어 마치 파샤[터키 문무 고관의 칭호]처럼 그리스를 가로질러 갔다. 기기시 우리는 출구가 나타나기를 애타게 기다렸다. 언덕에 심어놓은 작고 하얀 공 모양의 목화가 꼭 눈송이처럼 보였다. 그런 생각을 하며 몇 킬로미터를 걷다가 결국 수통에 물을 채울 수 있었다.

  정교를 믿는 유럽의 마지막 기억. 우리가 예배당에서 자고 아침에 나오는데, 빵을 만드는 불가리아 사람이 샘물을 마시려고 자동차를 거기 세웠다가 금방 구워 아직 따끈따끈한 빵 한 개와 포도를 넣은 작은 빵 두 개를 우리에게 그냥 주었다. 아무 얘기를 하지도 않았는데 말이다. 그건 선물이었다. 우리를 특별한 사람들로 생각했던 것일까? 어쨌든 고마워요, 불가리아 빵집 아저씨. 우리는 당신이 만든 빵 맛을 아직도 잊지 못한답니다.

  터키 입국은 매우 이례적인 분위기에서 이루어졌다. 우선 세관에서는 자동소총을 든 군인들이 우리를 맞았을(28개 회원국이 가입한 유럽연합은 이제 아듀!) 뿐만 아니라 국경도시인 에디르네에 가기 전 첫 번째 마을의 카페에서 노인 세 명이 우리더러 차를 마시고 가라고 초대하기도 했다.

우리는 불가리아에서 사라졌던 이슬람 사원의 첨탑뿐만 아니라 특히 코소보에서 발견했던 그 활기차고 유쾌한 적극성을 다시 발견하고 마음이 즐거워졌다. 밖에서 만난 사람들은 다들 즐거운 표정으로 "메르하바(안녕하세요)"라고 인사했다. 장난기 많은 남자들은 승용차와 트럭, 트랙터, 오토바이의 경적을 있는 힘껏 눌러댔다. 모든 사람들이 활짝 웃으며 친절하게 대해주었다. 그렇다. 바로 이게 동양인 것이다.

우리는 에디르네가 다른 대도시들처럼 찾아가기 힘든 도시라고 생각하여 걱정했다. 꼭 프랑스의 루아르 강을 연상시키는 큰 강가에 자리 잡은 이 도시는 상냥하게 우리를 맞아주었다. 시간이 천천히 흘러가는 듯한 이 매혹적인 도시에는 수많은 이슬람교 사원들이 있다. 그리고 그중에서 가장 큰 사원은 숨이 막힐 정도로 아름답다. 그 앞에 서면 할 말을 잃고 만다.

마침 하루를 쉬게 되어 왼쪽 발꿈치에 잡힌 물집을 치료하며 왜 그게 생겼을까 생각해보았다. 고속도로를 걷다 보니 생긴 게 틀림없다. 속도에 도취되어 빨리 걷다가 그렇게 된 것이다.

또 하나 놀라운 사실. 우리를 이스탄불로 데려갈 D100번 도로가 그리스에서 우리가 걸었던 도로와 흡사하다. 고속도로처럼 생긴 그 D100번 도로에는 차량들이 거의 다니지 않았고, 오직 우리 두 사람만을 위한 갓길에는 폭이 거의 2미터나 되는 아스팔트가 깔려 있었다! 이게 비잔틴이다. 말하자면 이게 콘스탄티노플인 것이다. 드디어 이해가 된다.

마음만큼이나 눈부시게 빛나는 햇빛을 받으며 출발했다. 트랙터들이 꼭 발레라도 추듯 방향을 바꾸고, 제자리에서 빙글빙글 돌고, 폭죽을 터트리듯 요란스런 소리를 내며 다음 번 파종을 준비하는 시골길을 걷는다. 농부들은 곡괭이로 흙을 파서 일을 끝낸다.

긴 띠 모양으로 이어져 있는 갓길은 더 이상 위험하지 않다. 그래서 우리 두 사람이 나란히 걸을 수 있다. 얘기를 나눌 수도 있고, 누가 이기나 말상난을 할 수도 있고, 아니면 행복에 겨워 침묵 속에서 걸어갈 수도 있다.

여행을 마치면 맡게 될 다음 역할의 대사를 계속 암기하며 걸었다. 왜냐하면 암기는 결정적으로 조용한 분위기를 필요로 하기 때문이다. 주유소에서 걷는 걸 멈추고 차를 한 잔 마신 다음 목이 터져라 큰 소리로 노래하며 다시 출발한다. "길이 길면 더 잘된 거지, 뭐. 우리는 세계 일주를 할 거니까……."

해가 들고 그날 걸어야 할 코스가 짧으면, (우리에게 절대적으로 부족한) 축복받은 낮잠의 시간이 돌아온다. 그것은 피로에 억눌려 힘을 못 쓰던 우리의 정신이 감사한 마음으로 받아들이는 순수한 행복의 순간이다. 이럴 때 자는 낮잠은 황금보다 더 소중하다. 나는 벤치나 계단 위에 누워 낮잠 자는 걸 좋아한다. 풀밭에서 자면 수많은 개미들이나 다른 벌레에 물려 결국은 살이 퉁퉁 부어오르기 때문이다. 들판에서는 방수포를 깔고 낮잠을 잘 수도 있다.

디데이 5일 전이다. 이제는 날짜를 거꾸로 세기 시작한다. 우기가 되기 전에 도착하게 될까? 때가 되면 알게 될 것이다.

16. 이스탄불을 향하여

아름다운 도시 에디르네를 떠났으니, 이제 열흘만 더 걸으면 목적지에 도착한다. 열흘밖에 안 남았다고 생각하니 기분이 살짝 우울해졌다. 길의 끝이 윤곽을 드러내기 시작한 것이다. 이제 끝까지 함께 걸어가서 손을 잡고 이스탄불에 들어갈 가능성은 백 퍼센트에 가까워졌다. 우리의 신발은 리옹에서부터 열두 개 나라를 밟았다. 갈리아족의 수도(리옹을 이렇게 부르는 사람도 종종 있다)에서는 이게 거의 불가능한 일로 느껴졌고, 과연 몸이 견뎌낼 수 있을까 걱정이 앞서기도 했다. 하지만 우리는 시련을 통해 단련되었다. 삶을 갑작스럽게 변화시키며 벌인 이 놀라운 모험의 끝이 어렴풋이 보이는 듯하다.

그게 길을 찾는 일이건, 아니면 잘 곳이나 먹을 것을 끊임없이 찾는 일이건 간에, 이제는 평범한 일상의 관리와 개인적 성찰이 균형을 이룬다. 인간이 어디서 와서 어디로 가는지를 알기 위해서는 발길 닿는 대로 정처 없이 걸어보아야 한다. 이처럼 일상생활로부터 잠시 멀어지는 것, 이렇게 우리를 묶고 있던 밧줄을 잠시 풀어버리는 것은 곧 삶의 계량기를 0으로 다시 돌려놓는다는 얘기다. 지칠 대로 지쳤지만 도시와 문화, 언어, 얼굴, 풍경이 끊임없이 바뀌는 걸 보며 힘을 내어 걷는다. 하루가 끝날 무렵이 되면 돌연 온몸의 근육이 느슨해지고 몸이 비틀거린다. 이 모든 것이 며칠 뒤에는 멈추게 될 것이다.

후회는 하지 않는다. 집, 겨울을 나기 위해 쪼개야 하는 장작, 불 옆에서 보낸 즐거운 저녁, 초대받은 친구들의 모습이 머리에 떠오른다. 여행이 끝나갈 무렵이 되자 나는 두 즐거움 사이를, 그리고 너무나 다른 두 세계(한 세계에서는 내 오래된 시계가 박자를 맞추고, 또 다른 세계에서는 기도 시간을 소리쳐 알리는 승려가 박자를 맞춘다)를 항해한다. 하나의 세계를 위해 또 다른 세계를 포기하고 싶지는 않다. 그러나 이제 곧 이 초연함으로부터 떨어져 나와 다시 국제 뉴스를 접해야 하고, 희생자들의 숫자를 세어야 하고, 쇄도하는 저질 광고를 보아야 할 것이다. 도보 여행은 우리를 절제의 신봉자로 만든다. 비록 몇 주일 동안이기는 하지만 우리는 믿음을 생활보다 중요시하고, 그 어느 누구도 물질만능의 늪에 빠지지 않은 이 멀고 먼 세계의 가치들을 다시 발견했다. 이제 생활이 우리를 다시 덮칠 것이고, 현기증을 불러일으킬 것이다. 리옹에서부터 걸어온 길보다 꼭 안전하다고만 할 수는 없는 길로 우리를 끌고 들어갈 것이다.

이스탄불까지 가는 길은 똑바른 데다가 고속도로가 나란히 나 있어서 자동차도 별로 다니지 않았다. 우리는 여유 있게 하루에 25~30킬로미터씩만 걸었다. 첫 번째 숙박지인 하브사로 가는 경로에 있는 마을들은 길에서 좀 떨어져 있어서 조용했다. 주유소에서 걸음을 멈추고 쉬었는데, 입구에 차가 담긴 사모바르 주전자가 놓여 있어서 꼭 휘발유를 사지 않아도 공짜로 마실 수 있었다. "드세요, 드세요. 무료랍니다." 뭐든지 다 돈을 주고 사야 하는 곳에서 온 두 외국인이 놀라움을 금치 못하자 매혹적인 젊은 여성이 환하게 미소 지으며 이렇게 말했다. 아주 오랜만에 풀밭에서 점심도 먹고 낮잠도 잤다.

하브사는 죽은 도시였다. 가게들마다 문이 닫혀 있었고, 어떤 가게 문 앞에서는 잡초가 자라기도 했다. 중앙로는 마치 보도를 부수자마자 공사가 중단된 듯 파헤쳐져 있었다. 자동차들이 서행하면서 웅덩이를 피하려고 애쓰며 구름 같은 먼지를 일으키고 나면 그 먼지는 집과 테라스, 사람들에게 내려앉았다. 우리가 묵은 펜션은 음울함과 물이 안 나오는 수도꼭지, 더러운 때에 관한 모든 기록을 다 깼다. 이 건물과 그나음 선불 사이에는 썩어가는 커다란 구멍이 하나 있었는데, 공용 쓰레기장으로 쓰인다고 했다. '차이 살로누'라는 식당의 주인은 오믈렛 두 개와 꿀을 넣은 디저트 두 개, 머그잔에 담긴 차 네 잔에 7유로를 청구하여 우리를 속여먹으려 했다.

다시 길을 걷고 있는데, 자전거를 타고 가던 사람이 멈춰 서더니 우리에게 막대 초콜릿 두 개를 주고 "가져요, 가져요" 하고 나서 다시 갈 길을 갔다. 그 초콜릿은 가식 없는 인간성과 나눔이 불러일으키는 행복의 맛이었다.

"혹시 자동차 있어요?"

"아뇨, 없습니다."

간단하게 요기를 하던 장거리 트럭 운전사가 믿기 힘들다는 표정을 짓더니 우리에게 물 한 병과 초콜릿을 넣은 비스킷 두 상자를 내밀었다. 우리 두 사람 모두 목이 말랐다. 베네딕트는 수통을 잃어버렸고, 내 수통에 든 물은 우리 두 사람이 마시기에 충분하지 않았던 것이다. 물값을 내겠다고 말하는 건 이 나라의 접대 문화를 완전히 무시하는 심각한 모욕이다.

길거리가 하브사에서처럼 움푹 파여 있는 바바에스키(Babaeski)에서는 살수기가 계속 돌아가고 있었다. 장점은 먼지를 많이 마시지 않아도 된다는 것이고, 단점은 뜨겁게 내리쬐는 태양 아래서 진흙탕 속을 걸어야 된다는 것이었다. 이슬람교 사원 앞에서는 마흔 명가량의 남자들이 이맘을 마주 보고 서 있었다. 열 명 정도 되는 여자들은 모두 히잡을 쓰고 거기서 조금 떨어진 벤치에 앉아 있었다. 관 하나가 좁고 긴 나무 발판 위에 놓여 있었다. 흰 옷을 입은 이맘이 어젯밤 죽은 고인에 대해 짧게 추도사를 읊었다. 남자들이 뒤로 물러서자 관이 작은 흰색 트럭에 실렸다. 두 남자가 관 옆에 자리를 잡았고, 이맘은 앞쪽에 있는 '사자(死者)의 자리'를 차지했다. 그러자 모든 사람이 묘지를 향해 출발했다. 이슬람교에서 죽은 사람은 숨을 거두고 나서 스물네 시간 안에 묻혀야 한다.

10월 12일 정오가 되기 조금 전, 이 시간에는 차량이 거의 없다. 유럽 사람인 게 분명해 보이는 장거리 사이클 주자가 우리를 추월해 달려가다가 돌아서 다가왔다. 둔야는 독일계 스위스인으로, 우리가 베로나행 기차를 탔던 날 자기가 사는 다보스에서 출발했다. 그녀는 오후에 이스탄불에 도착하여 보름 동안 머무르다가 다시 아버지와 함께 이란에 이어 인도로 갈 계획이었다. 그녀는 우리가 율리시스와 함께 걷는 모습을 사진으로 찍었다. 우리의 이런 모습을 사진으로 찍어준 사람은 지금까지 아무도 없었기 때문에 이 사진은 우리 두 사람이 등장하는 유일한 사진이 될 것이다.

새로 지은 큰 건물 옆을 지나가는데, 누군가가 "차 한 잔 마시고 가세요!"라고 큰 소리로 말하기에 우뚝 멈추어 섰다. 거의 완성되어가는 이 집의 관리인 실리크타스는 오스트리아에서 6개월 동안 일했다. 그러나 다시 오스트리아로 돌아가려 하자 비자를 받을 수가 없었다. 그가 말하기를, 그해 여름 가자(Gaza)에서 2,200명의 사망자가 발생했다고 한다.

우리에게도 위급 상황이 발생했다. 내 빌의 통증이 점점 더 심해지는 것이었다. 이제 최종 목적지에 도착할 때가 되었다. 그 다음 날 륄레부르가즈(Lüleburgaz)를 떠나는데 누군가 우리를 부르는 소리가 들려왔다. 둔야도 륄레부르가즈에서 자고 이스탄불을 향해 떠나려던 것이었다.

그날 밤, 아타튀르크의 초상화가 내려다보고 있는 호텔의 홀에서 친구들끼리 모여 소란스럽게 리셉션을 벌이고 있던 사람들이 우리에게 이런저런 질문을 던졌다. 객실에 들어가 보니, 호텔 측에서 돈을 아끼려고 욕실의 조명 장치를 조절하는 센서를 설치해놓았다. 센서는 너무 민감해서 30초에 한 번씩 불이 꺼졌다. 그 바람에 한 손으로는 칫솔을 들고 또 한 손으로는 불을 켜면서 양치질을 해야 했다. 화장실에서는 더 희극적이어서, 마치 작별 인사를 하듯 두 손을 흔들어대야 했다. 게다가 샤워장에서는 센서가 좀 멀리 떨어진 곳은 작동이 안 되는 바람에 캄캄한 어둠 속에서 몸을 씻어야만 했다.

다음 날 해질 무렵에 도착한 뷔윅(Büyük)이라는 도시의 호텔은 라이온스클럽과 로터리클럽 회원들이 여기서 정기적으로 모인다는 사실을 자랑스럽게 현판에 기록해놓았다. 그러나 우리가 얼마 안 있어서 발견하게 될 한 가지 사실은 기록해놓지 않았다.

잠잘 준비를 하고 있는데, 우레와 같은 음악 소리가 호텔 안으로 쏟아져 들어왔다. 과할 정도로 화장을 하고 향수를 뿌린 두 여성이 내게 해준 얘기에 따르면, 1층에 나이트클럽이 있고, 파티는 아침 6시까지 계속되리라는 것이었다. 화가 난 나는 다시 옷을 입고 로비로 내려갔다. 내가 로비에서 담당자와 얘기를 하고 있는데, 실크 넥타이를 매고 소매가 긴 옷을 입었으며 모든 손가락에 금반지를 찬 뚱뚱한 남자가 나타나더니 자신이 호텔 사장이라고 말했다. 나는 영어로 격렬하게 화를 냈다. "밤새도록 잠을 자기는 힘들 테니 알아서 하라고 미리 얘기라도 해줬어야 되는 거 아니오? 음악 소리를 낮추게 하든지, 아니면 선불로 낸 방값을 내주든지, 알아서 하시오." 물론 나는 그가 우리를 쫓아내기를 기대하고 있었다. 사기꾼들은 절대 돈을 돌려주지 않는다. 그는 망설이는 것 같았다. 내가 좀 더 세게 나가자 그는 내가 선불로 낸 액수의 50퍼센트만 돌려주겠다고 제안했다. 말하자면 하룻밤의 절반에 해당하는 금액만 내주겠다는 것이었다. "말도 안 되는 소리 하지 말아요! 우린 절반만 잠을 자러 온 게 아니란

말입니다. 방값을 전부 돌려주든지, 아니면 저 음악 소리를 멈추게 하든지 해요!" 그가 뭐라고 투덜거렸고, 리셉션에서 일하던 종업원이 세 시간 전에 내가 낸 지폐를 힘들게 끄집어냈다. 그리하여 우리는 차가운 어둠 속에서 다시 방을 찾는 신세가 되었다.

우리가 저녁 식사를 했던 식당 주인 네딤이 근처에 펜션이 있다고 알려주었다. 그는 잠시 생각을 하더니 식당 문을 닫고 우리를 그 펜션까지 데려다주었다. 그런데 펜션에 빈방이 없다는 것이었다. 결국 우리는 자려고 눈을 감자마자 다시 작동하곤 하는 냉장고의 소음을 들으며 네딤의 식당 홀에서 잠을 잤다. 우리에게 환대를 베푼 네딤은 우리를 믿는다는 듯 아무렇지 않게 열쇠를 건네주더니 다음 날 아침 떠날 때 그걸 문 위에 두고 가라는 말만 하고 나갔다.

17. 끝이 가까워 오다

D100번 도로는 긴 리본을 풀어놓은 것처럼 길고 단조롭게 이어졌다. 같은 일이 되풀이되고, 통행량이 많아지고, 비가 왔다. 일기예보에 따르면 우리가 이스탄불에 원래 도착하기로 한 날 날씨가 매우 안 좋을 것으로 예상되었다. 그래서 그 전날 이스탄불에 도착하도록 일정을 앞당겼다. 코블루에서 술잔을 앞에 놓고 앉아 있는 두 남자에게 호텔 주소를 보여주며 위치를 물었다. 그들은 자리에서 일어나 호텔까지 우리를 안내하더니 혹시 우리에게 관광객 요금을 적용하는 건 아닌지 확인까지 한 다음 안심하며 그 자리를 떠났다. 아, 정말 친절한 사람들! 그 다음 날 아침에 이 도시를 빠져나오는데 한 남자가 시의원이라며 우리를 불러 세우더니 이것저것 묻고는 놀라워하면서 우리에게 아침 식사를 대접하고 싶어 했다. 방금 아침 식사를 했고, 또 내가 오던 길을 다시 돌아가는 걸 병적으로 싫어한다는 사실을 그에게 설명하려면 시간이 꽤 오래 걸릴 것 같았다. 그래서 고맙다는 말만 하고 도망쳤다.

이스탄불이 가까워지자 차들이 점점 더 많아졌다. 인도가 없어서 걷기가 힘들었다. 기회 있을 때마다 우리는 아크자코이 같은 마을로 접어들어 정자에서 차를 마시며 한숨 돌리곤 했다.

길가에 자리 잡고 과일을 파는 사람들이 다정하게 우리를 불렀다. 이따금 그들 중 한 사람이 우리에게 차를 내놓기도 했다. 어제는 도홈이라는 사람이 내 나이를 물었다. "마샬라(정말 굉장해요)!" 오늘은 환하게 빛나는 초록색 눈과 갈색 머리의 네스트린이 내 나이를 물었다. 네스트리네는 우리가 눈썹에 덮인 자신의 눈동자에 매혹되었다는 걸 알고 재미있어했다. 공감의 에너지가 그녀의 눈에서 나와 베네딕트의 눈으로 흐르면서 우리를 맺어주었다. 그러나 길이 우리를 열망하고 있다. 다시 떠나야 한다.

10월 16일. 호텔 창문을 통해 거대한 수도 이스탄불의 불빛이 깜박거리는 게 눈에 들어왔다. 48킬로미터를 걷고 난 우리는 금방이라도 쓰러질 듯 기진맥신했다. 긴 여정의 마지막 구간은 정말 길었다. 샤워를 했더니 살 것 같았다. 자리에 누웠다.

다음 날, 이흘란은 길가에서 손님을 기다리다가 우리와 율리시스가 다가오는 걸 보고 흡족한 표정을 지었다. 그의 뒤편으로는 팔아야 할 닭들을 넣은 닭장이 가득 실린 소형 트럭이 주차되어 있었다. 닭을 무게로 달아서 팔기 때문에 저울이 트럭 위에 놓여 있었다. 지루해하고 있던 그는 우리가 나타나자 단연 활기를 되찾았다. 우리가 이스탄불에 간다는 사실을 알고 우리가 걷고 있는 길이 고속도로로 똑바로 이어진다고 알려주었다. 알라신이시여, 우리를 지켜주소서! 그리고 그는 100미터쯤 아래쪽에 있는 이웃 마을 셀림 파샤로 이어지는 길을 가리켰다. 거기 가면 이스탄불로 가는 길이 나타날 것이라는 얘기였다. 문제는 우리와 그 길 사이에 차들이 끊임없이 달리는 차도가 두 개나 있고, 양쪽에는 높은 가드레일이 있다는 사실이었다. 하지만 시간을 끌어서 될 일이 아니었다. 배가 불룩 나온 거구인 이흘란이 닭들을 그냥 내버려둔 채 율리시스를 움켜잡았다. 우리 세 사람은 우선 율리시스를 첫 번째 가드레일 저쪽으로 넘겼다. 그러고 나서 자동차 사이를 죽어라 달려 두 번째 가드레일을 넘은 다음 또 다른 차도를 건너고, 다시 세 번째로 질주하여 마지막 가드레일을 넘었다. 드디어 제 길을 찾았다. 이흘란은 몹시 기뻐하며 인사를 하더니 다시 무섭게 질주하며 사람을 죽일 듯한 자동차들 사이를 요리저리 피해 닭들에게 돌아갔다.

맛있는 초르바[아랍 지역의 수프 또는 스튜의 일종]를 먹고 나서(터키 사람들은 정말 맛있는 수프를 만든다) 경사가 그다지 심하지 않은 비탈길을 내려가다가 모퉁이를 돌아섰더니 멀리서 빛나는 마르마라해가 우리를 맞아주었다. 그렇다면 저 바다에 발을 적셔야 하지 않겠는가? 길은 건물들로 바다와 분리되어 있었다. 방파제 근처에서는 세 여인이 황토색 가루가 말라가는 두 개의 커다란 탁자 옆에서 잡담을 나누고 있었다. 그게 무슨 가루인지는 알 수 없었지만, 아마도 다가오는 겨울에 먹을 초르바를 준비하기 위한 게 아닐까 싶었다. 파도가 바닷가에 밀려와 부드럽게 부서지곤 했다. 율리시스를 옆에 놓아두고 방파제에 잠시 앉았다. 베네딕트는 한 여인과 긴 대화를 시작했다. 바다를 배경으로 얘기를 나누는 그들은 상대가 하는 말을 잘 알아듣지 못하는데도 서로 너무나 잘 통해 재미있어하며 깔깔대고 웃었다. 두

아이가 비누 상자에 바퀴를 달아 길 위에서 놀고 있었다. 그들의
꿈은 자동차였고, 우리의 꿈은 걷는 것이었다. 그들은 자기들의
차가 아닌 모든 것에 무관심한 표정으로 우리가 지나가는 것을
바라보았다.

  이스탄불 같은 거대도시에 도착하는 것은 꼭 언덕을 올라가
는 것과도 같다. 커브를 돌 때마다 분명히 산 정상이 보이는 것
같은데, 아무리 걸어도 여전히 멀리 있다. 사실대로 말하자면, 도
시가 너무 커서 우리가 정확히 어디 있는지 알 도리가 없다. 마
지막 남은 몇 킬로미터는 힘들게 오른 두 개의 높은 언덕과 없어
졌거나 무너긴 보도, 끝없이 이어지는 인파, 끔찍한 교통 체증 등
그야말로 계속해서 이어지는 장애물을 넘어야 하는 시련의 연속
이었다.

  결승선에서 차에 깔리고 싶지 않았던 우리는 도심에서 20킬
로미터 떨어진 한 주차장에 인접한 해변에서 일단 짐을 풀었다.
연장 상자를 꺼내 율리시스의 부품을 하나씩 다 해체했다. 율리
시스는 다시 세일러 백 속으로 들어갔다. 집에 도착한 뒤에야 가
방에서 다시 나올 수 있을 것이다. 시내 한가운데에 있는 탁심
광장에 우리를 태워다 줄 버스를 탔다. 불과 며칠 전에 이 거대
한 광장에서 터키 정부군과 터키의 쿠르드족이 맞섰다. 쿠르드
족은 무장한 아프리네와 캄칠레의 형제들이 시리아의 쿠르드족
에게 군사적인 도움을 줄 수 있도록 허용하라고 에르도안 정부
에 압력을 행사했다. 쿠르드족은 몇 주 전부터 국경 도시 코바니

(Kobani)에서 이슬람 국가의 공격에 저항하고 있다. 터키 정부는 결국 지원 병력이 지나갈 수 있도록 허용했고, 코바네는 해방될 것이다.

버스 안에서 나는 감탄과 애정이 섞인 눈길로 베네딕트를 바라보았다. 나의 여인만큼 멋진 여성은 없다. 나는 다리를 절룩거리면서도 조금이라도 더 멀리 가려고 이를 악물던 그녀의 모습, 무리했다가는 모든 걸 그만두어야 할지도 모르기에 내키지 않더라도 두 번이나 걷는 걸 멈추고 휴식을 취하던 그녀의 모습을 떠올렸다. 무엇보다도 나를 감동시킨 것은 일상 속에서였다. 아침잠이 많아 잘 일어나지 못하던 나의 '아내'는 모험에 소질이 있다는 걸 보여주었다. 미식가인 그녀는 부득이하게 식사를 걸러야 하는 상황도 기꺼이 받아들였고, 욕실이 없거나 물이 안 나오는 바람에 씻지 못해서 그 전날 몸에 밴 경유 냄새나 몸에 낀 때를 벗겨내지 못한 상태로 다시 출발해야 할 때도 결코 불만스러워하지 않았다.

그러나 내가 처음 출발할 때보다 그녀를 더 사랑하게 된 것은 무엇보다도 그녀가 타인과 맺는 관계 때문이었다. 베네딕트는 항상 활활 타오르는 불길이요, 빛이었다. 그녀를 만날 때마다 사람들은 그녀 쪽으로 몸을 돌리고 자신의 속마음을 털어놓았다. 남의 말에 귀 기울이는 그녀의 능력은 심지어 말수가 적은 이들까지 말하게 할 정도로 탁월했다. 덕분에 내게는 큰 도움이 되었다. 나는 기억력이 안 좋아서 어떤 외국어건 열 단어 이상은 모른다. 그래서 유머 감각을 지키며(사람들이 그녀를 내 딸로 생각할 때도), 확실한 판단력과 개방적인 성격의 소유자인 그녀를 그냥 지켜보기만 했다. 자연스럽고 꾸밈이 없는 베네딕트는 이번 여행이 시작될 때부터 끝날 때까지 확고한 결단력을 발휘했다.

프랑스 라디오의 터키 주재 특파원인 우리 친구 제롬 바스티옹은 이슬람 성전주의자(Jihadist)들과 쿠르드족 병사들 간의 전투 상황을 유럽 언론에 알려주기 위해 며칠 동안 현장에 나갔다 돌아왔다. 그의 아내 퀄러는 쿠르드 텔레비전 방송에서 뉴스를 진행하고 있었다. 항구에서 저녁 식사를 하면서 그들은 우리에게 중동뿐만 아니라 유럽의 현 상황에 대해 설명해주었다. 우리는 여기저기서 벌어지고 있는 참극과 권턱 부생, 사회적, 경제적 위기에 대해서도 심도 있는 대화를 나누었다. 한 걸음 옮길 때마다 오랜 역사가 되살아나는 이 아름다운 도시 이스탄불에 짧게 머무르는 동안 우리는 또 보스포루스해협에 면한 어느 아름다운 식당에서 아슬리한과도 점심 식사를 했다. 바캉스도 끝나고, 모험도 막을 내렸다.

공항에서 나는 여행자들을 위해 비치된 짐수레를 이용하기 위해 터키 리라 동전을 큰 소리로 찾았다. 세 개가 필요한데 내게는 두 개밖에 없었던 것이다. 한 남자가 뒤돌아보더니 동전을 내민 다음 내가 미처 "테셰퀴르 에데림(정말 감사합니다)"이라고 말할 틈도 없이 사라져버렸다.

비행기 안에서 나는 도보 여행이 끝나면 늘 나를 사로잡곤 하는 허탈감을 극복하려고 나 자신에게 질문을 던졌다. 베네딕트의 제안을 따른 것이, 나의 두려움과 허약함을 극복한 것이, 그토록 많은 삶과 문화, 풍경, 오랜 역사를 알게 된 것이, 실크로드와 15,000킬로미터에 달하는 거리를 완전히 걷게 된 것이 너무나 자랑스럽게 느껴진다.

지금으로부터 15년 전, 나는 네 개의 사막을 통과하고 그 위험한 파미르고원을 지나 중국의 시안에 도착할 수 있는 능력이 내게 있으리라고는 스스로도 별로 믿지도 않으면서 좀 무모하게 12,000킬로미터를 걷겠다고 떠났다. 그리고 이번에 리옹을 떠날 때도 역시 확신은 들지 않았다. 그런데 우리는 목적지에 무사히 도착했다. 우리가 뜻밖에 어떤 능력을 갖고 있음이 틀림없다.

나는 사람들이 분명히 내게 던질 질문을 생각하며 미소 짓는다. 다음 번 목적지는 어디인가요? 우선 이번 여행을 제대로 소화할 시간을 주시기를 바란다.

코를루, 10월 14일

베네딕트 플라테

장사가 안되는 A 범주의 호텔에 하위 범주 하나를 덧붙여야 할 것 같다. 그건 A3. 장사가 잘되면 안 되는 호텔이다.

이 범주에는 A2. 결코 잘될 수가 없는 호텔의 모든 특징이 포함될 뿐만 아니라 시트도 없고(이 정도는 그나마 참아줄 수 있다), 더러운 객실치고 가격이 엄청나게 비싸며, 게다가 호텔 지하에 나이트클럽이 있다. 우리는 그 사실을 한밤중에 알게 되어 깜짝 놀랐다. 밤 9시에 베이스 기타 소리가 울리기 시작하자 우리 머릿속에는 나이트클럽이 있는 불가리아 호텔에서의 안 좋은 기억이 떠올랐다. 그리고 겨자 냄새가 즉시 코로 풍겨왔다.

베르나르는 힘든 상황에서 늘 그랬듯이 이번에도 리셉션 데스크에서 빈둥거리고 있던 두 명의 직원들을 찾아가 불같이 화를 내며 음악 소리를 확 줄이든지, 아니면 지금 당장 선불로 낸 숙박비를 돌려달라고 소리쳤다. 우리에게는 플랜 B가 있어서, 이렇게 마음 놓고 큰소리를 칠 수 있었다(사실 걸어서 여행하면 이러기가 쉽지 않다). 그 동네 식당 주인인 네딤이 추천해준 펜션이 있었던 것이다.

호텔 사람들은 절반만 내주겠다며 협상하려고 시도했지만, 베르나르는 절반만 잘 생각은 없다고 말하며 그 제안을 거부했다. 손가락마다 반지를 끼고 구두에 반질반질 윤을 낸 게 꼭 기둥서방처럼 생긴 주인은 결국 받은 돈을 다 토해냈다. 하기야 호텔이 떠나가도록 큰소리를 치며 난리를 피우는 베르나르와 싸우는 건 쉬운 일이 아니었을 것이다. 재빨리 짐을 꾸린 우리는 배낭을 등에 멘 다음 짐수레를 끌고 붉은색 카펫을 밟으며 걸어 나와 이 빌어먹을 호텔 문을 쾅 소리가 나게 닫았다.

밖으로 나온 우리는 괜한 짓을 한 게 아니기를 바랐다. 밤 10시였고 날은 추웠다. 네딤을 찾아가 안 좋은 소식을 전했고, 그는 우리를 펜션으로 데려갔다.

그런데 만원이었다. 이런, 세상에……. 마지막 남은 해결책은 네딤의 식당에서 자는 것이었다. 이런 저런 보디랭귀지를 동원하고 공기 주입식 매트리스를 손짓과 표정으로 표현하며 우리가 무엇을 요구하는지를 설명했다. 그가 허락해야 되는데……. 안 그러면 공원에 텐트를 쳐야 하고, 재수 없으면 경찰에게 잡혀갈지도 모르는 판이다.

"타맘(알았습니다)." 그가 고개를 좌우로 흔들며 이렇게 말했다. 나 같은 서유럽 사람은 당황할 수밖에 없는 제스처였지만, 어쨌든 그건 긍정의 뜻이었다. 불가리아 사람들도 그렇게 한다. 머리를 아래위로 끄덕끄덕하며 "아니요"라고 말하고, 좌우로 흔들며 "예"라고 말하는 것이다. 머리가 다 아프다.

목에 통증이 오려고 할 때는 꼭 실내에서 잠을 자야 한다. 냉장고가 일정한 간격을 두고 다시 가동되며 세탁기 탈수하는 소리를 내곤 했지만, 이 상황에서는 어쩔 수가 없다. 나이트클럽에서 밤새도록 들려오는 베이스 기타 소리를 듣는 것보다는 훨씬 나으니까.

　다음 날은 일부러 시간을 맞추어 일어나지 않았다. 차량이 점점 더 많아지는 D100번 도로 위로 해가 떠올랐을 때 출발했다. 이스탄불은 이제 130킬로미터밖에 안 남았으니, 그냥저냥 갈 수 있을 것이다. 그건 확실하다.

　전날 우리가 물을 부탁했던 트럭 운전사가 준 비스킷을 아침 대신 걸어가면서 먹었다. 이제 우리에게는 차 한 잔이 필요하다. 그래서 주유소를 신중하게 골랐다. PO와 PET에서는 차를 제공하고, 다른 주유소에서는 우리 같은 외국인들을 속여서 다만 몇 리라라도 빼앗으려고 애쓴다. 하지만 우리에게는 그렇게 못 할 테니 저기 보이는 주유소에서 쉬었다 가기로 한다.

　그날 아침에는 제키가 율리시스와 함께 포즈를 취하게 된 걸 너무 자랑스러워하며 우리에게 차를 내주었다. 삶의 단면 속에서 이렇게 사소한 일에도 소박하게 친절을 베푸는 사람들을 만난다는 사실이 너무 기뻤다. 차를 두 잔 마시고 사진을 한 번 찍은 다음 우리는 마치 오래전부터 알고 지내는 사이라도 되는 듯 서로의 볼에 입을 맞추었다. 그러고 나서 율리시스를 밀고 갔다. 삶이란 때로 이렇게 경쾌한 것이다.

　차를 마시고 났는데, 슈우욱! 타이어 하나가 터져버렸다. 이번 타이어는 아무리 못 가도 일주일은 갈 줄 알았는데……. 미트코에게 말하면 새걸로 갈아줄 텐데. 운 좋게도 크기가 딱 맞는 타이어를 하브사에서 발견했다. 베르나르는 타이어가 터져야만 새걸로 교체하는 사람이니, 여행이 끝날 때까지 버티려면 우리에게는 두 번째 타이어가 필요할 것이다.

연기가 나는 보라색의 기름 섞인 액체를 수백 리터씩 강에 토해내는 거대한 섬유 화학 공장들이 모여 있다. 무시무시한 광경이었다. 다시 소음이 들려오기 시작했다. 그러나 이제는 우리를 어쩌지 못할 것이다!

이스탄불! 10월 17일

베네딕트 플라테

독자 여러분은 웃을지 모르지만, 이스탄불에 도착했음을 알리는 도로 표지판을 놓쳤다! 그래서 셀카는 못 찍었다.

찻길이 너무 많고, 차도 너무 많고, 가드레일도 너무 많고, 분리대도 너무 많은, 모든 게 다 너무 많은 이스탄불은 50킬로미터에 걸쳐 펼쳐진 거대도시다. 드디어 도착해서 정말 행복하다.

II. 베로나 — 이스탄불

돌아옴, 10월 24일
베네딕트 플라테

우리의 발로 4개월 동안 걸어갔던 3,000킬로미터를 비행기를 타고 돌아오는 데는 겨우 세 시간이 조금 더 걸렸다. 그렇다면 그 먼 거리를 왜 걸어간 것일까?

아침부터 저녁까지 바깥바람을 쐬며 행복을 만끽하기 위해. 세상과 대지의 공기를, 아침에는 얼굴을 후려치고 오후에는 몸을 짓누르는 공기를 들이마시기 위해. 사회생활의 옷을 벗어던지고 가고 싶은 곳은 어디든지, 언제든지 갈 수 있는 진정한 자유를 누리기 위해. 내 몸을 시련으로 단련하기 위해.

거의 50년 동안 내게 생명을 빌려준 몸이 도대체 무슨 가치가 있을까? 있다, 충분한 가치가 있다. 나는 나를 끝까지 데려간 내 몸에게 무한히 감사한다.

그리고 76년 전부터 광채를 발하고 있는 베르나르의 몸은 무슨 가치가 있을까? 비록 여행이 끝날 무렵에 발에 통증을 느끼긴 했지만, 그는 걷기가 젊음을 지켜주는 성스러운 방부제라는 사실을 다시 한 번 증명해주었다. 베르나르는 길 위의 왕일뿐만 아니라 불굴의 결의로 무장한 진짜 '워킹 머신'이다. 정말이지 놀라운 일이다.

발이 아파오지만 그래도 걷는다. 자석처럼 아스팔트에 착

달라붙어 있는 느낌으로 걷는다. 자동차가 우리를 넘어뜨리더라도 우리는 여전히 버텨낼 것이다.

우리가 거쳐 온 나라들이 왜 증오와 불화로 가득 차 있는지 그 이유를 알고 싶었다(물론 알아내지는 못했다). 또한 수많은 사람들의 마음속 깊은 곳에서 우러나는 미소와 흔들어대는 손, 겨우내 우리 마음을 따뜻하게 만들어줄 즐거움의 성스러운 불길을 보고 싶었고, 경적 소리를 듣고 싶었다. 시간을 길게 늘이고 싶었다. 세상은 점점 더 커져가고 있는데, 왜 우리의 작고 초라한 삶은 키우려 하지 않는가?

살아 있다는 느낌을, 현재성을 다시 발견하고 싶었고(이제 그 느낌이 사라지지 않도록 해야 한다), 미래를 상상하고 싶었다. 바슐라르[8]의 글귀가 떠오른다. 그는 나보다 글솜씨가 좋다. "욕망해야 한다. 원해야 한다. 미래를 만들어내기 위해 손을 뻗고 걸어야 한다. 미래가 우리를 향해 오는 것이 아니다. 우리가 그것을 향해 가는 것이다." 나는 미래를 향해 갔다.

나는 니콜라 부비에가 했던 얘기를 마음속에 담아 출발했다. 여행에는 동기가 필요 없으며 그 자체로 충분하다는 얘기 말이다. 여행자가 여행을 만든다고 믿지만, 곧 여행이 여행자를 만들고 또 해체한다.

나는 이 여행이 나를 어떻게 만들지 아직은 모른다. 시간이 내게 말해줄 것이다. 반대로 이 여행이 베르나르와 나를 해체하지 못할 거라는 사실은 알고 있다. 영원히.

여러분 중 우리 여행이 11월 말까지 계속될 거라고 생각했

---

8. Gaston Bachelard, 1884~1962. 프랑스 현대 사상사에서 독보적인 존재로 평가되는 철학자이다. 저서로는 『촛불의 미학』 『꿈꿀 권리』 『몽상의 시학』 등이 있다.

는데 벌써 도착한 걸 알고 놀라는 분들을 위해(설마 기차나 버스를 타고 간 거야, 뭐야?)서는 짧은 설명이 필요할 것 같다.

처음에 우리가 대략 세운 여행 계획에는 11월 중에 이스탄불에 도착하는 걸로 되어 있었다. 갑작스럽게 업무가 생길지도 모르고, 이런 여행이 으레 그렇듯이 이런저런 문제가 생겨 그걸 해결하느라 시간이 걸릴지도 모르기 때문에 기간을 여유 있게 잡은 것이었다. 그런데 그럴 필요가 없었다. 우리 여권을 훔쳐 갈 생각을 하는 사람도 없었고, 우리를 치고 달아나는 자동차도 없었다. 세균에 감염되어 병원 침대에 꼼짝없이 누워 있지도 않았다. 그냥 건염에 걸려 두 번 버스를 타야 했을 뿐이다.

맹세컨대, 우리의 여행은 단지 오래 걷는 것 이상이었다!

여러분은 이제 모든 걸 다 알고 있다. 이제는 집의 대문을 다시 열고, 우체통을 뒤지고, 작은 상처를 치료하고, 잡초를 베고, 사과가 지하 창고에서 겨울을 잘 나는지 살펴보아야 한다. 이제는 생명의 씨앗이 싹을 틔우도록 나뭇잎의 외투를 텃밭의 흙에 입히고, 이번 여행에서 추출한 정수가 큰 통 속에서 맑아지도록 내버려두기만 하면 된다.

니콜라 부비에는 이렇게도 말했다. "여행의 미덕이란, 삶을 정화한 다음에 그것을 채우는 것이다."

삶과 죽음의 통로

여행을 마치고 돌아올 때면 항상 모순적인 감정이 나를 사로잡는다. 드디어 집에 돌아가게 되었다는, 친구들을 다시 만나게 되었다는 기쁨. 그러나 그런 기쁨을 지금 당장 누릴 수는 없다. 우선은 한숨 돌려야 하고, 모험을 끝냈을 때 찾아오는 우울함을 극복해야 한다. 같은 침대에서 이틀 연속 일어난다는 이상한 느낌. 추억과 얼굴, 풍경이 무질서하게 서로를 떠민다. 그러고 나면 필연적으로 이런 의문이 떠오른다. 도대체 이 모든 게 무슨 소용이 있단 말인가?

당시에는 의식하지 못했지만, 발칸반도에서 어떤 요리가 뭉근하게 끓고 있다는 직관은 우리 시대에 지속적으로 영향을 미칠 것이다. 여행할 때에는 잘 보이지 않았던 두 갈래의 흐름이 평화롭고 번영하는 유럽, 폭력이 난무하는 시리아와 이라크 사이에서 몇 달 뒤에 분명하게 드러났다. 수만 명이 전쟁과 가난을 피하여 자신들을 평화와 번영으로 이끌 거라고 생각하는 독일과 스웨덴, 영국이라는 엘도라도로 대규모 이주를 시작하였다.

불안한 청소년들은 소비가 생활의 지혜를 대신하는 우리 사회가 자신들에게 보여줄 수 없는 절대자를 찾아 떠난다. 칼라슈니코프 자동소총의 강철이 내뿜는 광채에 매혹되어 가족과 친구들을 버리고 치명적인 전투가 벌어지는 전쟁 지역을 향해 다가가는 것이다.

사실 우리는 죽음을 피해 달아나는 사람들의 흐름과 죽음을 찾아가는 사람들의 이동이 얼마나 대규모로 이루어질 것인지를 분명히 감지하지는 못했다. 물론 어떤 마을에서는 성전을 벌인다며 떠난 젊은이들이 있다는 얘기도 들었고, 트리에스테에서 만난 우리 친구 마테오와 크리스티나는 (당시만 해도 숫자가 그렇게 많지 않던) 난민들을 돕고 있었다.

소설 『파르마의 수도원』에 나오는 순진한 주인공 파브리스 델 동고가 그랬듯이 우리도 개미집처럼 사람들이 바글거리는 곳의 한가운데 있었다. 하지만 그때만 해도 앞서 말한 두 개의 흐름은 겨우 은밀하게 시작되었을 뿐이었다. 그래서 이번에 걸으면서 이 흐름의 성격은 이해했지만, 그 규모가 얼마나 커질지는 짐작하지 못했던 것이다.

이 비극적인 상황은 누구의 잘못인가? 더 많은 필요를 충족하기 위해 세계화와 교역을 원했던 서툰 경제학자와 정치가의 잘못인가? 그들은 국경을 없앴다고 주장하였다. 평화에 목매단 불행한 난민들은 그 말을 곧이곧대로 믿었다.

그들의 여행에 비하면 우리의 여행은 소풍이나 다름없다. 수만 명의 남자들과 아이들, 아이를 안은 여자들은 변변찮은 옷가지와 커다란 빵 덩어리 하나만 들고 비가 오나 눈이 오나 그저 걸었다. 그들이야말로 진정한 길 위의 영웅들이었다. 지붕 밑 방에서 지하 창고까지 먹을 걸 산더미처럼 쌓아두고 언제나 배불리 먹는 일부 유럽인들은 빵도 없고, 옷도 없고, 신발도 없는 이 사람들 앞에서 불안에 떤다. 도대체 우리는 무엇을 두려워하는 가? 그들이 우리 입 속에 든 빵을 채 갈까 봐? 아니면 우리에게 넘쳐나는, 너무 많아서 우리의 사유를 방해하는 물건들을 빼앗아 갈까 봐?

아이러니하게도 관대함과 유대감은 가난한 사람들과 유배당한 사람들의 일상이다. 그런 것들이 조금이라도 우리 삶에 스며들도록 내버려두자.

옮긴이 이재형

한국외국어대학교 프랑스어과 박사 과정을 수료하고 한국외국어대학교, 강원대학교, 상명여
자대학교 강사를 지냈다. 옮긴 책으로『최후의 성 말빌』『레이스 뜨는 여자』『세월의 거품』
『부엔 까미노』『마르셀의 여름 1, 2』『정원으로 가는 길』『시티 오브 조이』『군중심리』『꾸뻬
씨의 시간 여행』『꾸뻬 씨의 사랑 여행』『밤의 노예』『사회계약론』『걷기, 두 발로 사유하는 철
학』『법의 정신』『어느 하녀의 일기』『세상의 용도』『프랑스 유언』등이 있다. 현재 파리에서
번역, 저술 작업을 하는 틈틈이 도보 여행가로서의 삶을 살고 있다.

나는 걷는다 끝.

리옹에서 이스탄불까지 마지막 여정

1판 1쇄 발행 | 2017년 2월 15일
1판 2쇄 발행 | 2017년 3월 3일

지은이 베르나르 올리비에, 베네딕트 플라테
옮긴이 이재형

펴낸이 송영만
편집 정예인, 엄초롱, 김미란
마케팅 조경아
디자인 자문 최웅림

펴낸곳 효형출판
출판등록 1994년 9월 16일 제406-2003-031호

주소 10881 경기도 파주시 회동길 125-11(파주출판도시)
전자우편 info@hyohyung.co.kr
홈페이지 www.hyohyung.co.kr
전화 031 955 7600 | 팩스 031 955 7610

ISBN 978-89-5872-150-5 03920
이 책에 실린 글과 사진은 효형출판의 허락 없이 옮겨 쓸 수 없습니다.

값 13,000원

이 도서의 국립중앙도서관 출판예정도서목록(CIP)은 서지정보유통지원시스템 홈페이지
(http://seoji.nl.go.kr)와 국가자료공동목록시스템(http://www.nl.go.kr/kolisnet)에서
이용하실 수 있습니다.(CIP제어번호: CIP2017001174)